U0547965

戈雅

GOYA

Sarah Symmons

［英］莎拉·西蒙斯 著

苗纾 译

CNS PUBLISHING & MEDIA | 湖南美术出版社 | 后浪出版公司
全国百佳图书出版单位
·长沙·

画室中的自画像（对页）
（图 82 局部）
约 1791—1792 年
布上油彩
42cm × 28cm
圣费尔南多皇家学院，
马德里

引　言

4 弗朗西斯科·戈雅（1746—1828年）的艺术与其同时代的艺术相比，常常现实到令人不安，甚至难以忍受。作为西班牙最伟大的艺术家之一，他如今也位列全世界最令人敬畏的画家和雕版画家之中。然而，与同时代人相比，他凭借一种堪称奇特的天赋，创造了既吸引又排斥观众的作品。如果要对戈雅艺术灵感中的阴暗面做出解释，一个简单（尽管可疑）的说法便是，这受到他一生境遇的影响。

少年戈雅小镇出身，天赋异禀，后成为西班牙宫廷的首席画家，其作品种类繁多：壁画、湿壁画、挂毯设计、肖像画和雕版画。46岁那年他突患重疾，导致永久性深度失聪。这样一个纯粹“带有分水岭性质的”神话极具吸引力：原本雄心勃勃、乐观向上、创作美妙画面的人，被疾病转化成与世隔绝、饱经痛苦的画家，描绘着令人不安的幻想。然而，关于戈雅生活和创作的真相似乎要复杂得多，仔细研究他的画作便会发现，其主题、风格或个人见解几乎没有突变。他穷其一生都专注于描绘情色和恐怖场景，这在他的一些早期作品中便可窥见，此外他更是不断努力寻求合适的技法以传达他对人类行为强烈而现实的看法。理解这样一位艺术家，难点在于需要摒弃神话，调和其生活和创作之间的矛盾。实际上，这样的矛盾具有传奇故事式的特质：贫穷与富裕，精致的美丽与极致的恐怖，在宫廷中的职业野心和对社会讽刺的嗜好。

本书对戈雅的探讨将会从艺术家的作品和现有的文献证据出发，以推断出这位艺术家的个性。他的艺术将会被置于其生活的西班牙时期这
5 一背景之中，并会研究当时的政治、经济与社会问题在多大程度上影响或磨炼了他的视野。本书还将展示艺术家的个人喜好如何与其众多开明赞助人的趣味形成相互作用，使强大的创造力得以蓬勃发展，超越了西班牙教会艺术和世俗艺术传统所设定的界限。

出现在戈雅艺术中的西班牙是一个饱经战火、经济萧条的国家，但

毕竟曾一度在国际上有过话语权和影响力。西班牙帝国在哈布斯堡王朝费利佩二世（1556—1598 年在位）的统治下盛极一时，但也是在其统治期间，西班牙走上了衰落之路，在海军战役和军事行动上付出的沉重代价带来了经济枯竭。在整个 17 世纪，这个式微的西班牙经常与欧洲邻国交战，尤以法国为甚。为了杜绝这些潜在的灾难性小冲突，绝嗣的西班牙卡洛斯二世（1665—1700 年在位）同意任命一名法国公爵，即安茹公爵费利佩（路易十四国王的孙子，波旁王朝成员）作为西班牙王位的继承人。结果，在戈雅出生前大约 40 年，国家深陷西班牙王位继承战争（1701—1714 年）的泥沼之中，这是该国史上历时最长也最为惨痛的战事之一。费利佩对王位的宣称（得到法国支持）受到哈布斯堡查理大公（得到英国、奥地利和低地国家支持）的公然反抗，在随后的战争中，西班牙失去了在意大利和荷兰的属地，经济上更是遭受重创。费利佩最终在 1714 年取得了胜利，但国家已是元气大伤，其国际影响力不可逆转地衰落了。

这场战争对西班牙社会的各个层面都产生了冲击，其影响延续了整个 18 世纪。费利佩五世（1700—1746 年在位）发起了一段时间的财政紧缩和赔偿修复期，当时对于国内形势的忧患在很大程度上取代了西班牙在过去几个世纪的帝国主义野心。在某些方面，这种变革是有益的，促进了新的经济增长和繁荣，而在戈雅青少年时所处的西班牙，从农
业、商业到教育都可见到改善之处。然而，18 世纪西班牙在政治上的发 6
展进步被解读为一系列复杂的矛盾和不确定性。到 1828 年戈雅去世的时候，这个国家已经被侵略、革命和内战搞得四分五裂。在逐渐成为一流艺术家的过程中，戈雅在绘画和版画作品中对西班牙的现代化进程加以描绘，但随着局势的恶化（尤其是在 1808 年法国入侵之后），他记录下了更多的社会黑暗面。《狂想曲》、《1808 年 5 月 2 日》、《战争的灾难》、《异类》（图 1）等作品，反映出艺术家的祖国所深陷的经济困境，穷人和流民的痛苦，犯罪活动的增长，示众处决的暴力，教会的腐败，以及战争对普通西班牙民众生活的影响。

18 世纪时，关注西班牙的外国评论家与一些开明的本土作者都持有相同观点：视这个国家为一个封闭的社会，统治着这个社会的是镇压

图 1
可怕的愚行

约 1817—1820 年
出自《异类》，约 1816—1823 年
干刻、飞尘法和蚀刻版画
24.5cm × 35.7cm

成性的教会、残酷无情的专制君主和一群无所事事的贵族。在戈雅所生活的年代去过西班牙的旅人留下了不少文字记录，生动描述了西班牙生活中那种格格不入的野蛮状态和当地习俗的异乎寻常。这个国家常常被人形容为一片不可救药的荒蛮之地，尽管人们总是会本着好奇之心，想要探寻此处的乡间美景、一睹建筑奇观（例如托莱多和塞维利亚的大教堂），还是吸引了不少外国游客。

教会不得人心，统治阶级又层层压迫，这构成了 18 世纪西班牙国内争议的主要问题。政治改革者从让-雅克·卢梭和伏尔泰等英法启蒙运动哲学家的著作中汲取了力量，即便他们的著作在西班牙其实是禁书。作为欧洲启蒙运动新精神的特征，对理性、思想和个人自由的强调开始渗透至西班牙生活的方方面面。这种态度上的改变势必会削弱井然有序的宗教力量，并且出现了暴力的反宗教示威。

经历了欧洲这一动荡不堪的时期，尤其是在法国大革命、拿破仑入侵西班牙和 1808—1814 年半岛战争（西班牙人称之为独立战争）之后，
戈雅开始在他的艺术中反思国家的灾难和政治上的转型，以及宫廷生活 8
中的享乐和西班牙女子的美丽。戈雅不同凡响的描绘反映出他所在社会的无常变化，以至于可以想当然地认为，作为一名艺术家，他沉迷于当时那些政治上的争议。而实际上，几乎没有证据表明戈雅培养出了某种强烈的政治认同感。正当壮年之际，他无可争议地担任了西班牙宫廷首席画家一职，在他整个职业生涯中，尽管他个人倾向于描绘普通百姓如何遭受压迫，但他毕竟还是受益于教会和国家的赞助。他在西班牙知识分子、贵族和王室中都大受欢迎，这证明了他在最艰难的境地下都能生存自如的艺术灵活性。他的政治立场基本集中在获得职业地位和以艺术自由至上的追求上，他的成熟作品中可以看到他强大人格和特有专注所留下的鲜明烙印。在这些纷繁复杂的内外部世界作用之下，隐藏着他这个最不可能的成功故事的秘密。

第一章 前途渺茫的出身

阿拉贡、马德里和罗马的学徒生涯

弗朗西斯科·戈雅于1746年出生于阿拉贡的福恩特托多司村（Fuendetodos，图3）。这个广袤的西班牙地区由一片荒凉的平原组成，北邻比利牛斯山脉，东接加泰罗尼亚和巴伦西亚省，西至卡斯蒂利亚和纳瓦拉。阿拉贡曾是个独立王国，因支持哈布斯堡王朝的继承人登上西班牙王位，在西班牙王位继承战争后尤为受挫。在戈雅出生前和在世期间，该地区都保留了强烈的特有的民族主义意识。

图2（对页）
自画像
约1771—1775年
布上油彩
58cm × 44cm
私人收藏

对于生活在18世纪的西班牙、出身寒微的人们而言，戈雅此后将要取得的成就是他们几乎不敢梦想的，而戈雅这种坚韧不拔的决心是他从格外顽强的前辈那里继承下来的。“戈雅”这个名字源自西班牙东北部的巴斯克地区，艺术家的祖上可能从那里迁移至阿拉贡谋生。戈雅的父亲是个艺匠，一位掌握了将黄金涂裱于相框、橱柜和木制模具之上的古老手艺的镀金师。尽管这项工作对技能的要求很高，得到的报酬却很微薄，老戈雅于1781年去世时未遗留任何财产。不过，这个家庭还是可以吹嘘与贵族沾亲带故的。戈雅的父亲虽然身为地位低下的艺匠，但这并未妨碍他迎娶格拉西亚·卢西恩特斯，她是乡绅之女，属于没落贵族阶层。在他们的六个孩子中，只有弗朗西斯科和他后来成为神父的弟弟卡米洛被后世铭记。此二人所从事的分别为艺术和神职，均是跨越西班牙社会阶层的职业。

图3
戈雅在福恩特托多司村的出生地

18 世纪的阿拉贡见证了无数的社会转型。在那里，就像在西班牙其他地方一样，迂腐守旧的传统主义者，以及具有更宽容、更现代观点的人们，将共同在启蒙时代引发西班牙政治生活中的潮起潮落。戈雅年幼时在阿拉贡乡村和后来在萨拉戈萨（该地区首府）所受的教育，均由地
12 方教会和贵族提供。十几岁时他移居至萨拉戈萨，即将见识到自己所处的社会，以及他所投身的职业将会面临怎样的变化。

萨拉戈萨许多宗教团体的财富和影响力都颇具传奇色彩。“萨拉戈萨的当地人曾对我说，这座城市不过是个阴沉无望的地方，”到访过阿拉贡的英国游客查尔斯·沃恩如是记录，“居民们似乎并不怎么喜欢公共娱乐活动——那里鲜少开设剧院，据说他们强烈的宗教印记为这个地方的风气蒙上了一层阴影。”1806—1820 年间在法国出版过一套介绍西班牙美景的丛书指南，其中就显示了这座城市如何在宏伟的皮拉尔圣母大教堂（El Pilar）塔楼前相形见绌（图 4）。这位法国人眼中的萨拉戈萨带有一丝乡下气的倦怠感，但丝毫没有任何迹象表明这是一个正顺应着工业革命和现代世界浪潮的地区首府。

戈雅早年的生活受天主教主宰。他的第一件公共作品是福恩特托多司当地乡村教堂的圣骨盒（在 1936 年西班牙内战中被毁），是当地天主教徒资助善举的一个例证。戈雅在绘制这件圣物时应该只有 16 岁或 17

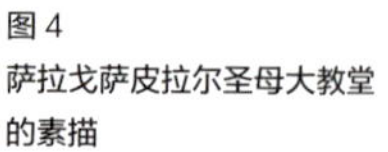

图 4
萨拉戈萨皮拉尔圣母大教堂的素描

转载于亚历山大·德·拉沃尔德的《西班牙的风景与历史之旅》（*Voyage Pittoresque et historique de l'Espagne*）1806—1820 年

岁；战前留存下的照片显示，这件作品由独立的面板组成，分别描绘了 13
圣方济各和圣雅各的生活场景，门上还绘有圣母显灵柱。这些圣徒在阿拉贡尤为受人尊敬，而且正是圣母显灵柱激发了萨拉戈萨大教堂的建造灵感。根据传说，圣雅各身为传教士游历西班牙期间遇到了圣母玛利亚，后者赠予他一尊她在碧玉柱子上的小雕像，并指示他建立一座教堂来供奉这件圣物。原有的圣柱遗物保存在萨拉戈萨大教堂的圣祠中，立于圣雅各见到异象之地；这场神迹成了该地区宗教活动的焦点，许多社会仪式和义举都是由修道院命令执行的。戈雅所接受的教育来自罗马天主教教义，主要致力于对穷人的教育；之后他师从于何塞·卢赞-马丁内斯（1710—1785 年），这是一位萨拉戈萨宗教画家，曾担任宗教裁判所的艺术审查员。当人们观察戈雅的圣物作品和该时期其他可归于他名下的画作时，便会发现这种乡间宗教画的限制阻碍了画家发展出独立风格。他的早期作品大多枯燥乏味，缺乏独创性。

戈雅在阿拉贡乡间得到的训练可能是基于作坊和学徒传统的结合。
何塞·卢赞的教学方法有赖于鼓励学生去复制雕版画，这种训练手段 14
很受小型学院的青睐，而这些小型学院有些会聘用人体模特，有些则不会。巴黎画家米歇尔-安热·乌阿斯（1680—1730 年）于 1715—1730 年在西班牙工作，1725 年左右他在一间绘画学院内记录下了这样的场景（图 5）。学生们聚集在模特周围，背景架上摆放着著名的古典雕塑（远处墙上可辨认出“法尔内塞的赫拉克勒斯”）。戈雅同时代画家何塞·德尔·卡斯蒂略（1737—1793 年）在很久之后的另一幅画中展示了乡村画家的画室（图 6）。三个年轻的学生正在和一只猫玩耍。其中一个男孩此前正在临摹墙上挂着的裸像，画面右边摆放着一个古典风格的胸像。

戈雅晚年打算写一本简短的回忆录，回顾自己的这段早期生活。他记录道，自己在卢赞那里度过了四年，老师“拿出他藏品中最好的版画来供我临摹，教会了我那些素描原理”，也许这位年轻画家正是在卢赞的画室里第一次发现了对雕版画和版画制作的热情。在卢赞手下完成训练后，随着阿拉贡艺术家地位的日益提高，戈雅也开始追求起自己的抱负。

18 世纪西班牙地方艺术院校的发展是地区化政局的产物之一。在 15
上一个世纪，艺术家纷纷移居到大城市求职，但在戈雅的时代，画家和雕塑家大可留在各省谋生。在萨拉戈萨，教会的赞助相当可观，因而农村会众对圣母玛利亚和当地圣徒的彩绘图像以及圣物的奢华装饰趋之若鹜。这意味着任何有才华的年轻人都可以在自己家乡建立起成功的艺术事业。当时西班牙国王费尔南多六世（1746—1759 年在位）拒绝给予萨拉戈萨绘画学院正式的学院地位，阿拉贡的多数鉴赏家和知名大师为此叫苦不迭（该市直至 1778 年才得到王室特许拥有了一座正式的学院），而尽管遭遇这一挫折，这座城市中的艺术活动依旧蓬勃发展。

戈雅在卢赞的画室当学徒期间，来自当地贵族家庭的三个才华横溢的男孩弗朗西斯科・巴耶乌（1734—1795 年）、曼努埃尔・巴耶乌（1740—1809 年）和拉蒙・巴耶乌（1746—1793 年）成为明星学生。和戈雅一样，这三个学生也是从当地美术老师那里接受了最早期的指导，
宗教艺术也同样是他们早期作品的主要主题。最年长的弗朗西斯科・巴 16
耶乌受到了普遍尊重；他受当地教会委托的作品精美雅致且富于装饰性，与戈雅的早期作品大不相同。圣雅各的传奇经历激发了萨拉戈萨皮拉尔圣母大教堂的建立，一幅以此为题材的画稿（图 7）展示出巴耶乌对颜料的流畅处理，也展示了他如何赋予画中人像精致姿态。1758 年，他获得了马德里圣费尔南多皇家学院的历史画奖学金，从而获得了家乡以外的认可，后来戈雅也达成了这一目标。

圣费尔南多皇家学院是西班牙首家美术学院，于 1752 年从费尔南多六世手上得到了王室特许，并使得马德里成为西班牙无可争议的艺术活动学术中心；它也象征着日益增长的艺术民族主义意识。从 17 世纪末开始，西班牙的宫廷艺术一直受法国、意大利和北部欧洲画家的主导，他们都在西班牙首都找到了丰厚的工作。圣费尔南多皇家学院建立的意义便是培养更具民族认同感的本土大师。

在皇家学院，艺术学生必须遵循严格的培训计划，通过奖学金的鼓励，背景各异、天资聪颖的学生得以进一步发展自己的事业，还能前往法国和意大利访学。来自学界、政界和宫廷的杰出人物应邀向学生发表
演讲，并会成为该学院的业外成员。最终，西班牙各省级城市中建立起 17

图 5（对页上）
绘画学院
米歇尔–安热・乌阿斯
约 1725 年
布上油彩
52cm × 72.5cm
马德里王宫

图 6（对页下）
一间画室
何塞・德尔・卡斯蒂略
1780 年
布上油彩
10.5cm × 16cm
皇家剧院，马德里

图 7
圣雅各遇圣母显灵柱
弗朗西斯科·巴耶乌
1760 年
布上油彩
53cm × 84cm
英国国家美术馆，伦敦

了更多学院，这也是为了提升西班牙年轻艺术家的地位和成就。但是，如果某些画家的作品不符合那帮西班牙学究的高雅准则，或是冒犯了理事会中有话语权的业外人士，那么他们可能会就此断送职业前途。路易斯·梅伦德斯（1716—1780 年）本是早于戈雅那一代最有前途的年轻艺术家之一，而在其父与为成立皇家学院提供建议的管理委员会发生争执后，他在专业领域便长年处于边缘地位。梅伦德斯在 1746 年的《自画像》（图 8）中举起他曾获奖的解剖图，以展现自己的写生才华。然而，在 18 世纪 50 年代严峻的政治环境之下，这般招摇的风格对他并无好处。

圣费尔南多皇家学院的画室素描（图 9）展示了一个气势不凡的正式布景，契合年轻人的抱负：没有窗户，中央的枝形吊灯提供了人造光
18 源，大量古典雕塑的石膏铸模。这里的教学计划以路易十四于 1648 年创办的法国皇家绘画与雕塑学院为范例。然而，到 18 世纪 60 年代，马德里的皇家学院已历经改革，偏离了其 17 世纪时的那种模式。对此产生重要影响的是波希米亚出生的画家安东·拉斐尔·门斯（1728—1779 年），他于 1761 年抵达马德里，此前在意大利获得殊荣的他已成为在欧洲最早建立起新古典主义绘画风格的画家之一（图 10）。门斯应西班牙国王卡洛斯三世（1759—1788 年在位）之邀从罗马前来，在担任西班牙

图 8
自画像
路易斯·梅伦德斯
1746 年
布上油彩
99.5cm × 82cm
卢浮宫博物馆，巴黎

图 9
马德里圣费尔南多皇家学院内的学院画室
戈麦兹·德·纳维亚
1781 年
蘸水笔、粉笔和灰色淡染
41.1cm × 41.6cm
圣费尔南多皇家学院，马德里

宫廷画家的两个任期（1761—1769 年和 1773—1776 年）里，他改革了学院体系，也改变了西班牙绘画的方向，使之在古典形式和准则的基础上进一步世俗化。皇家学院为学生建起了一个图书馆（图 11），受门斯的影响，馆内满是古典文献、古典建筑的版画和古典雕像的铸件。这些
19 变化与那十年中在西班牙大学内所推行的类似改革有诸多相似之处。当时整个欧洲都痴迷于重新设计面向所有社会阶层的教育系统，西班牙尤为醉心于此，而作为传统，这个国家的宗教团体一直主导着学院教学。圣费尔南多皇家学院这样的世俗机构需要通过严格的教学法来证明自己的价值。

除了专业技能训练，学生们还接受了广博的通识教育，并受鼓励研习与主题和风格相关的古典资料，通常也会遵循专门针对古典学习的教学计划。到 18 世纪后期，他们的研习范围拓展到了数学、几何和历史。

圣费尔南多学院获得皇家特许是基于这样的共识，即严肃的画家、雕塑家、建筑师和雕版师必须经过适当评估并获得达标资格，方能成为其中一员。学院成员资格是艺术家职业生涯的重要组成部分。身为一名“院士”（académico de mérito），艺术家便可位列贵族，还可以监管大型公共建筑项目或装饰方案。获得此等地位的第一步就是要在学生比赛中获得一等、二等或三等的名次成绩。弗朗西斯科 · 巴耶乌在 1758 年的一次比赛中获胜，参赛素描作品取材于西班牙历史。

在 18 世纪，历史画是地位最高的艺术类别，而皇家学院的历史画竞赛是每年举行的比赛中含金量和难度最高的一项。参赛者要接受两次素描考试：题材需出自古典作品和西班牙历史，或者出自《圣经》，可在给定时间内准备；而后这些素描提交至评委手中，题材相似的两个参赛者则会被关进同一间画室中，必须在几个小时内完成绘制。由学院教授组成的评委投票选出最佳画作。得票最多的学生赢得第一名，并获取奖学金资格，尽管第二名据称也可获得一定奖励。

21 18 世纪 60 年代初期，随着教学体系的改革，学生竞赛的评估变得更为严苛。学生们被鼓励去临摹古典和文艺复兴时期的作品，而随着门斯的到来，马德里学院引入了正式的培训形式，这使年轻艺术家更难获得必要的学院资格。尽管戈雅作为外省艺术学生的经历可能不足以让

图 10
自画像
安东 · 拉斐尔 · 门斯
1774 年
板上油彩
73.5cm × 56.2cm
沃克美术馆，利物浦

图 11
图书馆
曼努埃尔 · 阿列格雷
1784 年
粉笔、墨水和淡彩
49cm × 60cm
圣费尔南多皇家学院，马德里

他为满足这种系统的专业要求做好准备，但到了1763年，正值17岁的他前往马德里第一次参加了学生竞赛。尚不清楚他在首都停留了多长时间，但他可能与弗朗西斯科·巴耶乌同住，后者已经在那里得到新锐画家的名声。令戈雅失望的是，他根本没能从评判提交作品的教授那里获得投票，三年后他参加了另一场比赛，同样铩羽而归。

那一年，与戈雅共事的两位画家——弗朗西斯科·巴耶乌最小的弟弟拉蒙和来自马德里当地的年轻人路易斯·帕雷特-阿尔卡萨（1746—1799年），都获得了奖项。他俩都擅长绘制符合学院要求的古典绘画，后来都成了西班牙的重要画家。为路易斯·帕雷特赢得二等历史奖的作品《汉尼拔在赫拉克勒斯神庙献祭》（*Hannibal Sacrificing at the Temple of Hercules*，图12）主题出自古罗马历史，展现了笔触极为灵敏的绘画技法。身形优雅、穿戴古董盔甲的画中人尤显气宇轩昂。每个细节都从当时的历史研究中进行过考证，具备了考古意义上的准确度。这是马德里学院最早成功的新古典主义绘画实例之一，象征着新古典主义艺术在当时所发挥的政治重要性。

汉尼拔的主题在西班牙具有特殊意义，这位伟大的迦太基将军在公元前3世纪曾居住且征服过此处（西班牙南部彼时为迦太基领土的一部分），之后便将注意力转向了如何击败罗马。他因而受到了西班牙历史的认同：这样一位英雄人物，其军事才能被视为与波旁王朝的军事功绩
22 并驾齐驱。汉尼拔的故事唤起了西班牙人对古典世界的核心看法，18世纪的西班牙学者都热衷于解读这个故事。如同贺雷修斯、布鲁图斯、罗慕路斯、西庇阿和辛辛那图斯等罗马英雄那样，汉尼拔也提出了古典美德的概念，这被视为人类行为的典范，并将在欧洲历史画展中占据主导地位。

18世纪对古希腊、古罗马文明的重新发现，开启了艺术和建筑领域内的新古典主义运动——这是由门斯的密友、德国艺术史学家约翰·约阿希姆·温克尔曼开创的。然而，新古典主义运动并不纯粹是一个理论
23 和知识现象。随着意大利的赫库兰尼姆和庞贝得到考古发掘，这两个在公元79年因维苏威火山爆发而遭灭顶之灾的罗马城镇令整个欧洲欣喜若狂。现代世界的人似乎与遥远文化和文明的种种现实离得越来越近，

图 12
汉尼拔在赫拉克勒斯神庙献祭
路易斯·帕雷特-阿尔卡萨
1766 年
红色粉笔
6.5cm × 4.7cm
圣费尔南多皇家学院，马德里

对古代的热情与对家具、室内装饰和家用器具的古典设计的新激情相结合。古典哲学的理想在欧洲社会的政治和文化发展中也发挥了很大的作用，18 世纪下半叶的两次伟大革命，即美国独立战争（1775—1783 年）和法国大革命（1789 年），都从古典时代汲取了想象和思想。乔治·华盛顿的画像偶尔会被塑造成品德高尚的罗马将军辛辛那图斯，法国革命者则会雇佣艺术家用古代的装束和服装来举办政治庆典。1791 年，哲学家伏尔泰的遗体被抬进了巴黎的先贤祠——一座由雅克-热尔曼·苏夫洛（1713—1780 年）设计的作为世俗大教堂的新古典主义大型建筑——置于一个设计成罗马石棺的棺柩之上。在西班牙，对古董的热情不仅表现在大学和学院教授的科目以及当时的文学发展上，还表现在新的建筑计划和利用历史相似性来炫耀波旁王朝的宏伟和成就上。

特别值得一提的便是马德里的新王宫（图 13），这座宫殿是为了纪念西班牙波旁王朝的权力、仁慈和品味而建的。早前在西班牙王位继承战争中获胜之后，费利佩五世在小儿子卡洛斯的帮助下，于 1734 年重新夺回了那不勒斯和西西里王国，卡洛斯成为那里的国王。同年，马德里最古老的王宫之一阿尔卡萨尔王宫被付之一炬。一座簇新的豪华建筑几乎立即开始动工，该建筑由花岗岩制成，门窗均采用一种名为“科尔梅纳尔石”（piedra de Colmenar）的白色西班牙大理石。这座建筑最初由菲利波·尤瓦拉（1678—1736 年）设计，1738—1764 年期间由乔瓦尼·巴蒂斯塔·萨克蒂（1690—1764 年）建造，混合了巴洛克、洛可可
24 和古典建筑风格，至今仍是西班牙有史以来最独具一格的宫殿之一。虽然直到 1808 年法国入侵前夕才完工，但在马德里，这座王宫一直被视为 18 世纪波旁王朝的最高建筑成就。包括来自威尼斯的詹巴蒂斯塔·蒂

图 13
马德里王宫
由菲利波·尤瓦拉设计、乔瓦尼·巴蒂斯塔·萨克蒂建造
1738—1764 年
1808 年竣工
主立面

图 14
《世界向西班牙致敬》草图
詹巴蒂斯塔 · 蒂耶波洛
1762 年
布上油彩
104.5cm × 181cm
美国国家美术馆，华盛顿哥伦比亚特区

耶波洛（1696—1770 年）和来自罗马的门斯在内，若干著名的外国艺术家都曾受邀赴马德里监督装饰工作。说起王座室中最为突出的装饰特色，正是蒂耶波洛那幅美轮美奂的天顶湿壁画《世界向西班牙致敬》（*The World Pays Homage to Spain*，图 14）。

门斯的新古典主义作品用色克制，人物造型以古典雕像为基础，主题思想高雅，特别契合 18 世纪中期马德里的朴素品味。戈雅是绘制阿拉贡的乡村祭坛画出身，面对 18 世纪 60 年代在首都建立的国际新古典主义智性风格，他并没有做好充足准备，弗朗西斯科 · 巴耶乌则被门斯召唤到马德里，协助完成了王宫内的大量装饰工作。这一荣誉使巴耶乌一跃成为西班牙最有前途的年轻艺术家之一，对阿拉贡艺术起到了相当大的推动作用。相比之下，戈雅在这个时期似乎不太可能获得公认的成功。

尽管 20 岁时在马德里的皇家学院历经了第二次失败，戈雅回到阿 25
拉贡后仍坚持作画。他的一系列壁画被记录在萨拉戈萨的索夫拉迭尔（Sobradiel）宫殿，这是他在 1767—1770 年间唯一值得注意的委托项目。他继续埋头工作，同时维系着与巴耶乌兄弟的交往，后者在学院和公共生活中的职业地位蒸蒸日上。戈雅早期生活默默无闻，相对缺乏精确的文献记录，他作为一个受到当地贵族和宗教团体赞助的小画家，过着平静的生活，我们很难知道他是否曾考虑在地方上定居。无论情况如何，他都需要获得学院资质和更广泛的古典古代知识，以及对古典大师的了解，这一切仍然是至关重要的职业要求。正因为如此，他在 1770 年踏上了前往意大利的旅程。

戈雅的意大利之行仅留下寥寥记载，却体现了他的独立和决心，以及他在艺术观上的深刻变化。他前往罗马，当时那里涌入了欧洲各地而来的艺术学生，面对这座城市中所收藏的古典和文艺复兴时期杰作以及在其悠久历史中所留下的建筑遗迹，他们试图在此积累下丰富的临摹经验，从而建立起自己的艺术声望。

26 对于这位力图成名的 18 世纪艺术家而言，罗马占据着核心地位。在没有政府奖学金的情况下，戈雅比其他许多艺术学生享有更多自由，可以随意追求自己的品味，不受任何既定计划的约束，也没有义务将作品送回国内学院，以证明自己的进步符合学院要求。罗马所提供的艺术和社交前景远远超出了土气的萨拉戈萨，18 世纪的外国艺术学生在那里过着多姿多彩、有滋有味的生活。法国画家让-奥诺雷·弗拉戈纳尔（1732—1806 年）于 1756—1761 年在罗马学习，他当时故意反抗自己的学院老师，并从临摹宏大艺术绘画转向了描绘罗马周围那种意大利乡村生活。英国雕塑家约翰·弗莱克斯曼（1755—1826 年）于 1787—1794 年在罗马待过几年，他记录下对外国艺术学生那种放荡生活的厌恶，他们在咖啡馆里大打出手，更会为了争夺富有的鉴赏家青睐而斗得不可开交。同样生活在罗马的，还有大批出售现代和古典艺术品的艺术经销商，以及众多一掷千金的收藏家。

戈雅在意大利时似乎刻意回避了艺术学生的圈子，尽管人们认为他曾与一位波兰艺术家塔德乌什·孔策（1733—1793 年）当过室友。他在罗马期间的作品存世较少，但位于马德里的普拉多博物馆不久前收购了一本这一时期的笔记本，倒是为学者们带去了不少启示。该笔记本是戈雅游历意大利的唯一可靠记录，并且包含了许多有趣的图画。它并非在意大利完成，但似乎已经成为笔记本、速写本和日记的综合体，艺术家在回到西班牙后继续使用了很多年。

像大多数 18 世纪的艺术学生一样，戈雅也临摹了意大利文艺复兴时期的作品和古代雕塑。例如，其中有四幅关于“法尔内塞的赫拉克勒斯”（图 15）的细致习作，该作品的铸件矗立在 18 世纪 20 年代由乌阿斯描绘的艺术画室中（见图 5）。这座著名的雕像被认为最早出自希腊雕塑家留西波斯（活跃于公元前 4 世纪）之手，并经由罗马[①]的雕塑家格莱肯署名复制，已成为最负盛名的古代形象之一。而戈雅画过三次的第 27
二个伟大古典形象便是“贝尔维德雷躯干”（图 16—18），这是一件比赫拉克勒斯稍晚的作品，可以追溯到希腊艺术的希腊化时期。这些著名的雕塑作品在 18 世纪特别受欢迎，因为它们遒劲的肌肉和戏剧性的姿势暗示了一种深刻的情感品质。戈雅显然意识到了这种古代雕像的风格是

①原文有误，应为雅典。——译注

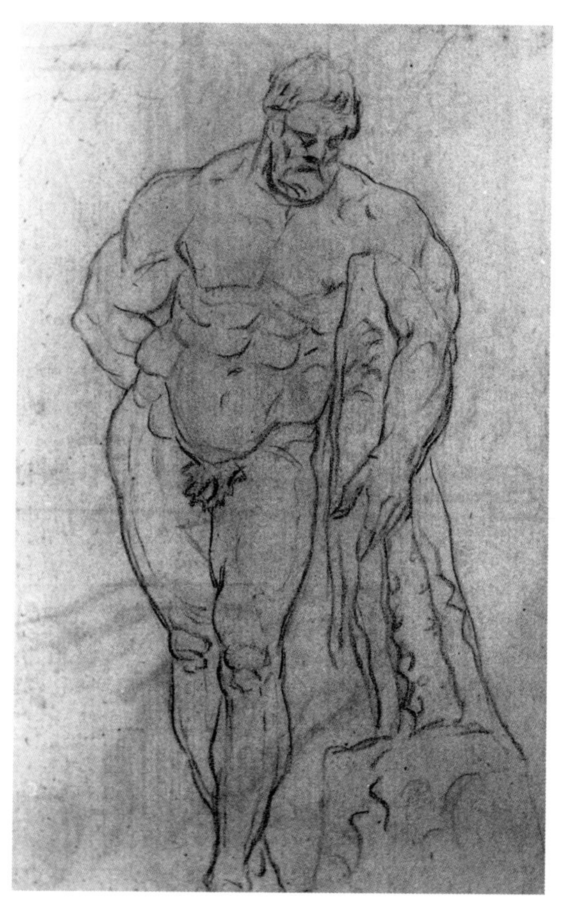

图 15
“法尔内塞的赫拉克勒斯”
约 1770—1785 年
黑色粉笔
意大利笔记本第 67 页正面
19.5cm × 13.5cm
普拉多博物馆，马德里

何等引人入胜，以至多年后当他制作半岛战争期间暴行的版画时，他也回想起了自己对古典雕塑的研究，并在设计裸尸时将其作为参考（见图 154）。不同于年轻时临摹的平面版画，戈雅显然对古代雕塑的体量非常着迷：他从不同的角度画了雕像，展示了它们的背面、侧面和正面视图。

28 像这样古朴的艺术熏陶在戈雅后续作品的发展中起到了至关重要的作用，而他又是在缺乏经济援助的前提下独自前往意大利的，通过他所付出的极大努力可以看出，即使尚处于职业生涯早期，他对主导着马德里艺术圈的新风格便已存有清醒的认识。他的笔记本中列出了值得一看之处：威尼斯、锡耶纳、那不勒斯和许多其他意大利城市。但正是在意大利北部城市帕尔马，他发挥出此行最宝贵的专业优势。1771 年，他参加了在帕尔马皇家美术学院举行的学生历史画比赛。他提交的画作描绘了那个备受欢迎的古典英雄汉尼拔。最近重新被发现的一幅戈雅油画《汉尼拔从阿尔卑斯山眺望意大利》（*Hannibal Viewing Italy from the*

图 16—18
“贝尔维德雷躯干”
“意大利笔记本”
黑色粉笔

对页：第 26 页背面和第 27 页正面

本页：第 28 页正面

Alps，图 19），是他在 1771 年 4 月 20 日从罗马寄到帕尔马的，与四年前路易斯·帕雷特提交给马德里学院的汉尼拔素描（见图 12）相比，这幅作品略为逊色。该画主题是伟人汉尼拔对意大利这个他势在征服的国家的第一印象，这与 18 世纪 30 年代的一幅著名的政治画有着微妙的联系，后者表现的是卡洛斯（当时的堂·卡洛斯王储），即后来的西班牙卡洛斯三世（1759—1788 年在位），在帕拉斯·雅典娜和战神玛尔斯的引领下进入意大利（图 20）。这幅作品由威尼斯画家雅各布·阿米戈尼 29
（1685—1752 年）完成，是为王子的母亲、西班牙王后埃丽莎贝塔·法尔内塞绘制的，以赞美卡洛斯于 1734 年从意大利夺回那不勒斯和西西里的胜利。

戈雅所绘汉尼拔与阿米戈尼的战神形象非常相似。这一题材的象征性色彩——一个即将征服意大利的年轻人——将汉尼拔和卡洛斯变成了历史之旅中的英雄，为了强调这一概念，戈雅给汉尼拔戴上了一个饰有龙翼的军用头盔，上面的图案取自古罗马的军事文物。他还借鉴了

另一尊流行的古典雕像“贝尔维德雷的阿波罗”，并在前景中插入了象征着波河的牛头神，充满着寓意感。汉尼拔的形象勾勒在意大利笔记本上，整个构图是在初步的油画草图中预演出来的。

虽然戈雅未能获得一等奖的金牌，但帕尔马的学院评审团中有六人将票投给了这幅画，也许是因为其蓝色和粉色使用上的柔和色彩（与阿 31
米戈尼那幅的色调非常相似），以及对原始材料的细致钻研，创造了一种意大利式的画面效果：这是对这个新国家的赞美，而这名年轻的艺术家正在学习该国的技艺。投票结果让戈雅在学院记录中获得了“荣誉提名奖”，尽管意大利的比赛规则肯定不如马德里学院的那么严格，但这项荣誉为戈雅赢得了代表专业认可的学院印章。

值得注意的是，戈雅并不是作为萨拉戈萨宗教画家何塞·卢赞的学生参赛，而是作为弗朗西斯科·巴耶乌——这位当时更著名的、效力于卡洛斯三世宫廷的画家——的学生参赛。戈雅这样做可能是因为，他认为巴耶乌在他所向往的艺术环境中是成功在望的状态，而很有可能其实是巴耶乌鼓励戈雅前往意大利的。

在戈雅创作于意大利的作品中，《汉尼拔从阿尔卑斯山眺望意大利》如今看来历史意义有限，但戈雅决意吸纳古典艺术的百家之长，因而考虑起了其他类型的题材，他选择抛弃古典英雄主义，而对古典和基督教圣像进行更有力的研究。在分析古典雕塑时，他不仅采用了戏剧性的角度，还流露出对于描绘激情和暴力的痴迷。他甚至被认为创作了不那么光彩的情色画，画的是美貌女子如何进行古代的祭祀仪式，这一主题符合欧洲鉴赏家和经销商的时兴品味。

异教和基督教的祭祀或仪式场景在意大利和法国画家中流行开来，已然发展成为洛可可艺术作品中的装饰性——往往还是挑逗性——环节，这种欧洲风格在17世纪末和18世纪初大行其道。到了18世纪晚期，洛可可式的绚丽色彩、圆润的造型和带色情意味的题材，在弗朗索瓦·布歇（1703—1770年）等人的艺术中展现得淋漓尽致，而在让-雅克·卢梭1750年为第戎学院撰写的一篇获奖文章中，以及哲学家、评论家德尼·狄德罗18世纪60年代对巴黎沙龙展览的评论中，都对此提出了抨击。即使是在弗拉戈纳尔和让-巴蒂斯特·格勒兹（1725—1805

图 19（对页上）
汉尼拔从阿尔卑斯山眺望意大利
1771 年
布上油彩
88.5cm × 133.2cm
塞尔加斯-法加尔达基金会，库迪列罗

图 20（对页下）
堂·卡洛斯王子在帕拉斯·雅典娜和战神玛尔斯的引领下进入意大利
雅各布·阿米戈尼
约 1734 年
布上油彩
177cm × 246cm
王宫，塞哥维亚

32 年）那样更为内敛的准古典主义作品中，也在描绘神圣仪式场景时保留了对感官享受的留恋。在西班牙，教会存在着相似的审查，1766 年，著名政治家巴勃罗・奥拉维德因家中藏有情色画而被告发至宗教裁判所。戈雅在后来的职业生涯中也遭遇了类似审查，但即使在人生早期阶段，他就已开始对古典和宗教图像在戏剧性和情感上的艺术潜力感到好奇了。他笔记本上所临摹的宗教画作，如亚当和夏娃、该隐杀死亚伯的故事，都体现了他对人像活力的深刻兴趣，正如他对古典雕塑情感属性的探索。

戈雅初露锋芒的技艺应对了学院派艺术和古典历史的挑战，在他的意大利之行告一段落时，世人已经可以从中看出他前途可期，特别体现在艺术家本人能以独立的态度适应和改变学院派的创作来源。在仿照古典绘画大师作品写生的同时，戈雅也沉迷于罗马街头的生活和当时大师的作品。他的笔记本中有些草图涉及一些看起来已开始自成一派的
33 题材：一个头顶篮子的女人，一只巷子里的猫（图 21）；暴力和绝望的场景，怪诞的面具，格外激动或备受折磨的雕塑浮雕的特写（图 22）。戈雅的笔记本显示，古典和文艺复兴时期的艺术教诲总是服从于个人的解读。

1771 年，他带着获誉海外的学院派艺术家这一全新身份回到西班牙，并再度获得了勇气和信心，这使他得以从西班牙艺术中那些长期以来让他难以企及的领域转型。意大利之行使他摆脱了外省青年时期的限制，被证明是一次宝贵的经历。在他往后的生活中，这位艺术家将这次重大的冒险视为自己职业生涯的转折点。1779 年，当他申请西班牙宫廷的一个带薪职位时，他写道自己“在家乡萨拉戈萨学艺，后又自费前往罗马”。到了 19 世纪 20 年代，垂垂老矣的他仍然记得此行的重要之处，他说自己“在去罗马的时候就已经开始画原创作品，而除了自行观察
34 罗马和西班牙的知名艺术家和画作，他便再无其他老师了，他从中受益良多”。

戈雅回到萨拉戈萨，算是某种意义上的成功。1771 年，在与来自马德里的资深画家安东尼奥・冈萨雷斯・委拉斯凯兹（1723—1794 年）一争高下后，他赢得了为皮拉尔圣母大教堂的小唱诗班绘制天顶画的委

图 21—22
意大利笔记本
左：一个头顶篮子的女人和一只猫
第 3 页正面
墨水和粉笔

右：怪诞古典面具素描
第 45 页正面
墨水，黑色和红色粉笔

托项目。当他与弗朗西斯科、曼努埃尔和拉蒙的妹妹何塞法·巴耶乌结婚时，他与巴耶乌家族的友谊达到了顶点。他在意大利笔记本中提道："1773 年 7 月 25 日那天我结婚了。"他所回到的西班牙是一个沉浸在改革动荡中的国家：在大学、修道院和寺院，在城市和乡村，社会各方面都不懈追求着现代化进程。事实证明，农业改革效果不佳，地主的贪婪和佃农的贫穷仍然是西班牙地方生活中一个令人沮丧的特点。对于一个有远大抱负的年轻画家来说，离开阿拉贡省，在一个偌大的首都城市追求一项引以为荣而有利可图的事业，必然是似锦前程，而且，由于象征着他永不泯灭的鸿鹄之志，意大利之行成为他个人和职业变化的参考点。从他回到萨拉戈萨那一刻起，他生活中的任何重大变化——结婚、生子，迁至马德里——都记录在了他那个罗马笔记本上。

戈雅自觉发展出的自传意识也卓有成效，在结婚前后，他画下了最早的一件成熟作品，《自画像》（*Self-Portrait*，见图 2）。这幅自画像忧郁而阴暗，对一个生活终见转机的年轻人而言应当洋溢出的热情在画上几乎不可见，它预示着戈雅对脆弱人性的表达，这也是他最有成就的肖像画风格。他的长发拢在脑后，脸庞胖乎乎的，眼睛深陷，目光坚定且具有洞穿力。不同于路易斯·梅伦德斯那幅更炫耀式的《自画像》（见图 8），戈雅的个性在画中看似很内敛。作为戈雅一生中第一幅真正的杰作，这幅肖像画从已经潜入其绘画的现实主义中获得了力量，而这部分又源自他对古典艺术的研究。

第二章　宫廷生活和宫廷艺术

波旁王朝的赞助和挂毯底图

戈雅早年虽受过天主教会的教育和赞助，他终究还是在世俗画中 37
发现了自己真正的使命，尤其是在开始为西班牙宫廷工作之后。仅次于此前的意大利之行，移居马德里被证实是戈雅一生中最重要的旅程。他的意大利笔记本中记录了他职业生涯中这一重要的全新阶段。“1775 年 1 月 3 日，我们离开萨拉戈萨，前往马德里。”他欣喜地写道。这位年轻的艺术家于七日后抵达首都，迈出了建立其成功宫廷事业的第一步。在相对短的时间内，他就超越了自己的艺术对手，成为那一代画家中的佼佼者。然而，他前进的道路上充满了挫折和个人悲剧，原因部分在于西班牙宫廷生活对艺术家职业生涯的影响高度不可预测。

政治上的紧张和困难，同僚的竞争博弈——同僚们都在试图适应以卡洛斯三世统治为标志的西班牙艺术的过渡时期——影响了王室计划中涉及美术的要求。卡洛斯登上西班牙王位后，启动了新的艺术政策，也加速了国家的经济和文化改革。卡洛斯的兄长费尔南多于 1759 年过世且死后无嗣，他之后便逊去了那不勒斯的王位，转而继承了西班牙的王位。他于 1759 年 10 月 6 日登船前往他的新王国，其到来得到众多艺术家的庆祝。意大利人安东尼奥・乔利（1700—1777 年）在他的一幅画中，描绘了在那不勒斯港口一排排优雅的人群注视之下，国王带着他的十三艘战舰和两艘护卫舰组成的舰队启程前往西班牙的难忘时刻（图 24），新的兴趣点就此在当代逸事中萌生了。这类作品反映了如何将高雅和低级生活的品味集中在同一个画面中，并将盛大的皇家场合的表现形式变得大众化，使之变得通俗易懂且具有娱乐性。

作为一个受过教育的专制君主，卡洛斯想要确保他这份励精图治的 38
热情对西班牙社会的方方面面产生影响。有人称他为“出色的老国王”，也有人称赞他是西班牙第一位也是唯一一位统治西班牙的开明君主。受其仁政影响，历史画和宗教画进入了蓬勃的发展阶段。1760 年，自意大利来访的朱塞佩・巴雷蒂写道：“国王陛下对艺术的发展并非无动于衷，他非常支持他的皇家绘画、雕塑和建筑学院。”然而，赞助圣费尔南多皇家学院只是卡洛斯雄心壮志的表现形式之一。波旁王朝的纪念建筑涌现，马德里成为一座风景如画的城市：一座充满异国情调的植物园于 1774 年建了起来，而新王宫的花园里摆满了中世纪西班牙国王的雕像。

图 23（对页）
吹气球的男孩（图 34 局部）

军事力量得到复苏，历史和科学上的探索也是欣欣向荣，所有这些成就都以可见的形式得到了纪念。1776 年海洋部的设立和 1771 年自然历史博物馆的建立是卡洛斯统治时期最重要的两项纪念物。马德里的宏伟建
39 筑项目，如新王宫的装饰，与富有想象力的规划和对地方经济增长的广泛支持相平衡。修建道路和运河将各省区连接起来，并建立了一些新的学校和医院。加的斯、巴塞罗那、塞哥维亚和托莱多等城市实现了发展和美化，当地的工业也得到了推动。

这番建树将卡洛斯的统治时期与社会、政治和哲学上的进步愿景联系在了一起，这些愿景也正是作为欧洲启蒙运动这一更广泛现象的特征。国王作为艺术和科学的赞助人，其至高无上的地位体现在诸多作品之中，例如 1771 年由法国钟表设计师谢罗斯特兄弟所制作的精致时钟（图 25）：该作品集精湛绝伦的工艺、令人惊艳的设计和最为先进的机械装置于一身。卡洛斯是位严谨而虔诚的君主，也是位能说多国语言的智者。随着众多艺术家在首都定居，国王成了许多肖像画的主

图 24
卡洛斯三世自那不勒斯登船
安东尼奥 · 乔利
1759 年
布上油彩
128cm × 205cm
普拉多博物馆，马德里

图 25
装饰有赞美卡洛斯三世作为艺术和科学赞助人的寓言图案的时钟
谢罗斯特兄弟
1771 年
镀金和青铜
高 56cm
国家遗产，马德里

题。他是一个样貌格外丑陋的人，独特的面容和简朴的生活方式，使
得他在 18 世纪相对不起眼的西班牙波旁王朝君主中成为一个与众不同
的人物，在他那个时代的艺术领域，他鼓励一种庄重而写实主义的新 40
风格。在他自己的肖像画中，他最喜爱的便是门斯于 1761 年所作的
那几张宏大画作（图 26），彼时门斯才刚到西班牙就任宫廷首席画家
不久。门斯清晰的古典风格赋予了肖像画一种活力。国王气派的姿态
和华丽的盔甲弥补了他那醒目的外貌特征：硕大的鼻子、后缩的下巴
和红棕的肤色。

据目击者称，这一形象是精准无误的。当时的一位编年史家如是记载：

他身材中等……虽然肩膀窄小，但体格强壮，身手矫健。他原本肤色白皙，但在日常锻炼的影响下变成了古铜色，而脸部饱受日晒雨淋的那部分，与保留自然色调的其余部分形成了鲜明的对

图 26
卡洛斯三世肖像
安东·拉斐尔·门斯
1761 年
布上油彩
154cm × 110cm
普拉多博物馆，马德里

图 27（对页）
晚餐时的卡洛斯三世
路易斯·帕雷特-阿尔卡萨
约 1770 年
板上油彩
50cm × 64cm
普拉多博物馆，马德里

比。他的特征是高挺的鼻子和突出的眉毛，随着年龄的增长，这些特征变得更加显眼。

41 门斯在画中刻意突出了君主体格健壮的姿态，同时强调了他那丑陋的面容，这种不加修饰的精确度成了西班牙肖像画的典型特征，甚至在门斯离开西班牙之后亦是如此。戈雅本人也很崇尚这种清晰的视觉效果，他在为西班牙王室画像时也在这个问题上毫不妥协。当然，和其他肖像画比起来，国王还是最喜欢门斯的：这幅画的复制品出现在国家文件中，仿制品被送往国外，被其他欧洲君主纳入收藏。另一些更具实验性的卡洛斯三世肖像画也出现了，比如帕雷特在 1770 年左右绘制的肖像画（图 27），表现的是国王在晚餐时的情景：他一边用膳一边接待大使、请愿者和宫廷访客。

在 17 世纪和 18 世纪，许多欧洲王室都遵守这种公开举行的基本日常仪式。西班牙君主一丝不苟地履行着传统的宫廷职责，而许多外国大

使却觉得这很乏味。同一时代的描述也再次揭示了帕雷特画作的准确性：

> 所有王室成员都在单独的房间里公开用餐；按照礼节，他们在 42
> 用餐期间要去各个房间走访，对于那些必须待在那里的人来说，这是一项最令人厌烦的工作……最后要去参见的是国王，他无论外形还是衣着都非常古怪；他身材矮小，皮肤呈红褐色；这30年来他都没量过大衣尺寸，所以大衣套在他身上宛如一个麻袋；他的马甲和马裤通常都是皮制的，腿上绑着一对裤腿套。晚饭时侍者把不同菜式端进来，呈给一位侍候着的大人，后者会将菜肴摆放在桌上；另一位站在国王身边的贵族会将酒水递给国王，国王品尝后便将酒水搁在膝盖上；大主教在一旁做饭前祷告；远处有宗教法庭庭长在一侧陪同，另一侧则是负责警卫的队长；国王身边围着一圈与他攀谈了片刻的使节。

这段关于国王晚宴的记载由威廉·达尔林普尔少校撰写，他比朱塞佩·巴雷蒂晚来马德里宫廷 14 年左右。他特别提到了出席国王晚宴的众多官员、枢机和宗教法庭庭长，这些人都在现场提醒这位天主教君主人类存在的弱点。

在 18 世纪的西班牙，描绘人类雄心和阶层荣耀的传统绘画被一种更含蓄的现代象征主义取代。反映日常生活中细枝末节的艺术品味被培养了起来，并且渗透到对重大历史事件的艺术表现之中，使司空见惯的形象也得以深入人心。在戈雅到达马德里前不久，帕雷特等年轻艺术家已经为描绘当代场景的作品觅得新市场。乔利对卡洛斯登船那一幕的描绘（见图 24），将天空和海洋中暖色调的蓝和绿、维苏威火山及其火山云的远景，与前景中时髦观光客的衣着装饰进行了细致的对比。帕雷特绘制了马德里的一家古董商铺（图 28），该画标志着一种优美的民间风格已然兴起，而与之相类似的明暗对比，以及精心插入的服饰和物品细
43 节，则暗示了西班牙社会阶层等级的分化。虽然皇家肖像画和马德里新王宫中王座厅、主要接待室内的装饰可能美化了波旁王朝的权威和启蒙运动时期西班牙的日益繁荣，但宫廷和贵族们也会出于不那么明显的宣传目的而委托制作更多的通俗画像。在波旁王朝时期的社会中，架上绘画、肖像画、湿壁画和挂毯虽都成为装饰翻新的一部分，但宫廷生活本身也以一种新的客观形式反映在艺术之中。

在卡洛斯三世统治时期，展示古典历史和神圣历史的公共画像风格深受门斯艺术的影响，这种影响也延伸到了对当代场景的赞美中。因此，年轻的画家们开始尝试一种全新的清晰度和现实性，即使是在反映下层社会生活的题材中也是如此，而门斯对有天赋的学生的敏锐鼓励起到了尤为关键的作用。门斯慧眼识帕雷特，将他看作大有前途的新人画
44 家，还鼓励弗朗西斯科·巴耶乌，雇他为马德里王宫做装饰。正是在对巴耶乌兄弟专业扶植的过程中，门斯留心到了戈雅。确切地说，门斯促进了一大批西班牙人的职业发展，他们将成为马德里宫廷艺术家下一代的中流砥柱。得益于他的举荐，戈雅和他的妻兄拉蒙·巴耶乌在 1775 年 1 月甫一抵达马德里，便得到了圣芭芭拉皇家挂毯厂的工作机会，因为身兼多重宫廷职责的门斯也恰被任命为该挂毯厂的主管。圣芭芭拉皇

图 28
马德里的一家古董店
路易斯 · 帕雷特-阿尔卡萨
1772 年
板上油彩
50cm × 58cm
拉萨罗 · 伽尔迪亚诺博物馆，马德里

家挂毯厂由卡洛斯的父亲费利佩五世于 1721 年建立，旨在效仿法国著名的戈布兰挂毯厂。在波旁王朝统治时期，西班牙社会的现代化进程包括美术和应用艺术的提升，正如卡洛斯把卡波迪蒙特瓷厂从那不勒斯带到西班牙以建立一个细瓷中心，他对父亲这家挂毯厂的推动也标志着另一场对本土工业和时尚审美热情的复兴。

马德里的新王宫里藏有一批匠心独具的佛兰德斯挂毯，是西班牙君主在 16 世纪、17 世纪购买或委托制作的。帕雷特绘制的晚餐时的卡洛斯三世（见图 27）既纪念了挂毯作为装饰品的胜利，也成了当时品味的一个标志。阔朗的餐厅墙面装饰着巨大的寓言场景画，将现实生活中的人物衬得微不足道，从而使人类生活的稍纵即逝与伟大艺术的经久不衰形成鲜明对比。然而，在皇家宫殿之外，挂毯在西班牙人的生活中发挥着特别的象征作用，同时也是实用的室内装饰。挂毯深受西班牙贵族喜爱，它象征着社会地位和财富，就连下层阶级也会以本地织工的技艺为荣。在具有特殊意义的公共场合，例如王室出巡和卡洛斯三世的加冕典礼，富裕家庭会在家中阳台挂上挂毯，马德里的街道上则饰有相对朴实的编织画（图 29）。在新式的宫殿装饰中，织工的技能也变得格外突出。

45 帕雷特的画作展示出卡洛斯三世的餐厅中挂着充满情色意味的神话主题画。然而，随着皇家学院的品味变化和门斯所产生的影响，在 18 世纪晚期启蒙思想的道德氛围中，古典题材在表现高尚德行时的那种简约宏伟更受青睐，甚至连应用艺术也受到了审美上的净化。早期那些巴洛克和洛可可风格的华美挂毯图案及其色情题材，都被代表着焕新、改进和美德的纹章取代，其主题是克制的简朴。肖像画中全新的写实主义，对艺术当代性的品味，尤其是启蒙运动对整个西班牙公共生活的影响，使这些新的主题成为近代挂毯的重要组成部分。回顾早前佛兰德斯与荷兰挂毯上的图像，强调的都是乡村的酒后茶余以及简单的生活方式，而西班牙的织工对该类题材的设计更上了一层楼。

正如帕雷特所绘，皇家餐厅里唯一可以自由漫步的生物便是国王的猎狗。狩猎是卡洛斯三世唯一允许自己参与的娱乐活动，据说他爱他的狗胜过爱他的孩子。达尔林普尔写道：“他一年到头每天都会出门狩

图 29
马德里马约尔街上的凯旋门
归于洛伦佐 · 德 · 基罗斯名下
约 1761 年
布上油彩
112cm × 163cm
市立博物馆，马德里

猎，不论刮风下雨，只要人在马德里，每天下午都要打一次猎；但要是到了乡下，那么早晚各来一次……行宫周围的土地都被围起来供他狩猎。”这对西班牙君主来说并不罕见；自从皇帝查理五世首次将狩猎活 46
动引入西班牙以来，在圈闭的专用场地内狩猎已成为传统。17 世纪 30 年代，迭戈·委拉斯凯兹（在助手的协助下）绘制出他最受欢迎的作品之一，《费利佩四世狩猎野猪（皇家围猎）》[*Philip Ⅳ Hunting Wild Boar (La Tela Real)*，图 30]，该作品展示了哈布斯堡君主在马德里郊外埃尔帕尔多附近一个围场内的情景。16 世纪初，查理五世在埃尔帕尔多建造了一个皇家狩猎屋舍，到了 18 世纪 70 年代早期被扩建为一座宫殿，就是戈雅抵达马德里前不久。戈雅和拉蒙·巴耶乌先是受雇于皇家挂毯厂，为运往埃尔帕尔多的挂毯绘制底图（即供织工在织机上复制的图案）。上面的题材都已为年轻的艺术家们设计好了，很可能出自门斯和戈雅的妻兄弗朗西斯科·巴耶乌之手。这些题材包括狩猎场景和狩猎者的生活；鉴于西班牙国王的这项传统兴趣，乡间生活、狩猎场景和乡村消遣在这一时期的挂毯图案中占有如此大比重便也不足为奇了。

戈雅最初的九幅底图被列入了以狩猎为主题的系列挂毯中。这些 49

图 30
费利佩四世狩猎野猪（皇家围猎）
迭戈·委拉斯凯兹及助手
约 1632—1637 年
布上油彩
182cm × 302cm
英国国家美术馆，伦敦

图 31（对页）
狩猎野猪
1775 年
布上油彩
249cm × 173cm
王宫，马德里

作品是戈雅最早的以绘画形式表达对一项流行运动的生动回应。他以一名底图设计师的身份开始了自己的宫廷生涯，投入于日常题材的创作中，这对他未来的创作方向产生了很大影响。他的第一幅大型底图描绘了猎杀野猪的情景（图 31），是与巴耶乌兄弟合作绘制的。这幅画给人一种扑面而来的现场感和动感，可谓叫板委拉斯凯兹在面对同一题材时更具宫廷气派、更风雅考究的渲染手法。《狩猎野猪》集中表现了人与兽之间的激烈角力。在这些设计图中，动物的重要性——狗、马、鸟（无论是死是活）——都成为构图的关键，与人物的重要性旗鼓相当。乡村场景只不过是一个背景，人和动物都被隔绝在那村野之中。即使是在那些用于悬挂作为壁板装饰的窄得有些局促的布幅上，画的是猎手携猎狗出发狩猎一整天，又或者画的是渔民，这些图案都似乎沉溺在大自然的旷野之中。戈雅的猎手图（图 32）以专业熟手有效完成工作为主题，表现出一种新的技术纯熟以及从容应对。在这些作品中，没有任何一处是随意为之的，画家在画人像时可能使用了真人模特。哪怕只是一幅描绘男孩们如何开始自行狩猎的图画，也给人以一种传达出强烈个人特质的感觉。图上包含一个猫头鹰栖息在柱子上的细节，将传统的主题转变为新颖的构图，充满了耐人寻味的符号。

这些狩猎场景虽然并非最能体现戈雅独创性的作品，但他显然认为通过这一整项工作，他最终将得以在既定格式中自由描绘自己感兴趣的题材，因为这些早期的图画表达了一种尤为积极的投入感。1776 年，在该厂工作了一年之后，他被委托为埃尔帕尔多宫中的王室餐厅制作挂毯底图。这是为王储阿斯图里亚斯亲王（卡洛斯三世的继承人）所准备的官邸，他后来将成为戈雅最为坚定的赞助人之一。与帕雷特绘制的国王餐厅不同，这个餐厅将悬挂描绘时兴的乡村风光和消遣场景的挂毯。

50 戈雅的图稿中充满了跳舞、打架、喝酒、野餐、打牌、放风筝和调情的人物。《遮阳伞》（*The Parasol*，图 33）中首次介绍了马霍（majo）和马哈（maja）的形象。这类被描述为“英勇手艺人”的人物很容易通过服装和举止识别出来，他们对马德里的下层阶级具有特殊的政治意义。他们的职业通常为仆人、侍从或小商贩，尽管他们的行为活动偶尔会越过本分行当和不法勾当之间的界限。在当时的音乐厅和剧院里，马

图 32
两名猎手
1775 年
黑色粉笔，以白色提亮
33.8cm × 43cm
美术博物馆，波士顿

图 33（对页上）
遮阳伞
1777 年
布上油彩
104cm × 152cm
普拉多博物馆，马德里

图 34（对页下）
吹气球的男孩
1778 年
布上油彩
116cm × 124cm
普拉多博物馆，马德里

霍和马哈被赋予了不朽的意义。他们充满异国情调的服饰和自由奔放的举止受到贵族推崇者模仿，他们的身影出现在王室挂毯图案的新设计中，反映了大众的品味转变，也就是更推崇大行其道的当代性以及对简单乡村生活的理想化。除了马霍和马哈，他们的孩子也被装点为道德化的民间符号，代表了田间野趣的纯真。戈雅笔下的男孩吃饱喝足，活泼调皮，嬉游乡间，将猪膀胱当成气球吹（见图 23 和图 34）或爬上树去寻觅禁果。这些题材包含了青春年少和人类幸福是何等转瞬即逝的传统象征意义，但戈雅也描绘了幼稚游戏中的成年人，马霍和马哈沉迷于放风筝，另一些人则身陷关乎爱情和荣誉的阴谋。戈雅对人类行为的观察特别敏锐，在提交他的画作账单时，他首次写道，这些图画是根据“他自己的发明”而绘制的。

这种大胆的姿态流露出戈雅对艺术独立的热情，尽管他的主题仍然

坚持传统。拉蒙·巴耶乌创作了表现18世纪儿童、乡村生活和西班牙家庭生活的图稿。《厨房里的平安夜》（*Christmas Eve in the Kitchen*，图35）出自一系列小底图。孩子们玩着游戏，唱着圣诞颂歌；一个孩子吹着气球状的卡拉布里亚风笛，另一个吹着排箫，还有一个弹着造型奇特的古老弦乐器。这幅画似乎记录下了西班牙普通人的生活，同时散发出一种和平与繁荣之下的舒适感。孩子们以天真无邪的形象现身于颂扬传统和美德的仪式，被用来表达简单生活的纯洁。戈雅所画的人像比他几
53 个妻兄笔下的呈现表现出更多活力。他的一幅乡村野餐画表现了彪悍、

图35
厨房里的平安夜
拉蒙·巴耶乌
1786年
布上油彩
19.3cm × 15cm
普拉多博物馆，马德里

图 36
野餐

1776 年
布上油彩
272cm × 295cm
普拉多博物馆，马德里

喧闹的西班牙人如何在广阔的风景中饮酒作乐（图 36）。数年后弗朗西斯科・巴耶乌的野餐场景则更为精致（图 37），野餐者们受到楚楚衣冠的羁梏，被酒瓶、面包和馅饼环绕，俨然自觉如画中之人。

戈雅这些早期的底图，是最接近于类似古典阿卡迪亚田园风光的东西——一个理想化的田园世界，牧羊人和牧羊女过着无邪无虑的生活——都是他从西班牙贫苦乡民的生活中提炼出的。这些宫廷挂毯的设计方案反映出追求简约的时尚，戈雅也热衷于展示自己对这类题材的把控。然而，即使在满足了描绘赏心乐事、纵情享受和花花世界这些业务需求的同时，戈雅也还是难以抗拒更具冒犯性的艺术构想——在他的早期画作，甚至意大利笔记本的草图中便已出场过。

戈雅早年在马德里的生活颇为艰难，受困于经济上的不安全感，具有讽刺意味的是，当他画着快乐的孩子们如何享受西班牙乡间生活的美好和乐趣之时，他自己的孩子却在襁褓中离世。在意大利笔记本的一页上，戈雅写下了自己一些孩子的全名，以及他们的出生日期，但他没有写下他们的死亡。迄今为止，已经发现了七个孩子的死亡：第一个是安东尼奥・胡安・拉蒙，1774 年 8 月 29 日生于萨拉戈萨；接下来在 1775 年 12 月，戈雅已和妻子在马德里定居近一年，他亦完成了第一批挂毯底图，欧塞维奥・拉蒙诞生；维森特・阿纳斯塔西奥于 1777 年 1 月出生，之后何塞法・戈雅在下一次怀孕六个月后流产；第一个女儿玛丽亚・皮拉尔・迪奥尼西娅于 1779 年 10 月在马德里接受洗礼；1780 年 8 月，弗朗西斯科・德・葆拉・安东尼奥出生，1782 年 4 月，另一个女儿埃尔梅内吉尔达出生。一直到 1784 年，戈雅的儿子哈维尔才呱呱坠地，这是他唯一活到成年的孩子。既要忍受孩子们死亡的压力，同时又要画
55 出人们享受生活的画面，可能促使年轻的戈雅产生着手不同事物的愿望，在他 18 世纪 70 年代末和 80 年代的大部分作品中，也确实出现了一种更不妥协的风格。

1778 年，他尺幅最大也最具野心的原创挂毯底图之一，起初遭到了挂毯厂织工的拒绝。《盲人吉他手》（*The Blind Guitarist*，图 38）首次体现出艺术家有多沉湎于那些体弱多病、无家可归的乞丐。这个眼盲的乞丐向后倾斜着头部，形成一个扭曲的面部特征（图 39）。挂毯厂拒绝了

图 37
乡间野餐
弗朗西斯科 · 巴耶乌
1784 年
布上油彩
37cm × 56cm
普拉多博物馆，马德里

这幅构图，表面上看是因为它包含了过多人像；戈雅向工厂返工了一个修正版，但没有改变乐手的脸，然后将原始图案的一部分转印到了他所创作过的最大一幅蚀刻版画中。

这幅非传统的画像标志着戈雅的艺术开始与其同时代的艺术产生巨大分歧。戈雅那盲人音乐家的古怪相貌具有严酷的讽刺性，使其构图
迥然不同于相同主题的其他挂毯图像。油画、版画和底稿画纷纷描绘了 58
歌手、乐手和街头艺人及在场的观众，农民与绅士在画面中擦肩而过，这形成了 17 世纪、18 世纪欧洲流行艺术中最丰富也最受喜爱的主题之一。到了 18 世纪 40 年代，一位来访的法国画家路易-米歇尔·凡·卢（1707—1771 年）画下了西班牙王室全家人在一场音乐会上的情景，画中的音乐家们衣着光鲜，而戈雅在西班牙宫廷的同代人和前辈也描画了在受过良好教育的家庭中所举办的典雅音乐晚会，并为挂毯、瓷器和版画绘制了底层音乐家和街头艺人形象。《江湖骗子》（*Charlatan*）出自詹多梅尼科·蒂耶波洛（1727—1804 年；图 40）之手，他于 1761 年随父

图 38—39

盲人吉他手

1778 年

布上油彩

260cm × 311cm

普拉多博物馆，马德里

对页：局部

亲从威尼斯来到西班牙，这幅画展示了一个街头艺人兼推销员，比起小丑、美貌的蒙面歌妓或宗教游行中的肃穆成员，他博得了更多的关注。戈雅虽显然很欣赏更年轻的蒂耶波洛所画的威尼斯街头音乐家，但他想必也见过在马德里街头乞讨的盲人音乐家，他自己对怪人、流浪者和残疾人有着深刻的认知，而这种认知也变成了其讽刺手法的一部分。这样一来，他的底稿画成为西班牙最富原创精神的作品，并且使他受到王室的关注。

1779 年 1 月，卡洛斯三世和他的儿子（后来成为卡洛斯四世的王储）及儿媳（未来的玛丽亚·路易莎王后）都公开表示欣赏戈雅的几幅大型挂毯底画。“我亲吻了他们的手，因为我从来没有这么高兴过。”戈雅高兴地说道，“有了他们对我作品的欣赏，有了他们观赏作品时的愉悦，有了我从国王特别是从王子王妃殿下那里——以及最后从所有王公贵族那里——得到的祝贺，我已别无所求。”

一幅名为《马德里的集市》（*The Fair in Madrid*，图 41）的底图深受王室喜爱，它描绘了一个二手货小贩试图说服一个装腔作势的贵族买下一幅画。这种讽刺性的主题，即人们在公共场合乔装打扮，往往假扮成另一种人，在戈雅后来的作品中多次出现，例如 1799 年出版的系列
60 版画《狂想曲》（*Los Caprichos*；见第五章）。王室的赞许显然鼓励了他

图 40
江湖骗子
詹多梅尼科·蒂耶波洛
1756 年
80.5cm × 109cm
布上油彩
加泰罗尼亚国家艺术博物馆，巴塞罗那

图 41
马德里的集市
1778 年
布上油彩
258cm × 218cm
普拉多博物馆，马德里

追求自身的理想，但他后来的成功与路易斯·帕雷特的悲惨命运对比鲜明，后者在几年前也同样受到波旁王朝的关注并因此受了罪。

作为宫廷和学院中最受欢迎的画家之一，帕雷特成名的原因是将道德严肃性引入了他的当代场景之中。名声大噪后的他成为国王弟弟堂·路易斯·德·波旁亲王的门客。然而，这一得宠的标志却引他走上了失败之路。按照规定，堂·路易斯亲王应当进入教会工作。1774 年，亲王出任塞维利亚和托莱多红衣大主教，同样也在宫廷中左右逢源。威廉·达尔林普尔少校写道："国王的弟弟堂·路易斯……在宫中是地位最低的那个；他是有史以来长相最古怪的人，而他的衣着也和他本人一样奇特……他心怀怜悯，广受喜爱。"然而就在第二年，一场关于堂·路易斯的丑闻爆出，这令帕雷特几乎像路易斯·梅伦德斯那样事业尽毁，那位静物画家因其父亲的不检点行为而被逐出宫廷。帕雷特本人是一个非常谨慎的人，但在1775年，他的赞助人——亲王——被发现与仆人为他介绍的女人们进行了一系列性勾当。堂·路易斯被迫离开教会，与一位富有的女继承人缔结了贵庶通婚式婚姻。大体而言，亲王因其名声和婚姻状态而在宫廷中不受待见，夫妻二人被送到位于阿维拉附近的阿雷纳斯·德·圣佩德罗（Arenas de San Pedro），生活在那里的一个大庄园里，为了掩盖这一丑闻，亲王的手下也遭到驱逐。帕雷特被怀疑为他的主人拉皮条，在18世纪70年代严格的道德氛围中，这终结了他的宫廷生涯。1775年秋天，他被押送到波多黎各岛上服刑流放。

此时失去这样一位前程似锦的年轻大师，使马德里宫廷对戈雅持有更加开放的态度，戈雅的早期事业远不如帕雷特，但他的前途已远远领
61 先于他的对手。戈雅在挂毯画中重新定义了农民形象，钻研了如何创造一种削弱装饰性的宫廷风格，并在现实生活题材中注入严肃的道德观，这些特征都体现出戈雅与日俱增的才华。而帕雷特这位被流放的画家，其处境并不乐观；他失去了王室的宠爱，而同样灾难性的，是失去了朋友以及在家乡生活的权利。1776年，当戈雅为挂毯厂完成他的第一幅野餐场景画时（见图36），帕雷特在波多黎各画下了他的第一幅自画像，画中的他孑然身处暴风雨之中，已沦至赤贫的他打扮成一个手持砍刀的赤足农民，似是要在这荒蛮未辟的土地上砍出一条生路，他的名字和年龄刻在破败古典建筑的断壁残垣上。这种对于生命和才能短暂性的严酷提醒纯属臆想：帕雷特并没有被迫下田工作，他事实上是在以肖像画为生。尽管如此，他还是感受到了强烈的耻辱，将这幅自画像作为一份视觉形式的请愿书寄给卡洛斯三世，到了第二年，他的刑罚被减轻为内部流放到西班牙北部。

戈雅也意识到艺术地位的脆弱性和同僚的嫉妒心。1779年，门斯的去世意味着受薪宫廷画家出缺。戈雅申请了该职位但遭拒绝，理由是：

> 他［戈雅］展现出极大的进步空间。既然……现在形势并不紧迫，可以执行宫廷所需作品的画家也并不匮乏……申请人应继续

> 为挂毯厂作画……从而证明其自我提升及技法掌握，以便未来在需要国王决策时予以考虑。

一年后，西班牙与英格兰开战，随之而来的经济紧缩减少了公共作品的数量。挂毯厂暂时关闭。

在挂毯厂关闭之前，戈雅设计了一幅新底图，被他描述为“四个年轻人拿一头小公牛消遣”（图 42）。转过身来面对观众的那个人物有张极
富特色的脸。这个年轻业余斗牛士的形象常被视为戈雅的自画像，可能 63
具有个人意义，因为戈雅和他的三个妻兄都是忠实的斗牛爱好者。这些年轻的业余斗牛士正值壮年；中心人物的动作停顿得恰到好处，他仰起脸，脸上映着光。像这样描绘年轻人和一头小公牛之间的对抗场景，是众多原本要挂在埃尔帕尔多宫中卧室和前厅的挂毯作品之一。戈雅设计了两组对比鲜明的图像：一组是对闲适和青春的颂赞，展示了美丽的女人和健硕的男人沉溺于燕好之中；另一组则展示了年富力强的业余斗牛士们，还有士兵、洗衣妇、医生、樵夫、《盲人吉他手》和一幅关于对性事失望的生动习作［即《约会》（*The Rendezvous*，图 43）］。一个女孩徒劳地等待着爱人，她撩人的身体被包裹在自己最好的衣裳中，垂下的蓝色布料掩住了一堆乱石。根据戈雅清单的说明，她身边的人正在“旁观她的悲伤”。在这里，纯洁的美德和天真的快乐最终仅仅指向人类幸福的转瞬即逝。在乡间试手斗牛的外省青年，并不像可怜的帕雷特作为香蕉采摘者的自画像中那般一穷二白，但不可否认的是，田园风光已经开始从戈雅的艺术中消失。

在马德里最初几年的奋斗和在挂毯画上的一鸣惊人，都显示出戈 64
雅的前途不可限量。到了 1780 年，他可以憧憬成为一个富有的人，拥有一份成功的事业，致力于收藏华服珠宝以及四处打猎。在为其主要赞助人所绘的《卡洛斯三世猎装肖像》（*Portrait of Charles Ⅲ in Hunting Costume*，图 44）中，戈雅似乎回顾了门斯画过的那张国王面孔，但此处的国王被描绘为旷野中的一名猎手。这幅肖像画标志着戈雅走出早期的狩猎场景，开始培养起真正符合宫廷艺术家的肖像习惯，反映其庇护者的热情所在。但他也变成了一个谨慎、内敛、总体持怀疑态度的人，

图 42
业余斗牛士
1780 年
布上油彩
259cm × 136cm
普拉多博物馆，马德里

图 43（上）
约会
1780 年
布上油彩
100cm × 151cm
普拉多博物馆，马德里

图 44（下）
卡洛斯三世猎装肖像
约 1786—1788 年
布上油彩
206cm × 130cm
私人收藏

他以清晰和批判的眼光看待自己社会中尊贵的人和卑微的人。而实际上，在接下来的几年里，戈雅本人将面临羞辱、失败、困顿和疾病。甚至甫一进入 18 世纪 80 年代，戈雅便出师不利，一个混乱又激烈的公共委托项目令他陷入了与自身外省背景的冲突，给他在公众眼中背负上了争议性的名声，也在他的家庭圈子中引发了严重的分歧。

第三章 虚荣不群的男人

艺术灵感与教会审查

Goya

多个子女不幸离世，加上为了实现职业抱负而苦苦挣扎，戈雅的 67
工作开始遭遇波折，所以他在自己的艺术之路上继续发展出对写实主义的偏爱。在这一点上，他并非孤身一人。除去狩猎场景的优雅潇洒和孩童嬉戏的多愁善感，经由门斯引入西班牙的新古典主义简约风格被一种更为黑暗的风格取代。在马德里，学者们就西班牙艺术的本质进行了辩论；一些人将现实和残酷的题材看作西班牙艺术传统的一部分。戈雅在他的意大利笔记本中，初步探讨了早期艺术家如何将暴力和丑陋转化为杰作。在和妻子搬到马德里后，他更积极地投身于独立创作，对自身地位也有了更激进的认知。甚至在搬家之前，他的一个妻兄就形容他“永远都在工作”，抵达马德里后，戈雅开始作为自由职业者接下一些工作，工作灵感来自严肃、悲惨的主题。

他作为挂毯设计师的公共角色为他提供了生计，也帮助他提升了在油画、素描和版画方面的技法。然而，挂毯设计师工资微薄，其作品也不会出现在宫廷之外。因此，戈雅需要一个更广大的公共媒介来建立起自己的事业。虽然没有记录表明他在哪里或何时学会了蚀刻（一种用酸将图案腐蚀到金属板上的雕版技术），版画却成为戈雅最喜爱的媒介。在外省度过童年和青年后又扎根大型首都城市，可能是受到这种生活的影响，画家会自然而然将这座城市本身视为自己的主题。之前在挂毯底图中，他偶尔描绘过一些涉及马德里人（madrileños，马德里居民）、马霍和马哈的场景，都绘制在城市的背景之下。马德里依然吸引着戈雅，在他早期的一幅蚀刻版画中，他刻画了西班牙首都的主保圣人——农夫圣伊西德罗（图 45）。

这位 12 世纪的务农劳工和耕地农夫，因其为一无所有者所做的一 68
切而受到尊敬，于 1622 年被封为圣人。在马德里举行的节日和游行中，这位贫民圣人受到了世人的塑像称颂。圣伊西德罗与城市中穷人的关联格外紧密，象征着西班牙首都在戈雅艺术中所呈现出的重要性。在画家的大部分佳作中，马德里都被具象化了：一个在战火中饱受摧残、在和平时期又繁忙不堪的城市；居住着优雅、富庶的人，但又充斥着罪犯、妓女、无知和受压迫的人，以及普通的劳动者（包括推销员、赶集的人和乡下来的淳朴百姓）。罗马可能让戈雅开阔了眼界，知晓了绘画所能

图 45（对页）
马德里主保圣人圣伊西德罗
约 1778—1782 年
蚀刻版画
23cm × 16.8cm

达到的高度，但马德里将向他展示的画面是在一个危机重重和千变万化的时代中，人类行为会陷入怎样的冲突模式。

除了在公众层面的抱负，戈雅的作品通常显示出对犯罪和暴力死亡的病态兴趣，在18世纪70年代和80年代初，他可能受到了当时的道德风气和赞助人在人文关怀方面的启发。涉及罪犯、处决和社会不公的场景与戈雅挂毯底图中的乡村田园诗形成了对立。在这样一个直到19世纪初约瑟夫·波拿巴登基后方才拥有国家警察机关的国度，刑罚制度和持续不断的犯罪威胁为艺术提供了主题，甚至比起帕雷特对古董商铺的刻画，或是乔利所绘的卡洛斯三世在那不勒斯登船，都具有更多的话题性。不可否认，戈雅是18世纪第一个触及生活阴暗面的重要西班牙艺术家。大约在1778年，他为另一个孤独的人物制作了蚀刻版画《被绞死的人》（*The Garrotted Man*），他先用棕褐色墨水以纵横交错的笔触仔细勾勒出这幅画（图46），然后转印到蚀刻板上（图47）。

骇人的绞刑算是戈雅那些宫廷艺术家同僚所画的华丽仪式的阴影面。绞刑是西班牙处决罪犯的手段，尽管也有负责枪决的行刑队。受刑者通常会在众目睽睽之下被马车拉到绞刑架处，被安置坐下，头部和脖
69 子固定在一根立柱上。一开始就有一根绳索套在受刑者的脖子上，刽子手要么扳动项圈后的杠杆，要么用一根结实的棍子或棒子来绞动绳索，目的是使大脑底部的脊柱脱位，甚至完全切断。在这种情况下，总会有一大批神父前来主持仪式：“他被领到一把小木椅上，椅子被一根柱子牢牢固定在地上。坐好后，绑住他双臂的绳子就将身体和柱子缠绕在一起……一位圣方济会托钵修士将十字架压在他的嘴唇上。”这段文字由英国外交官查尔斯·沃恩撰写，描述的是他1803年在西班牙目睹的一次公开处决。沃恩描述的是行刑队而不是绞刑，但他对这种宗教狂热的表现尤为反感。圣母和死去基督的塑像（沃恩写道：“这是我见过的最恶心的东西。”）被放置在死刑犯身边，他周围还有大量修士和神父。

图46（对页）
《被绞死的人》素描
约1778年
铅笔，乌贼墨汁
26.4cm × 20cm
大英博物馆，伦敦

在欧洲其他地区，在视觉形式记录公开处决时，视觉记录者会用这些场景的版画满足人们普遍对情景剧般戏剧性场面的兴趣，而与他们不同的是，戈雅在处决发生后马上就描绘了伏法者。尸体坐在阴暗的牢房

里，光影的呈现和他紧握的双手将他表现得更像是一个殉道者，而不是一个罪犯。戈雅规避了对公开处决全过程的精准记录，而更愿意将被绞死的人单独设定在一个地点不明的室内。一丝超脱尘世的意蕴在高烛摇曳的火光中隐隐燃炽，也在描摹逝者面容的线条间脉脉流转，那笔触饱含悲悯，又细腻入微（图 48）。这个人伸出的赤足和悔罪者的长袍具有纪念意义，是戈雅从早期殉道者的画作和对意大利古典雕像的研究中获得的。

他还研究了王室收藏的古典绘画大师——尤其是委拉斯凯兹——
的作品，1778—1799 年，他根据委拉斯凯兹最著名的一些画作绘制了
一批素描。委拉斯凯兹在人物形体的描绘上极富表现力，戈雅显然受到
了启发，以重新寻求单纯的情感表达和直观的视觉呈现。戈雅是最早钻
研委拉斯凯兹风格的 18 世纪西班牙艺术家之一，他加以分析后将其风
72 格的精要之处吸纳到自己的作品中，面对这位在 17 世纪主宰了西班牙
宫廷艺术的塞维利亚天才，戈雅从专业角度生出了钦佩之情。他希望通
过从平凡生活的英雄主义中获取灵感来提升西班牙艺术，这一雄心壮志
已在委拉斯凯兹的作品中得到验证，而且在 18 世纪传记作家对委拉斯
凯兹的描述中，也可以看出戈雅那种艺术热情的影子。

关于西班牙伟大艺术家的传记集最早出现在 1724 年，由西班牙第一位重要的艺术史学家、画家安东尼奥·帕洛米诺（1655—1726 年）撰写。委拉斯凯兹在书中被描述为一个品德高尚的人，他那些以道德为主题的作品，因其敢于描绘社会底层人物而别具力量。

> 他利用自己丰富的发明创造，大张旗鼓地画起了乡村题材，并采用了不同寻常的灯光和色彩……有人责备他没有以精巧、瑰丽的笔触画出更多严肃的题材，而在这类题材上他本可以与拉斐尔一较高下。他礼貌地回答说，他宁愿“在粗犷风格上当第一，而不要在细腻风格上当第二”。

帕洛米诺从古希腊艺术家的精神中看到了这种大胆的先例：“那些在这类绘画中有杰出表现和完美品味的人都已成名。并不是只有委拉斯

图 47—48
被绞死的人

约 1778—1780 年
蚀刻版画
33cm × 21.5cm

下图为局部

凯兹在追随这种并不高雅的灵感，还有许多人受这种品味和其思想的特殊性引导。”

委拉斯凯兹在日常题材作品中表现出的质朴写实风格，同样也体现在他创作的那些具有自然主义风格的宫廷肖像中。1778 年 7 月，戈雅发表了他根据委拉斯凯兹画作所作的第一套杰出版画。这九幅蚀刻画主要包括费利佩三世和费利佩四世的肖像，但也出现了伊丽莎白王后[①]和巴尔塔萨·卡洛斯王子。戈雅对委拉斯凯兹的肖像画很有兴趣，这表明他已经预见到自己将要投身于官方肖像画的创作，他基于此的再创作是自由改编而不是临摹。他还蚀刻了委拉斯凯兹所画的哲学家伊索和梅尼普斯，以及宫廷侏儒的肖像（图 49）。委拉斯凯兹最伟大的作品是《宫娥》（*Las Meninas*，图 50），创作于 1656 年。在这幅复杂的画作中，费利佩四世的女儿与她的宫娥们在王宫的一个不寻常的昏暗房间中摆出造型，
73 画家本人以优雅的形象占据了重要位置，身着宫廷服装以充当国王的大总管。他打量着这一场景，正准备往画布上添上一笔。在 18 世纪，委拉斯凯兹的名画与提香（约 1485—1576 年）、拉斐尔（1483—1520 年）、

① 法国国王亨利四世的长女，西班牙费利佩四世的第一任妻子，法语称为 Élisabeth de France，相应西语为 Isabel de Francia。——译注

图 49
塞巴斯蒂安·德·莫拉
1778 年
根据委拉斯凯兹作品而作的蚀刻版画
21.5cm × 15cm

图 50
宫娥
迭戈 · 委拉斯凯兹
1656 年
布上油彩
318cm × 276cm
普拉多博物馆，马德里

图 51（对页）
宫娥
约 1778—1785 年
根据委拉斯凯兹作品而作的蚀刻版画
40.5cm × 32.5cm

埃尔·格列柯（约 1541—1614 年）和老彼得·勃鲁盖尔（约 1525—1569 年）等人的作品一起，被西班牙王室视作藏品中的稀世之宝。这幅肖像画的思想内涵和技艺水平都相当卓越，波旁王朝的君主和他们手下的学院管理者都对其珍视不已。在对这幅作品的复刻版本中（图 51），戈雅刻意在构图中加入了更多的自由发挥，但并未发表该版画。

戈雅没有完成最初设想制作的那么多幅版画，但他对这套根据委拉斯凯兹作品而作的九幅蚀刻肖像画非常满意，他于 7 月在官方报纸《马德里公报》②上刊登了销售广告。12 月，他又推出了另外两幅根据委拉斯凯兹作品而制作的版画。为了实现对实体和阴影的描绘，他开发出一
76 种非正统的蚀刻工艺，这一大胆的技巧隔离出了线条之间的空隙，将纸张的白色作为纹理的一部分，为最终的图像赋予一种原始的力量感。到 1779 年，当戈雅创作他那个版本的《宫娥》时，他已经开始尝试一种新的版刻工艺，即飞尘蚀刻法（aquatint），这种工艺使用耐酸清漆来创造出片片阴影以及柔和的点刻效果，使人联想到水彩画或粉笔画，约莫 20 年后，这种技术在他创作《狂想曲》时起到了至关重要的作用（见第五章）。

随着这些版画作品的发表，戈雅从来访的外国外交官、同行和学者处赢得了赞誉。人们对戈雅绘画技法和独创性的赞誉，既确保了版画令人鼓舞的反响，也揭示了一种对委拉斯凯兹的新热情——他的写实主义已经开始与门斯和蒂耶波洛那种外国风格相媲美。门斯本人甚至提议年轻的艺术家都去研习委拉斯凯兹。在民族主义日益高涨的情境下，西班牙人回顾了本土的艺术传统，戈雅则被认为是时尚品味的先锋。画家由此结识了一群具有影响力的朋友，例如诗人、律师和西班牙启蒙运动领导者加斯帕尔·梅尔乔·德·霍维亚诺斯，后者将在接下来的 20 多年里培养戈雅的才华。1781 年，霍维亚诺斯在皇家学院发表演讲，他在演讲中赞扬了当时已故的门斯那种外国古典艺术，但他也用更多篇幅介绍了 17 世纪的伟大西班牙画家，如委拉斯凯兹、何塞·德·里贝拉（1591—1652 年）、弗朗西斯科·德·苏巴朗（1598—1664 年）和巴托洛梅·埃斯特万·穆里罗（1617/1618—1682 年），他们以旗帜鲜明的态度将西班牙艺术价值观遗赠给了全世界。这些名家大师的作品既生动

② 西班牙政府官方出版物，1697—1936 年间名为《马德里公报》（*Gaceta de Madrid*），此后改名为《国家官方公报》（*Boletín Oficial del Estado*），2009 年以后仅发行电子版。——译注

图 52（对页）
十字架上的基督
1780 年
布上油彩
255cm × 153cm
普拉多博物馆，马德里

逼真，又有感染力，描绘出了生活的黑暗面以及自然界的美景。在西班牙画家的笔下，老人、畸形人、病人和垂死之人永远不会被认为太过丑陋。无论戈雅是否听过霍维亚诺斯的这场演讲，他应该都会赞同这一观点。他的艺术致力于充满活力的写实主义和对世界毫不妥协的分析，以及对于美和优雅的追求，抓住了趋于内敛和自我剖析的社会情绪。

1768 年，英国皇家艺术研究院在伦敦成立，这为英国艺术家提供了一个推广民族风格和思想的中心，马德里的皇家学院也同样成为民族艺术复兴的审美焦点。1780 年，戈雅荣膺为人艳羡的皇家学院院士，他为竞选所提交的作品再次表明他在时尚流行和政治权宜上的敏锐性。《十字架上的基督》（*Christ on the Cross*，图 52）是一幅笔触流畅的男性裸像，旨在向门斯致敬——在戈雅早期职业生涯中给予过他很大帮助的门斯于前一年去世。戈雅这幅大于真人尺寸的画作是极为传统的，但也洋溢着人文关怀和积极向上的真实质感，让人想起《被绞死的人》（见图 46—48）中那种殉道式的孤独。在那之后，戈雅在同样阴森但却是世俗题材的作品中使用了这一风格：被关在狱中、面临处决的人；易受伤害、惨遭拒绝的人，孤立无援，成为黑暗幻想和力量的牺牲品。正如他在版画《马德里主保圣人圣伊西德罗》（见图 45）中展示了圣徒求祈时的孤独形象，那种受折磨和受迫害的囚犯、死刑犯和孤独艺术家的形象，于 1778—1780 年间进入戈雅的作品，伴随至他生命的尽头。

卡洛斯三世推动了西班牙社会各阶层的现代化，从工业到教育，延伸到教会及对统治阶层特权的维护。虽然在某些方面，在那个世纪普通人的生活得到了改善（人口的增加也反映出这一点），但犯罪和失业也相应增加。在西班牙，贵族的权力确保了社会流动的机会不可多得，然而，即使是最有权势的家族，也无法逃脱其政治和社会控制领域逐渐被侵蚀的命运，因为新潮的思想和政治运动在整个欧洲迅速发展。这一点在 18 世纪西班牙天主教会备受争议的地位中最为明显。

教会的作用因地区而异，对民众生活的影响也不尽相同。在一些地方针对宗教绘画的限制颇为严格，在另一些地方则允许改变。各省地
79 方上与大型城市中心的教堂绘画之间的区别成为一个有争议的问题。例
如，面对外省描绘圣母玛利亚和当地著名圣人时的奢华装饰和传统审

IESVS NAZARENVS
REX IVDÆORVM

美，经验老到的鉴赏家们对此表示反感。在西班牙天主教会自觉脆弱之时，教会艺术家的地位，特别是在省级地区，就显得特别敏感。

尽管在马德里业务繁重，戈雅还是保留了与萨拉戈萨的联系，凭借着皮拉尔圣母大教堂（图 53）的财富和当地教徒的虔诚，这座城市成为重要的教会艺术中心。据说在皮拉尔圣母大教堂举行的宗教仪式是西班牙最为奢华的仪式之一，外国游客对大教堂内部的富丽堂皇赞不绝口。圣母像被银质和宝石所组成的衣裙所覆盖，礼拜时使用的圣器是纯银的，神职人员的法衣也缀以黄金和珠宝，华丽到令人咋舌。大教堂的建设和装饰尚未完工，来自阿拉贡和其他地区的艺术家、建筑师和设计师便纷纷被吸引到萨拉戈萨，寻找重要的委托项目。由于曾为大教堂工作，戈雅显然看到了在家乡地区大振声誉的机会。

皮拉尔圣母礼拜堂是大教堂中一个尤为重要、深受喜爱的特色建筑。这座礼拜堂出自最具创造力的阿拉贡建筑师文图拉·罗德里格斯（1717—1785 年）之手，包括带有圆顶和精致柱子的小型侧堂。该建筑群的装饰工作是一项艰巨而享有声望的任务，戈雅已为之效过力，以获取丰厚的公共委托佣金。然而，在计划为这个礼拜堂绘制新系列的装饰画时，大教堂的委任专员将工作交给了戈雅的妻兄弗朗西斯科·巴

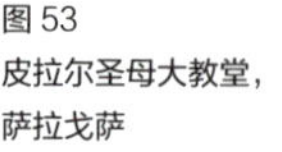
图 53
皮拉尔圣母大教堂，
萨拉戈萨

耶乌。巴耶乌已在马德里名噪一时，他当时无疑是萨拉戈萨更重要也更知名的艺术家。

1780 年，经过大约三年的辗转推托，加上与大教堂专员之间的漫长通信，巴耶乌最终同意执行这项工作，但明确要求聘他的弟弟拉蒙和妹夫戈雅为助手。大教堂当局同意了，只要这些年轻人能在巴耶乌的监 80
督之下工作。1780 年 5 月，巴耶乌对这个项目表示不满，因为弟弟和戈雅被要求承担太多工作，报酬却太少。这一年，拉蒙·巴耶乌一直在生病，大教堂的工作进度已落后于计划。“我弟弟的健康状况有所好转，不过仍受病痛所扰，但我向上帝和圣柱圣母祈祷，希望他能顺利康复。”巴耶乌写道。8 月，戈雅的妻子生下她的第四个儿子，但孩子夭折，当时戈雅应该已经在为大教堂绘制草图。据弗朗西斯科·巴耶乌说，大教堂当局增加了所需绘画的数量，却没有提供额外的酬劳。“我不会这么做的，”弗朗西斯科·巴耶乌写道，“但这将随他们所愿。”此处“他们”指的是戈雅和拉蒙·巴耶乌，尽管都已具备学院资质，戈雅根据委拉斯凯兹再创作的蚀刻版画和他的挂毯底图也都很成功，但他们还是急于获得这类重要的教会工作。

戈雅的任务是绘制侧堂上方的一处穹顶，他的妻兄们则负责其他几处，所有穹顶都要用绘上圣母玛利亚像的湿壁画。主题包括作为诸圣之后（Queen of the Saints）、天使之后（Queen of the Angels）和殉道者之后（Queen of the Martyrs，将由戈雅来画）的圣母像。到了 1780 年的 81
圣诞节，一场危机爆发，整个项目陷入混乱局面和互相责难之中。

1780 年 12 月 14 日，大教堂的工程委员会召开了一次特别大会。

> 工程管理员报告称，国王陛下的御用画师堂·弗朗西斯科·巴耶乌来见他，解释称与堂·弗朗西斯科·戈雅发生了一些摩擦。后者拒绝巴耶乌修改其作品，以按照前者的意愿使之与其他画作保持一致，从而达到必要的整体效果；因此巴耶乌要求通知委员会的诸位绅士，要求他们免除他继续执行该委托。

如今的人们对弗朗西斯科·巴耶乌知之甚少，但由于他在 18 世纪

80年代是一位举足轻重的大师，戈雅看起来必然是个新秀。就这么一个出身平平的男人，作为艺术家的起点不高也无甚前景，而且他与弗朗西斯科的妹妹结婚时收入微薄，这对夫妇一直倚赖弗朗西斯科的善心、推荐信和举荐过活。尽管如此，戈雅被提升为院士，从根本上改变了他的职业前景。大胆的写实主义作品《被绞死的人》（见图46—48）、强有力的底图作品《盲人吉他手》（见图38、图39）和《马德里的集市》（见图41），都表明戈雅的个人才华正在取得成果，而当他们为萨拉戈萨绘制草图时，艺术家不愿意在妻兄的监督下工作——即便作为一项既有的合同条件——也就可以理解了。巴耶乌本人一直是戈雅事业的忠实支持者，那么他为什么要在1780年12月跑去大教堂工程委员会面前试图破坏其声誉呢？

戈雅热衷于西班牙传统绘画的写实主义，这可能意味着他不符合地方教堂的装饰要求，但巴耶乌的抱怨成了分歧的开始，彻底毒害了两人
82 之间的关系。起初，工程委员会似乎想避免丑闻的发生，一直到1781年2月，会议记录才再度提到这两位艺术家，当时他们报告称，弗朗西斯科·巴耶乌已完成了圣礼拜堂和圣安妮礼拜堂之间的拱顶绘画，而戈雅也正在为他的穹顶画进行收尾工作，他画的是作为殉道者之后的圣母。巴耶乌为《作为诸圣之后的圣母》（*The Virgin as Queen of the Saints*）湿壁画所绘制的其中一张草图，展现出他温暖亮丽的色彩和细腻的色调（图54）。戈雅为《作为殉道者之后的圣母》（*Virgin as Queen of the Martyrs*）绘制的草图在色彩上则更为浓烈（图55），又有大胆的笔触，正是其挂毯画的风格特点。一个身材丰满的金发女子，身着金色和蓝色的长袍，与《约会》（见图43）中的女孩颇为相似，风情万种地躺在画面右边的云层上。罗马皇帝戴克里先迫害基督徒期间，在萨拉戈萨殉教的圣女恩格蒂（St Encratis）也同样身着蓝色和金色长袍。她站在图像右侧，手执她的殉道者标志，即锤子和钉子；她在公元304年遭受了酷刑，肝脏被撕扯出来，据说在萨拉戈萨保存着她的遗物。戈雅设计的丰满女圣徒可能令弗朗西斯科·巴耶乌大吃一惊，并且震惊了大教堂当局和地方会众，但最终引起大教堂分会全体反感的，还是他为美德女神的女子单人像所绘制的草图。

图 54
《作为诸圣之后的圣母》草图
弗朗西斯科 · 巴耶乌
约 1776—1780 年
布上油彩
101cm × 81cm
拉赛欧大教堂博物馆，萨拉戈萨

在 2 月的会议上，工程委员会决定是时候让大主教来检查工程了，而且应该在他外出散步前的一个晚上进行。一个月后，戈雅参加了一次委员会会议，在会上他展示了自己的四幅美德女神单人像的草图。这四张草图计划用于装饰穹隅（穹顶底部拱门之间的三角形面板）。在这次会议上，戈雅遭遇了职业生涯中最大的一次公开羞辱。

3 月 10 日，会议记录显示：

> 堂 · 弗朗西斯科 · 戈雅提交了他为大教堂内圣约翰礼拜堂上方穹顶绘制的四幅草图。其主题是美德：信德、勇德、爱德和坚忍，它们与大穹顶上作为殉道者之后的圣母画作相呼应。委员会成员看 83
> 到这些草图时并未表示赞同，因为他们注意到某些缺陷，特别是代表爱德的那幅画，人物形象不够得体。此外，其他的几幅试画除了看起来缺乏细节，背景颜色也比理想中的要深，而且风格也不对……由于委员会听说公众对穹顶画非常不满，加上这件作品和他［戈雅］其他作品一样不论用心程度还是艺术格调都有所欠缺，他

图 55
《作为殉道者之后的圣母》
草图

1780 年
布上油彩
85cm × 165cm
皮拉尔博物馆，皮拉尔圣母
大教堂，萨拉戈萨

> 们便将整个问题交由堂·弗朗西斯科·巴耶乌处理。他们希望后者能不厌其烦地亲自查看这些草图，以斟酌委员会的评论和表决——应以不惧指责的方式来创作穹隅上的作品——是否公正。

200 多年过去了，我们无从得知委员会成员的决定是否正确。如果正如他们所说，公众对戈雅的“殉道者之后”湿壁画提出了抗议，那么他们就别无选择，但是很难确切知道戈雅时代的湿壁画成品究竟是什么
86 样子。礼拜堂里的画作已得到修复，尽管现存的图像足以显示戈雅充满活力的湿壁画技术。然而，很不受委员会待见的穹隅原始草图却没有曝光。正如戈雅根据委拉斯凯兹所作的蚀刻版画会被专业版画师认为在技术上偏离正统，他的宗教作品也保留了许多诉诸感观、有戏剧性的风格，这在 18 世纪 80 年代的西班牙外省地区肯定显得非常不雅。在萨拉戈萨，人们对精美华贵的法衣以及装饰宗教圣像圣物的金银宝石的喜爱，与对整体礼仪的需求产生了某种平衡。戈雅的艺术个性使他所绘的神像变得有血有肉，在面对身陷苦难的人们时会聚焦在现实主义的观点上。

一周后的 3 月 17 日，他给大教堂工程委员会写了一生中最长的一封信，表达了愤怒和困惑。他在信中说，他遭受一连串的流言蜚语、指摘非难、公开映射和“恶意偏见”，所有这些都是由其妻兄弗朗西斯科·巴耶乌的报复背叛引发的。在他看来，这一切都与对他作品的任何正当批评无关。但他作为一个画家的声誉受到了质疑。“我的全部生活，”他写道，“都取决于我作为一个画家的名声，如果有天我的这一名声哪怕只是轻微受损，那我的职业生涯也就算毁了。”

他接着说，由于他是马德里皇家学院的成员，他在法律上有权独立于任何人的判断而工作。此话不假。授予马德里学院的皇家宪章规定，一旦艺术家成为学院一员，其地位就会自动提升，并可享受贵族的特权和待遇。戈雅在信中继续声称，当时他们都还身在马德里，他向巴耶乌展示初步草图，纯粹是出于礼貌，而且巴耶乌也给予了认可。巴耶乌后来让戈雅继续画圣母湿壁画，没有提出任何异议，那么他为什么要背着戈雅在 12 月向委员会抱怨呢？戈雅写道，答案很明显。巴耶乌在等待戈雅犯一些公开的错误，从而让他失去已经获得的信用和声誉。

戈雅对妻兄的反控只会让事情变得更糟，整件事成为萨拉戈萨的谈 87
资。几年之前，戈雅曾在萨拉戈萨郊外奥拉代（Aula Dei）的天主教加
尔都西会修道院的教堂里画过壁画，另一位巴耶乌兄弟曼努埃尔在那里
宣誓修行。那些壁画受到了好评，在那里的一名成员如今写信给戈雅，
恳求他小心一点，不要得罪巴耶乌或大教堂当局：

> 如果您要挑起与整个大教堂教士会的对战，那可真是太糟了……这是您第一件有价值的委托作品，如果您任其陷入官司，那将是一大憾事；即便赢下官司，您也会落得一个虚荣难缠的名声。在那些教士眼中，堂·弗朗西斯科·巴耶乌是当今首屈一指的艺术家，即将成为国王的首席画师，而您（虽然可能天赋更佳）只是初出茅庐，尚未树立起声誉。

戈雅的天赋和前景已被认为要高于巴耶乌，这一事实别有意味，可
能在一开始就引发了双方的争执。戈雅是否考虑起诉大教堂不得而知，
但他试图按照这一提议行事。他给委员会写了一份更显顺从的声明，同
意在巴耶乌的监督下修改自己的作品。但到了 1781 年 5 月，这些美好
的愿望都烟消云散了。工程委员会的管理员报告说，戈雅怒气冲冲去见
他，而且极为无礼，说他打算留下未完成的工作立即返回马德里，因为
留在萨拉戈萨只是在浪费时间和名誉。工程委员会尽快向他支付迄今为
止的工作费用，并承诺如果戈雅同意完成工作并悄然离开，他将获得额
外的酬金。戈雅回到了马德里。即使在那里，这件事也已人尽皆知。曼
努埃尔·巴耶乌在 1781 年 8 月写道：“国王一定已知晓萨拉戈萨的事件。
画家们都很在意结成联盟以保护同伴。”皇家学院似乎同情戈雅的困境
和巴耶乌的不幸，两人都得到了新的王室委托，即为马德里的大圣弗朗 88
西斯科大教堂（San Francisco el Grande）绘制一幅祭坛画。巴耶乌家族
站在了戈雅的对立面。曼努埃尔·巴耶乌写道：“我深爱着戈雅，但不
能违背真理、理性和我兄弟的利益。”戈雅对萨拉戈萨事件的反应被认
为是在情绪上过于夸张，整个事件就此翻篇。戈雅再也没有为皮拉尔圣
母大教堂画过任何东西，但他继续为巴伦西亚、塞维利亚和托莱多的大

教堂以及西班牙各地多处教堂画画。

在巴耶乌进入工程委员会之前，他与戈雅的竞争关系一直很友好。而在萨拉戈萨之后，双方在职业地位上的角力愈发激烈和残酷。“一想到萨拉戈萨和绘画，我就怒火中烧。”戈雅在写给老同学马丁·萨帕特尔——一个富有的阿拉贡地主——的信中这般写道。他永远不会忘记对其声誉的诽谤，回到马德里后，他陷入狂热的自我宣传，并且产出大量作品，奠定了自己作为西班牙最具影响力、最杰出画家的地位。

到了 18 世纪下半叶，随着教会受到更有组织的改革，不少欧洲教会艺术的华丽程度下降了。即使是在西班牙，16 世纪的埃尔·格列柯、17 世纪的穆里罗和苏巴朗曾以超凡的图画创立起极具原创风格的宗教艺术流派，当时放眼欧洲无可匹敌，而此处的本土宗教绘画也还是变得狭隘浅陋、畏首畏尾。只有戈雅的大胆创新为这一墨守成规的主题贡献了与时俱进的解决方案。

1788 年，距离他被萨拉戈萨皮拉尔圣母大教堂工程委员会指责风格有欠得体已过去七年，戈雅才第一次为此前只在画中委婉暗示过的“怪物”提供了充分的自由，而这种艺术解放的行为发生在另一座大教堂中。作为戈雅最新的有力赞助者和庇护者，奥苏纳公爵和公爵夫人委托他为他们在巴伦西亚大教堂的家庭礼拜堂画两幅画。这两幅画将展示他们的先祖、耶稣会圣徒弗朗西斯·博尔贾的生活和工作。弗朗西斯·博尔贾出身于阿拉贡最高贵的家族之一，是国王费尔南多五世的曾外孙，费尔南多五世与伊莎贝拉女王共同在 16 世纪初建立了西班牙的政治霸
89 权。弗朗西斯在结婚时被任命为加泰罗尼亚总督，而在妻子辞世后成为一名耶稣会修士。他于 1551 年被授予圣职，放弃了头衔、财富和权力的特权和所有物。戈雅将这一弃权作为他第一幅画的主题，画中的圣徒离开了他的家庭，以追随自己的神职使命。圣弗朗西斯·博尔贾以鼓舞人心的布道者形象闻名，他走遍了西班牙和葡萄牙。圣徒的传记中出现了大量赞美之词和诸多虚构逸事，而这些描述就成了戏剧性的第二幅画作《圣弗朗西斯·博尔贾照料不知悔改的垂死者》（*St Francis Borgia Attending a Dying Impenitent*，图 56）的主题。画中的圣徒身处一个空荡荡的房间，眼中充满泪水，手握一个十字架，而一个年轻人仰躺在一

图 56

圣弗朗西斯·博尔贾照料不知悔改的垂死者

1788 年

布上油彩

137cm × 118cm

巴伦西亚大教堂

张狭窄的床上，在死神降临之际抽搐僵直。站在床后阴影里的是恶魔。1803 年 2 月参观巴伦西亚大教堂的查尔斯·沃恩注意到这些画作：

> 大教堂两侧过道上设有开放式礼拜堂，为支撑屋顶的柱子之间填满了空间。这些礼拜堂里装饰着绘画，其中一幅画的主题吸引了我的注意——一个垂死的人深陷痛苦中，显然拒绝亲吻神父手中的十字架。一大群恶魔站在他床边，焦急地等待着灵魂与肉体的分离。

图 57（对页）
《圣弗朗西斯·博尔贾照料不知悔改的垂死者》草图
1788 年
布上油彩
38cm × 29.3cm
私人收藏

戈雅在草图中更有力地表现了圣徒和魔鬼之间的激烈交锋（图 57）。在处理宗教题材的时候，戈雅对于戏剧、苦难和人类情感始终秉承一种艺术上的敬意，这为他吸引来了那些更为老到的赞助人。虽然教会和宫廷给予戈雅多方面的成功，但他的私人赞助者会允许他表达出在那黑暗、成熟的构想中永不枯竭的能量。

圣弗朗西斯·博尔贾的主题同样有着重大意义。1767 年，耶稣会
被卡洛斯三世流放到意大利，以此来约束西班牙教宗法庭（curia）的权
力。在表现这位耶稣会最重要圣徒之一的生活场景时，戈雅所采用的主
题是一个富有权势的统治者放弃地位以寻求精神上的满足。1788 年 12 92
月，卡洛斯三世去世，而仅仅七个月之后，巴黎市民便攻入了巴士底
狱，标志着法国大革命拉开序幕。民众的野蛮力量和囚犯的困境这两个
对比鲜明的主题，对于戈雅作品的进一步成熟至关重要，而强权的压迫
则成为他寻求独立的过程中信手拈来的关注点。

第四章　崇高的肖像画家

私人赞助人及其肖像

权柄在握的男人、天生丽质的女人、哲学家、诗人、艺术家同行、 95
演员、斗牛士，这些人云集为戈雅笔下熠熠生辉的西班牙杰出人物和社会贤达。他富有表现力的肖像画也反映了当时的国际潮流，并显示出其他欧洲国家肖像画家的影响。通过肖像画，戈雅与受过教育的西班牙精英形成了更紧密的联系，相较于王室或教会赞助人，他们往往会允许艺术家更为自由地表达自己的审美理念。而对于戈雅的崇拜者来说，无论是在他生前还是身后，肖像画始终都是他最经久不衰的成就。

图 58（对页）
自画像
约 1815 年
布上油彩
46cm × 35cm
普拉多博物馆，马德里

作为艺术和意识形态变化的标志，18 世纪的肖像画是一种独特的历史现象。这一时期的主要艺术家很少有不尝试肖像画的，而且这一主题成了欧洲和美国公共展览中最受欢迎的艺术类型。启蒙时期的肖像画形成了一种独特的艺术辩论媒介，描绘了美德、智慧和对不幸群体的乐善好施，而对等级、财富和物质权力的赞美则处于次要地位。最重要的是，画像的委托者都希望艺术家能绘制出最肖似的形象，即使这意味着图像本身并没美化自己的形象。文学家、政治家、名媛、诗人和演员是那个时代最时髦的一些肖像画主题。在英国，乔舒亚·雷诺兹爵士（1723—1792 年）将简单的半身像和胸像提升到了非凡的表现高度；詹姆斯·巴里（1741—1806 年）在为伦敦皇家艺术协会创作一组题为《人类文化的进步》（*The Progress of Human Culture*）的巨幅哲学壁画时，囊括了若干当时文学人物的肖像。在法国，雅克-路易·大卫（1748—1825 年）在描绘革命者、法国资产阶级和拿破仑宫廷英才时为肖像增加了雕塑般的清晰度。

16 世纪、17 世纪的西班牙肖像画遗产格外丰厚，戈雅始终对本土 96
传统怀有深深的敬意。随着其艺术地位在西班牙宫廷中日益提升，戈雅准备凭借非凡的原创性来应对现代肖像画的挑战。然而，尽管戈雅热衷于 17 世纪的西班牙肖像画、伦勃朗·凡·莱因（1606—1669 年）的艺
术，以及在罗马观赏到的文艺复兴全盛时期伟大画作，他自己的肖像画 97
技术仍需假以时日才臻于成熟，而直到 1783 年他才获得第一个重要的委托项目。这项委托来自当时举足轻重的政治家弗洛里达夫兰卡伯爵，他当时是卡洛斯三世的首相（图 59）。

戈雅的肖像画至今广受推崇，因其构成一个大胆尝试，即艺术家在

图 59
弗洛里达夫兰卡伯爵肖像

1783 年
布上油彩
262cm × 166cm
西班牙银行，马德里

其中加入了他的自画像。这一勇于冒险的细节挑战了委拉斯凯兹，后者的自我形象在《宫娥》中不知有多引人注目（见图 50）。《弗洛里达夫兰卡伯爵肖像》是经官方认定戈雅创作生涯中最早的一幅全身肖像画，这也是最黑暗的作品之一，为类似形式的成熟作品设定了一个模式。杂乱无窗的室内形成了一个拥挤的空间，混杂着象征性的参照物以及对权力、启蒙和鉴赏的晦涩映射。画中人全身站立，身着鲜艳的猩红套装，用一双仿佛洞穿一切的蓝眼睛盯着观众。另两个人物从黑暗中现身：宫廷建筑师站在卡洛斯三世的画像之下；戈雅本人刚从画面左边步入房间，仍然可以认出是早年《自画像》中那个年轻的长发男子（见图 2），尽管他当时已经 37 岁。戈雅稍稍侧身转向主角，被首相高大的身躯衬托得相当矮小（这是对被画者地位的颂赞，而非准确的描绘）。画家手持的画布被钉在画架上但未经装裱，说明这可能是最近刚完成的草图，正在提交给赞助人审批。最新的计时设备——一个新发明的时钟——突显出这位首相一心为国谋福祉而夜以继日地奋斗，不过即便在夜间，他似乎也愿意暂停国务，腾出些许时间以配合这位艺术家。

整幅肖像画就是一幅叠加了对前卫品味、现代性和社会改革的赞美画。一本由安东尼奥·帕洛米诺所著关于绘画技术的书籍摊在地上，夹带着的书签表明首相作为一个受过良好教育的时髦人士，不仅拥有这样一本书，实际上还正在阅读它。一张阿拉贡帝国运河完工的蓝图铺在桌
子上，身为阿拉贡人的戈雅想必尤为关注这一细节，才想将其置于显眼 99
位置。弗洛里达夫兰卡将自己对这项工程新壮举的支持视为其任内一项值得纪念的成就。

画家将时事和兴趣融入其中，力图使弗洛里达夫兰卡看起来像一个完美的赞助人。“我总是得到首相的大量关注。在某些日子里，我能和他共处两个小时，”戈雅写道，“他告诉我，他能为我做任何他能做的事。”这些人所拥有的公共服务传统以及附属在他们财富等级上的一切，都为戈雅最棒的肖像画提供了原材料。

戈雅的肖像画风格在 18 世纪 90 年代取得了尤为卓越的成就，在他有生之年便被视为波旁王朝统治下西班牙伟大复兴的艺术象征。1798 年，当一位身份相对低微的被画者——宫廷镀金师堂·安德烈斯·德

尔·佩拉——的半身肖像（图 60）出现在皇家学院的展览上时，一位匿名艺术评论家突然为《马德里日报》撰写了一篇颂扬戈雅非凡天资的文章，将其才华类比为整个西班牙民族的精神和文化复兴。在卡洛斯四世的司法部长加斯帕尔·梅尔乔·德·霍维亚诺斯的肖像（图 61）中，也出现了与之旗鼓相当的技巧水平，这件作品同样诞生于 1798 年。尽管像这样的构图——一位坐在写字台前的绅士——按照 18 世纪的标准便很符合传统，而且被英国、法国艺术家反复使用，但戈雅对这一著名样式的生动改造，使画像中的人物摆脱了呆板或浮夸之感。

霍维亚诺斯代表了西班牙逐渐进入欧洲启蒙运动主流的精神。他常在著作中批判西班牙社会的许多方面，对关乎偏见和迷信的话题尤为愤慨。他拥有宽容和进步的政治倾向，但也被认为拥有高尚道德和爱国情操。作为新上任的政府部长，霍维亚诺斯被绘制成一位陷于愁思的思想家，用手托着脑袋（图 62）。西班牙诗人胡安·梅伦德斯·巴尔德斯——其画像也出自戈雅之手（图 63）——赞扬了霍维亚诺斯对权力
102 的态度："又悲伤，又沮丧……在我眼中，他从未如此伟大……美德的泪水顺着他的脸颊流淌而下。"说起霍维亚诺斯的姿势，双脚虚虚摆着，脸上带着心不在焉的表情，桌上是未翻开的部长公文。

我们无从知晓戈雅从弗洛里达夫兰卡的肖像画中收取了多少钱，但一些记录表明他不得不为了这笔钱等待了很长时间。然而，霍维亚诺斯为那幅全身像支付了 4000 雷亚尔（按当时的货币计算约为 40 英镑），那时的戈雅已相当富有。然而，他的收费似乎并不及其他国家具有同等地位的艺术家那般高。在英国，乔舒亚·雷诺兹爵士每年仅靠肖像画就能赚到 6000 多英镑，而雅克-路易·大卫在当时的法国也算得上是百万富翁。

不论是霍维亚诺斯，还是 1792 年成为首相的曼努埃尔·戈多伊（图 64），或是创立起西班牙首个国家银行的弗朗西斯科·卡巴鲁斯（图 65），又或是弗洛里达夫兰卡那样出众的人物，比起教会代表或是挂毯厂，他们为肖像画家提供了更多自由表达的机会。论及威风凛凛的政治家、军人和行政官，戈雅的大量画像成就了对这些历史人物的记录，他们对西班牙社会的发展影响深远，其中包括在改革失败和意识形态变

图 60
堂 · 安德烈斯 · 德尔 · 佩拉肖像
约 1797—1798 年
板上油彩
95cm × 65.7cm
英国国家美术馆，伦敦

图 61—62
加斯帕尔·梅尔乔·德·霍维亚诺斯肖像
1798 年
布上油彩
205cm × 133cm
普拉多博物馆，马德里

对页：局部

图 63
胡安 · 梅伦德斯 · 巴尔德斯肖像
1797 年
布上油彩
73.3cm × 57.1cm
博斯博物馆，巴纳德城堡，达勒姆郡

图 64
曼努埃尔 · 戈多伊肖像
1801 年
布上油彩
180cm × 267cm
圣费尔南多皇家学院，马德里

图 65
弗朗西斯科·卡巴鲁斯肖像
1788 年
布上油彩
210cm × 127cm
西班牙银行，马德里

迁后落败的权力掮客。

戈雅的肖像画也成为对人类进取和世俗权力那份虚荣的经典见证。考虑到戈雅年轻时的天主教教育背景、对意大利和西班牙伟大天主教艺术的钻研以及他对讽刺的品味，他以一种生动的写实主义手法描绘了国家中的权贵一族，这种写实手法往往运用具有说服力的细节令画中主角呈现出不同寻常的脆弱感：弗洛里达夫兰卡办公室的晦暗；霍维亚诺斯陷于沉思时的肃穆；戈多伊臃肿的颈部和手指，这削弱了他在“橘子战争”中——1801 年对葡萄牙的那场短暂战争——旗开得胜后作为最高统帅的胜利姿态。这些专横独裁、见风使舵、翻云覆雨的人物，因画家的技法而不朽，展现出脆弱的人性，他们陷于名望的光环之中，而这与国家灾难性的衰落和他们无力将其弥补的现实局面如出一辙。

105 在 1808 年至 1814 年的半岛战争之前和期间，戈雅以画笔记录下西班牙公共生活的崩塌，他致力于在肖像画中发掘人性的幽微，以减轻许多平淡无奇的人物所散发出的乏味感。在画《弗洛里达夫兰卡伯爵肖像》的同一年，他得到了另一位上位者的赞助，即国王失势的弟弟堂·路易斯亲王。婚姻使堂·路易斯游离于马德里宫廷僵化的等级制度之外，但他也凭自己先进的艺术品味而闻名：他拥有大量绘画收藏，并通过雇用当代艺术家来表达对新风格的热情。他的保护毁了路易斯·帕雷特，但在帕雷特流亡期间，他仍是这位艺术家的赞助人。在 18 世纪 80 年代，顶着这样一个鉴赏家的名号，亲王对于漂泊不定的画家和音乐家来说是一个很有吸引力的潜在主顾，因而蜂拥而至其宫邸。在私人信件中，戈雅称赞堂·路易斯亲王为人亲切，对画家们都非常友好，不仅赠送礼物给戈雅的妻子，还带他在自己的庄园里打猎。

106 戈雅为堂·路易斯的家人和随从画了几幅肖像，其中最令人难忘的是那幅大型群像画，展示了家人、奴仆和随从睡前聚集的场景（图 66）。他们拢在一起，构成了一组栩栩如生的人物群像，这是戈雅尝试过的最怪异的肖像画之一。亲王一直在打牌，而他的妻子正由宫廷理发师为她打理睡前发型。亲王的妻子、阿拉贡贵族玛丽亚·特雷莎·德·瓦尔布里加对戈雅这位来自她家乡地区的画家给予了鼓励，而在为她创作的大幅肖像画中，戈雅将自己也画入其中。正如宫廷理发师将全部精力集

图 66
堂·路易斯·德·波旁亲王一家
1783 年
布上油彩
248cm × 330cm
马格纳尼–罗卡基金会，帕尔马

中在女主人身上一样，画家也把自己描绘成一个创作中的艺术大师。年事已高的亲王身边围绕着他的随从、女仆、宫廷作曲家路易吉·波凯利尼和三个孩子，形成了一个板滞的组合。这个场景弥漫着人类世事无常的情绪，与之形成对比的是艺术灵感的稍纵即逝，而这个夜间场景中的人像明灭可见。肖像画家将自己定位为徘徊在这一小型封闭阶层外围的人，而不像理发师那样作为家庭圈子的重要成员履行自己的职责。

在西班牙的传统中，美发师和理发师享有较高的社会地位。当委拉斯凯兹任职于费利佩四世的宫廷之时，他在 1628 年获得第一个标志性
荣誉，便是得到了与宫廷理发师相同的报酬。在 18 世纪，专业理发师 107
的技艺在上流社会的肖像画中表现得尤为明显。法国艺术家米歇尔–安热·乌阿斯曾为卡洛斯三世的父亲效力，他便描绘过衣着得体的理发师服务顾客的情景（图 67）。其中有位正等待接受服务的顾客，在华丽的镀金镜子中审视自己的映像，其他人则在闲谈，这表明理发店是一个受

图 67
理发店
米歇尔-安热·乌阿斯
约 1725 年
布上油彩
52cm × 63cm
国家遗产，马德里

欢迎的聚会场所。对理发师的类似尊重也存在于卡洛斯三世统治时期，到了 18 世纪 80 年代，在戈雅即将达到他作为肖像画家的职业生涯顶峰之际，英国和法国那种施以粉末、高大挺阔的假发风潮也已经传到西班牙。

对弗洛里达夫兰卡、霍维亚诺斯和堂·路易斯亲王的描绘，通过参考早期的肖像画风格、书籍和物品，使人们注意到作为高雅艺术业余爱好者的被画者们得到了怎样的教育。时尚家具、衣着和发型的重要性，一如图画、时钟或雕像的意义，构成了开明肖像画的显著特征。在戈雅的肖像画中，人物个性中轻浮的一面和庄重的一面以惊人的神韵加以结合，但服装和发型的重要性则进一步为画家的艺术开辟了新天地。

在 18 世纪末的西班牙社会，服装具有特殊的政治意义。虽然外国时装可能标志着被画者的现代品味，并强调了阶层上的审美象征，但西班牙的服装却成为国家价值观的表达方式。弗洛里达夫兰卡、霍维亚诺斯和卡巴鲁斯都穿着外国服装，以法国服装为主，用齐膝短裤、缎面夹克和带扣鞋来表现他们有多考究。戈多伊作为一名元帅，身上穿着代表高级军衔和沙场气派的国家制服。有地位的妇女拥有更为广泛的服装选择范围，她们可以穿上法国或英国的时装，或穿戴上低等阶级马哈那种充满异国情调的衣服头巾上街游览。这种习俗变得不足为奇，以至于颁布了法律来防止这种通过服装来混淆等级的现象。有钱人阶级掌握着如此丰富的时尚资源，这为戈雅提供了改变其肖像画的手段，尤其是在展示同一个人或同一个家族中的成员时。

在给予他最多支持的贵族主顾中，就有在 1788 年继承了爵位的奥 109
苏纳公爵和公爵夫人，当年戈雅为他们装饰了在巴伦西亚大教堂中的礼拜堂。他画下一幅家庭群像，以纪念他们全新的地位（图 68）。甚至在爵位提升之前，奥苏纳公爵夫人尚被称为贝纳文特女公爵时，她便已成为时尚界的领军人物之一（图 69）。这样一个长相平平的女人，凭其才智、品味和地位而闻名，她通过最前卫的时尚而非象征智慧的标志来
吸引观众的注意力，正如亲王的妻子通过雇用一流的私人理发师（见 110
图 66）来保持其焦点位置。女公爵穿着一条身后系紧的深蓝色丝质英式礼服裙，前襟紧身胸衣上饰有一个雅致的淡粉色蝴蝶结，还配有一条薄纱围巾或方巾。在 18 世纪 80 年代，裙子通常被固定在紧身胸衣上，而胸衣又附在臀垫上（图 70），女公爵用玫瑰花和白色丝带装饰了她臀部位置的那圈垫子。但这幅画的主要亮点是她的头发，她戴着一顶用鸵鸟毛和粉色丝带装饰的草帽，与裙子上的样式非常相似。这顶帽子造就了一个繁复的发型，女公爵借此展示了她对现代时尚的品味，她在帽子下面的头发轮廓上添加了小卷发，这种细节曾出现在重要的巴黎时尚期刊《时尚展柜》（*Cabinet des Modes*）的插图中。

18 世纪 80 年代，法国时尚为衣着的优雅设定了一个标准，当时出现了一种被称为“波兰式女装”（Polonaise）的裙子，为西班牙时髦女郎的衣橱带去了变化。这一名称源自波兰的一种时尚，即紧身胸衣加宽摆伞裙，外袍在裙子上绕成一束。戈雅最早一次描绘这种衣服，是在为庆祝年轻的庞特霍斯女侯爵结婚而作的肖像画中（图 71）。这幅画拥有和谐的银灰和玫瑰色调，但并不像看上去那么简单，乍看之下似乎是模仿那些贵族小姐身处乡村环境时摆出的形象，象征着美德和纯真，对于 18 世纪的肖像画家而言，例如法国的让-马克·纳蒂埃（1685—1766 年）和英国的托马斯·庚斯博罗（1727—1788 年），这都是他们得心应手的主题。《庞特霍斯女侯爵肖像》（*The Portrait of the Marquesa de*

图 68（对页）
奥苏纳公爵一家

1788 年
布上油彩
225cm × 174cm
普拉多博物馆，马德里

图 69
贝纳文特女公爵肖像

1785 年
布上油彩
104cm × 80cm
私人收藏

图 70（左）

女装

约 18 世纪 70—80 年代

高 80cm

纺织服装博物馆，巴塞罗那

图 71（右）

庞特霍斯女侯爵肖像

约 1786 年

布上油彩

210cm × 126.4cm

美国国家美术馆，华盛顿哥伦比亚特区

Pontejos）在人物紧致轮廓和结实曲线的处理上也有所归功于门斯，但论及戈雅对蕾丝和纱布等精致面料的敏感度，只有庚斯博罗才能与之媲美。

然而，戈雅肖像画中的显著差异在于风景，其中树木和岩石那肆意粗犷的阴影形成了一种逐渐逼近的黑暗，这种黑暗永远不可能来自庚斯博罗那般画风细腻的艺术家，也不可能来自像门斯那样专精于健硕身体的大师。18 世纪 90 年代，戈雅在西班牙贵族圈子里已成为无可争议的 113
肖像画大师，他将采用相同的设计并将其发展得更为大胆。阿尔巴女公爵（图 72）可能是他最喜欢的女性主题人物，身处一片荒凉凄冷、乌云密布的干旱景象之中。画家保留了狗的存在，但那只手并没有紧握着康乃馨，而是带着挑衅指向某处。即使是时髦的白裙和猩红的饰物也显得僵硬，带着一种内在的紧张感。

在 18 世纪晚期的肖像画中，门斯的风格在时尚女性肖像画中的支配地位尤为明显。在 18 世纪 50 年代的罗马，门斯因其对服装的精准描绘而闻名，他的《利亚诺侯爵夫人肖像》（*Portrait of the Marquesa de Llano*，图 73）成为那个时代最受欢迎的肖像画，将化装舞会的人像画引入西班牙。戈雅对男性和女性肖像画的探索将会超越门斯，他接受了挑战，展示了时尚的女性肖像如何能够像理性和受过教育的男性肖像一样成为实验性的载体。然而，男人也同样穿上了富有异国情调的服装，满足了他们对时尚的渴望。法国的"优雅范儿"（élégants）、英国的"纨绔子弟风"（macaronis）、西班牙的"公子哥儿"（petimetres），这些肖像画催生了一种华而不实、矫揉造作的男性形象，其中服装和发型的复杂性可能超过了在女性形象上所见到的。这些被画者身上不时流露出的浮华，还有精心设计的时尚，比如三层领大衣和薄纱领巾，都创造了对复杂肖像画的热情，连 18 世纪 80 年代和 90 年代西班牙社会的紧缩政策都无法抑制这种热情。

即使是在不那么正式的肖像画形式中，戈雅也从不排斥对朋友礼服的优美外观进行修饰。塞巴斯蒂安・马丁内斯（图 74），一位来自加的斯的富商，与戈雅本人一样，也是出身于默默无闻的卑微村民之列。马丁内斯来自西班牙中北部的一个村庄，通过葡萄酒贸易发财致富。他

图 72（对页）
阿尔巴女公爵肖像
1795 年
布上油彩
194cm × 130cm
阿尔巴藏品，马德里

图 73
利亚诺侯爵夫人肖像
安东 · 拉斐尔 · 门斯
1774 年
布上油彩
218cm × 153cm
圣费尔南多皇家学院，马德里

Sebastian

的艺术收藏特别丰富，拥有提香和彼得·保罗·鲁本斯（1577—1640年）等人的作品，还收藏了大量的版画。然而，不同于品味高雅的弗洛里达夫兰卡和堂·路易斯亲王，马丁内斯的自我形象摒弃了任何带 116
有学院派的鉴赏家气质的迹象。戈雅在这幅画中将注意力完全集中到服装的新颖性上。图中的马丁内斯穿着一件窄背的双排扣大衣，腰身合度，袖口紧绷，纽扣硕大。材质或许是丝绸的，饰有蓝色、金色和绿色条纹（18 世纪 70 年代法国贵族最喜爱的图案）。搭配上紧身的金色马裤，整套衣服流露出一种略显过时的炫耀感。一尘不染的白领带和黄色马裤符合高格调英国绅士的浪漫形象，这类形象在 18 世纪 70 年代和 80 年代影响了北部欧洲那种敏感、文艺的年轻人的肖像风格。侧面的卷发和后面的辫子可能是天然的头发，到 18 世纪 80 年代开始取代扑了粉的假发。马丁内斯的头发是为正式场合打扮的，正如他的着装，与马丁·萨帕特尔（图 75）或堂·安德烈斯·德尔·佩拉（见图 60）等普通人的日常穿着截然不同。亚历山大·斯图尔特所著的《美发艺术，或称绅士指南》（*Art of Hairdressing or the Gentleman's Director*）于1788年在英国出版，书中详述了要获得类似马丁内斯那种貌似简单的扑粉卷发效果有多困难。被画者的装束极具正式性，这与马丁内斯左手所执纸上的题词内容所呈现出的亲密性形成了对比："D[o]n Sebastian / Martinez / Por su Amigo / Goya / 1792"（"堂·塞巴斯蒂安·马丁内斯，其友人戈雅绘，1792 年"）。"Amigo"（友人）一词首字母大写，表明了两人之间的亲密关系。

图 74（对页）
堂·塞巴斯蒂安·马丁内斯
1792 年
布上油彩
92.9cm × 67.6cm
大都会艺术博物馆，纽约

马丁内斯的画像构成了特定肖像风格的另一制高点，即私密的半身像，画作以一种看似随意的方式绘制，主体人像接近画表面和观众的注视。这为深入分析被画者提供了机会，也与乔舒亚·雷诺兹爵士对约翰逊博士、奥利弗·哥尔德斯密斯和埃德蒙·伯克等英国作家和思想家的敏锐研究交相呼应。被画者和画家之间流露出的默契，赋予了这些肖像画以生动逼真且直抵人心的感染力。

许多绘画对象都成了戈雅亲密的朋友或支持他的赞助人，例如霍维亚诺斯、堂·路易斯亲王、阿尔巴女公爵和奥苏纳一家，而塞巴斯蒂 117
安·马丁内斯是戈雅在 18 世纪 90 年代患病期间最亲密和最有用的社会

图 75
马丁·萨帕特尔肖像
1790 年
布上油彩
83cm×65cm
私人收藏

关系。戈雅的客户范围广阔，以至于构成了 18 世纪西班牙上流社会的一个完整缩影，且可能正是通过他不断增长的杰出肖像画客户群，这位艺术家才终于在 1786 年谋得了一个受薪的宫廷职位。戈雅对经济上的全新保障感到欣喜，他购入了自己的马车，并抬高了私人委托订单的酬劳。随着个人财富的增长（他在信中不断提到金钱），他在这些经济利益的驱使下与西班牙成立的第一家国家银行建立了专业上的联系。圣卡洛斯银行（如今被称为西班牙银行）是在商业银行家、金融家弗朗西斯科·卡巴鲁斯（见图 65）的努力下建立的，他于 1782 年说服弗洛里达

夫兰卡支持这项事业。戈雅投资了 15 股，将他的储蓄存入该银行，并 119
可能通过他与首相的私人交情而被邀请为创始人董事作画。这些画像至今仍挂在银行位于马德里总部楼上的画廊中，正是从那时起，在艺术作品上的投资就成了西班牙各银行的一项传统。卡巴鲁斯的画像可能是该系列中最好的一幅作品。他是一个神气活现的胖子，其形象正如雷诺兹画笔下矮胖的塞缪尔·约翰逊，被捕捉到的是一个睿智的男人侃侃而谈还打着手势时的瞬间。卡巴鲁斯在 1790 年失势并入狱，但他的画像仍然是对其活力的见证。银行的高级主管阿尔塔米拉伯爵则对自己的画像留下了深刻印象，因而委托戈雅为他的整个家族作画。

1784 年，戈雅的妻子诞下哈维尔·戈雅，这是戈雅唯一一个活至成年的孩子。戈雅为阿尔塔米拉公爵五岁儿子所作的画像（图 76）是另一项大胆创新，但同样很可能是出于他对这个孩子的个人兴趣，因为曼努埃尔·奥索里奥比哈维尔·戈雅大不了多少。在这件作品中，戈雅再次背离了国际先例。在英国和法国，儿童与宠物在一起的肖像画向来很受欢迎，在西班牙，王室孩童与宠物鸟或宠物狗一同入画，就像早期的王子公主与他们的小矮人一样。戈雅在为小男孩作的画中回顾了这些早期的形象，这件作品可以作为类似雷诺兹那幅《赫伯特少爷》（*Master Herbert*）等肖像画的西班牙版本，那幅画于 1776 年在伦敦皇家艺术研究院展出，画中的孩子则变成了婴儿时期的酒神巴库斯，被狮子包围其中。虽然曼努埃尔·奥索里奥没有被赋予神话人物，但他发育不良的身体出现在大猫旁边，令他扮演了委拉斯凯兹式侏儒的角色。曼努埃尔·奥索里奥的父亲本身就是侏儒身材，而他儿子的大脑袋、小身体和小手，可能使戈雅想起了他复刻过的委拉斯凯兹的侏儒（见图 49）。但孩子本身并不是这幅画怪诞之处的唯一来源。注视着鸟的猫让人想起戈雅一年前在巴伦西亚大教堂那张画所加入的超自然怪物（见图 56）。
喜鹊嘴里叼着一张刻有戈雅名字的名片。孩子那身时髦的鲜红套装 120
和弗洛里达夫兰卡伯爵所穿的套装一样引人注目。这是一件“骷髅套装”，由一整块丝绸制成，臀部周围鼓起以容纳尿布，并裹紧住上身。它像现代的爬服一样遮住孩子整个身体，而且主要是为最高级别的孩子预制的。

EL S.R D.N MANVEL OSORIO MANRRIQVE D ZVÑIGA

图 76（对页）
曼努埃尔 · 奥索里奥 · 曼里克 · 德 · 祖尼加肖像
1787—1788 年
布上油彩
127cm × 101.6cm
大都会艺术博物馆，纽约

作为一名肖像画家，对细节的精雕细琢和变形处理对戈雅的艺术始终至关重要。在写给挚友马丁 · 萨帕特尔的信中，他兴致勃勃地描述了自己对人脸轮廓变化的迷恋：

> 我多想知道你是优雅的、杰出的还是狼狈的，你是否长了胡子，你是否牙齿齐全，你的鼻子是否变大了，你是否戴着眼镜、弯着腰走路，你是否发须灰白，时间对你来说是否像对我一样快。我已显出老态且长出皱纹，要不是我短翘的鼻子和凹陷的眼睛，你都不会认出我……不可否认的是，我清楚地意识到自己已经 41 岁了，而你也许看起来和你在华金神父的学校时一样年轻。

这封写于 1787 年的信可以追溯到戈雅不断寻求工作机会的那个时期，并且要早于最著名的萨帕特尔肖像（见图 75），这幅画极具非正式感以及内在的简单性，构成了一个伟人对另一个伟人的致敬。和马丁内斯一样，萨帕特尔也拿着一张表达了艺术家友谊的纸，特别提到了他从戈雅处收到的大量信件。这张纸上写着："Mi Amigo Mart[i]n / Zapater. Con el / mayor trabajo / te a hecho el / Retrato / Goya / 1790"（"我的朋友马丁 · 萨帕特尔，我极为用心地为你画了这幅肖像，戈雅，1790 年"）。在 18 世纪 90 年代，类似的个人题词出现在戈雅最感性的肖像画上，为被画者的身份增加了一个维度，因为艺术家把他的作画对象当成朋友而非客户，进行了带有私密性的描绘。这幅签了名的半身像标注时间为 1790 年，与君主和朝臣的公开肖像画形成鲜明对比。那一年，戈雅回到萨拉戈萨，从 10 月到 11 月待了一个月，正是在这次逗留期间，他远离宫廷的压力，创作了这幅肖像。

在 18 世纪的最后 20 年里，戈雅在西班牙艺术界的地位堪称无出其 121
右。1788 年，卡洛斯三世谢世，卡洛斯四世和妻子玛丽亚 · 路易莎登上大位。1789 年的加冕仪式使戈雅获得了宫廷画师的职位，工资有所增加，还受委托为新国王和王后绘制肖像（图 77、图 78）。他不是唯一受益于新制的艺术家。在老赞助人堂 · 路易斯去世后，路易斯 · 帕雷特-阿尔卡萨于 1787 年被允许回到家乡马德里。他在 1791 年完成一件作品，

图 77
卡洛斯四世肖像

1789 年
布上油彩
137cm × 110cm
塔巴卡莱拉，马德里

图 78（对页）
玛丽亚 · 路易莎肖像

1789 年
布上油彩
137cm × 110cm
塔巴卡莱拉，马德里

记录了 1789 年 9 月阿斯图里亚斯亲王（后来的费尔南多七世）在马德里的皇家圣赫罗尼莫教堂（Church of San Jerónimo el Real）中，向他的父亲也就是新国王宣誓效忠的仪式场景（图 79）。据称卡洛斯四世对这幅画表示赞赏，但这位画家始终未能取得戈雅那样的成功，尽管他画中隐秘的讽刺意味与戈雅生猛的现实主义有异曲同工之处。但在对国家形象的正式创作中，戈雅同样致力于描绘财势的盛况和品味的高雅。

戈雅为卡洛斯四世和玛丽亚·路易莎绘制的加冕画像在国家场合和公共建筑中展出。正如画家的许多正式肖像画一样，他在这里也特别强调了服装和饰章。国王卡洛斯四世穿着猩红的套装，颜色比弗洛里达夫兰卡和曼努埃尔·奥索里奥的衣服更柔和一些。卡洛斯四世和父亲几乎一样丑陋，但他更为圆胖，身材更敦实，也没有那么引人注目的风采。尽管他的衣服颜色鲜艳，他的穿着却比先王们出现在国家肖像中时要朴

图 79
1789 年费尔南多七世作为阿斯图里亚斯亲王向父王宣誓效忠
路易斯·帕雷特-阿尔卡萨
1791 年
布上油彩
237cm × 159cm
普拉多博物馆，马德里

素得多。王后的穿着也很朴素，只有精致的帽子和宽大的发型（为法国时尚）为她那庄重严肃的形象增添了一丝轻佻意味。

在 18 世纪的欧洲，对王后的描绘可能还不及对国王的描绘有独创性。不论是汉诺威王室的肖像，还是西班牙和意大利那些波旁家族王后的大量肖像，主要都是出自画室的作品。然而，大革命前为法国宫廷效力的伊丽莎白-路易丝·维杰-勒布伦（1755—1842 年），却为玛丽·安托瓦内特画下了不少更令人难忘的肖像。她记录下了劝说女性被画者卸下浓妆的渴望，因为她想以时尚简约的风格来描绘她们。与维杰-勒 124
布伦不同，戈雅并没有表现出这种偏见。正如他以时髦装束为乐，他似乎也很享受化妆品的挑战。在他为玛丽亚·路易莎王后绘制的国家肖像中，可以看到她脸上贴饰的美人痣以及她涂深的眉毛，而他后来在王后相对年长时为之绘制的肖像画中，则显示出他对女性梳妆打扮中那种人为效果的热衷。阿尔巴女公爵也使用了眉笔、眼影和胭脂，在戈雅后来的肖像画中也能看到涂脂抹粉的被画者。

戈雅与西班牙贵族妇女之间轻松友好的关系，反映出贵族妇女能够向下级和朋友展示的社会独立性。那些到访西班牙宫廷的英国人，经常对高贵富有的女子不必严格拘礼表示惊愕。西班牙早前尝试改善妇女地位，使已婚妇女和寡妇都能够实现一定程度的社会独立，未婚女性则 125
被剥夺了这种独立。阿尔巴女公爵以其魅力和任性而名声在外，戈雅最初提到她是在给萨帕特尔的信中，描述了她如何说服他为她化妆："你最好来帮我画那个阿尔巴女人，她昨天来画室让我画她的脸，她如愿以偿了；这当然比在画布上作画更让我享受，而我仍需要为她画一张全身像。"富有的女性被画者对化妆品的使用曾令维杰-勒布伦困惑不已，而这种现象出现在戈雅为阿尔巴女公爵（见图 119）和王后绘制的几幅肖像画中，尤其是几幅她们穿着马哈服装的肖像画。像这样对异国服饰的热衷，揭示了西班牙女性肖像画偏离欧洲同类作品的非正统方式。

18 世纪 90 年代，当戈雅成为皇家学院的绘画系主任以及国王的首席画师时，他尚未迎来自己最为丰硕的艺术创作年华，但他对自己死亡的意识很可能给了他更多参与实验性工作的动力。"我希望人们别来打搅我，让我安安静静生活，完成我必须去做的工作，再把剩余的时间花在自己的事情上。”他如此写道。西班牙陷入了进一步的经济衰退，国外政治局势恶化，而戈雅似乎更容易受到新身份问题的困扰。“我开销很大，”他写道，“因为我的地位需要这样，而且无论如何，我反正喜欢这样。”

在自画像中，画家本人揭示了他对阐明有关艺术地位和个人自由的那种复杂、半哲学思想的迷恋。到了 18 世纪，艺术家描绘自己的方式发生了许多变化，而西班牙在自画像方面的绘画遗产尤为丰富。戈雅曾研究委拉斯凯兹的《宫娥》（见图 50），而他欣赏这幅画的一部分原因疑为那位宫廷画家被表现为一位绅士，同时在炫耀着自己的荣誉和技艺。这样一位艺术家被认为将绘画的地位提升至一门自由艺术的高度，但委拉斯凯兹并不是唯一在 18 世纪以自画像闻名的 17 世纪西班牙人。

127 1729 年，一幅著名的西班牙自画像被带到英格兰，出自塞维利亚大师巴托洛梅·埃斯特万·穆里罗之手（图 80）。1740 年，该画被威尔士亲王买下，成为英国画家的一项参考资料。这幅半身像可能是为艺术家自己家人创作的私人作品，被设计成一幅画中画。几年后，威廉·荷加斯（1697—1764 年）借用穆里罗的构图，作为他自己自画像的灵感（图 81）。这种充满巧思的结构对荷加斯产生很大吸引力，他便也描绘了一个身着工作服的男人，将这张貌似直截了当的肖像画变成了严肃艺术家对智识向往的归纳。他甚至通过操纵绘画肖像中的帷幔来左右观众的期望，使其摇曳至看似真实的世界中，那里有他的宠物哈巴狗、调色板以及作为这幅错觉画道具的莎士比亚、斯威夫特和弥尔顿著作。通过将自己的肖像置于英国文学天才的杰作之上，荷加斯把这幅自画像作为对绘画中智识要求的一种睿智声明。在荷加斯头部和肩膀下方是他的调色板，上面有一条波浪线，画家在一旁题下了这样的词：“美的线条 / 和优雅的线条 / W H 1745 年。”这条蛇形线代表了荷加斯对完美之美的定义，这是所有自然和艺术之美的基本形式，他后来在专著《美的分析》（*The Analysis of Beauty*，1753 年出版）中对其进行了讨论。

艺术家用颜料、粉笔、蘸水笔和墨水在画布、纸张或蚀刻板上创造出令人惊叹的幻觉，如此难以捉摸的才能是 18 世纪哲学家经常争论的

图 80
自画像
巴托洛梅 · 埃斯特万 · 穆里罗
约 1670—1673 年
布上油彩
122cm × 107cm
英国国家美术馆，伦敦

图 81
画家和他的哈巴狗
威廉 · 荷加斯
1745 年
布上油彩
90cm × 59.9cm
泰特美术馆，伦敦

话题。1765年，评论家兼哲学家德尼·狄德罗在评论一幅弗拉戈纳尔的古典题材重要画作时，发出了一声由衷的呐喊：“这是一个快乐放荡到极致、交织着无上醉意和愤怒的场景。啊！如果我是一个画家该有多好。”比起作家或哲学家，伟大的艺术家能召唤出更为生动的现实，这种想法对艺术家和他们的崇拜者很有吸引力。荷加斯在1745年的自画像中以复杂的方式提及了诸多美学问题，表现出自画像本身当如何成为一种手段，以探索艺术家令人费解的心理。

128 荷加斯去世时戈雅才18岁，他吸收了18世纪早期的这种传统，即面对一边是已知的、实用的，而另一边是未知的、睿智的和幻想的，要在两者之间进行权衡。他最惊人的绘画实验似乎常常会效仿早期欧洲大师。例如荷加斯和他同时代的英国人，他们对人类生存的现实和美的意义进行了积极有力的艺术尝试。在法国，弗拉戈纳尔和大卫等画家对哲学和文学进行了艺术探索。在18世纪美学游戏的世界中，艺术家可以成为哲学家和表演者，一幅画可以包含无限的含义、情节和观点，这一点在戈雅身上展现得淋漓尽致。

他那幅引人入胜的《画室中的自画像》（*Self-Portrait in the Studio*，图82）创作时间经鉴定最早为1775—1780年，最晚为1795年。松散的风格和独特的色彩是戈雅18世纪90年代画作的典型特征，但配合图上那充满活力的姿势，可见不会是在1792—1793年艺术家那场危及生命的痼疾之后所画。因此，1791—1792年的日期似乎是合理的。与荷加斯早前的那件作品相比，这幅画在视觉处理上提供了一个相应的西班牙版本。本着对自身地位的关注，戈雅设计出一种全新的、特别摩登的自我形象，他将自己描绘成健壮结实的模样，身着绣花的外套，带有精致的褶裥，头戴一顶厚重的浅檐帽。帽冠上饰有金属支架，用来放置蜡烛，为夜间工作时的画家带去光明。日光通过窗户泻入画室，洒落在画家正在绘制的架上绘画之上。除了画架，画室里只有一张桌子、一个昂贵的银色墨水瓶和一张信纸。

图82（对页）
画室中的自画像
约1791—1792年
布上油彩
42cm×28cm
圣费尔南多皇家学院，马德里

画室里的光线照亮了纸张和墨水，使画家的侧影变暗，隐约遮住他的面容，也由此很容易辨认出他作画那只手食指上所戴的粗大戒指。他的帽子对着观众潇洒翘起，穿着丝袜的小腿优雅转动，流露出些许虚

荣。然而，这也许是个不那么自在的人——一个放浪不羁、好勇斗狠的
130 人，暂时从一个充满灵感的内心世界中解脱出来，外人对这一世界的了解就像对画架上未完成的画一样少。窗框有所倾斜，因而扭曲了远处墙壁的倾斜度。戈雅不可能是在画这幅肖像本身，因为实际作品的尺寸是 42 厘米 × 28 厘米：尺幅太小，无法对应画架上的大作品。

这种对尺度、空间和光线的微妙视觉游戏，在戈雅更随意、更私密的画作中是不可或缺的组成部分。他在创作《画室中的自画像》时已接近 50 岁——按照 18 世纪的标准，他其实算得上老了——在给马丁·萨帕特尔的信中，他提到他对自己外表和年龄的关注，这是他对自身衰弱的揭示，与之相类似地，是他会在给最位高权重者所作的画像中插入死亡的暗示。淋漓的光线暗示了艺术家从中汲取灵感的想象世界，这幅自画像开启了一个狂热的活跃时期，致力于寻找更黑暗、更古怪的灵感来源。

戈雅在 1828 年去世后，哈维尔·戈雅打算撰写一本关于他父亲的回忆录，他在其中说道，戈雅特别欣赏伦勃朗的作品。这位荷兰画家为西班牙大师提供了一个特殊的参照点，其作品因为有许多分析性的自画像而具有可比性。虽然戈雅的作品量只有伦勃朗的三分之一左右，但他自己的脸和身材都表现出类似的洞察力和情绪特质，这使得每一幅自我审视的作品都成为可供观众探究的谜题。戈雅在伦勃朗身上的发现，也许类似于荷加斯在穆里罗身上的发现：艺术想象力的表达之道，带有一种难以形容的力量。这种才能在 18 世纪后期获得了令人崇拜的地位，当时被浪漫主义运动作家与“天才”和“崇高”等概念联系在一起。它被视为可与自然力量相媲美，并被认为是艺术能量的主要来源。

在 18 世纪的自画像中，戈雅的《画室中的自画像》是罕见展示了艺术家全身像的一幅。论及画家在画室里站在未完成的画布前的全身像，最著名的莫过于伦勃朗 1629 年在荷兰创作的那幅。《画室中的艺术
131 家》（图 83）现在已不再被视为一幅自画像，而被视为对一位艺术家如何臻于完美、苦心孤诣的广义研究。这幅画在 18 世纪很有名，被解读为一个视觉上的画像寓言。画家看到了现实，但他也看到了其他的、想象中的世界。与美术有关的视觉寓言是一个非常传统的主题，在 18 世

图 83
画室中的艺术家
伦勃朗 · 凡 · 莱因
1629 年
板上油彩
24.8cm × 31.7cm
美术博物馆，波士顿

纪得到了广泛的探讨，当时荷加斯等专业画家发表了关于艺术感知至上的想法。雷诺兹后来在伦敦皇家艺术研究院的讲座中也强调了培养鉴赏眼光的必要性，指出年轻艺术家学会观察往昔最杰出画作是至关重要的。正如戈雅研究这位受过良好教育的行家的启蒙肖像，并落实到细节来赞美被画者的教育、能力或敏锐，他那幅 1791—1792 年的自画像也保留了类似想法。

在戈雅的弗洛里达夫兰卡肖像（见图 59）中一个突出的特点便是眼镜，弗洛里达夫兰卡把它作为开明感性和智慧的象征，这是向被画者理性感知的致敬。在 18 世纪的肖像画中，眼镜或镜框被用作高智商的标志，在以这种方式所描绘的人像中，最出名的便是理性的狂热信徒罗 133
伯斯庇尔，讨喜的镜片下是他那边鹰隼般的面容特征，在 1794 年（也就是在他倒台并被送上断头台之前）被画了下来。另一幅名画也将近视转化为对高超智慧的表现形式，那便是雷诺兹的《朱塞佩 · 巴雷蒂肖像》（图 84），这幅作品的雕版画版本在 1780 年问世。在 18 世纪到访西班牙的外国观察家中，巴雷蒂是最活跃也最一针见血的那几位之一，他在 1760 年出版了《西班牙、葡萄牙和法国游记》(*Travels through Spain, Portugal and France*)。在爱尔兰画家詹姆斯·巴里创作的另一幅巴雷蒂的画像中，被画者在看书时把眼镜紧贴在脸上。美国政治家、科学家本杰明·富兰克林也很少在画像中以不戴眼镜的形象示人。

戈雅为弗洛里达夫兰卡、卡巴鲁斯、梅伦德斯·巴尔德斯、霍维亚诺斯和戈多伊所绘制的画作，将肖像画变成了历史画的一个种类。在艺术题材的传统等级中，历史画被置于最高地位，因为它表现的是人类参与某个胜利或悲剧的伟大时刻。虽然肖像画在传统上被认为是一个次要题材，但 18 世纪那些具有启蒙精神的肖像画往往集中在高尚的行为和被画者在智慧或美德上的优越之处，因而实际上它们本身就变成了历史。雷诺兹最出色的肖像画常被称为历史画，而戈雅在肖像画上的独创性对被画者的性格品质做出了如此敏锐的贡献，以至于它们也不仅仅被视为简单的肖像画了。

18 世纪后期的法国、英国和西班牙艺术家，为了探索自己灵感的构成部分，创作了许多令人赞叹的自画像。乔舒亚·雷诺兹爵士把自己描绘成一个配戴眼镜的老人，这是对自己作为一名博学之士以及一位艺术家的最高褒奖（图 85）。法国画家让-巴蒂斯特-西梅翁·夏尔丹（1699—1779 年；图 86）和戈雅本人亦是如此（图 87）。象征着书卷气和智识，又能放大眼睛，作为佩戴者感知和理性能力的标志，在肖像中
136 加入眼镜有助于表达类似思想运作的无形活动，尤其是想象力。戈雅那幅戴着眼镜的《自画像》也将视力作为其首要主题。

随着年岁渐长，戈雅转而更深入地探索了自己的面部和头部。在一幅素描中（图 88），透过凝视的眼睛和戏剧性的卷发，他以一种略带浪漫主义感性的方式来表达天才的狂野和创造想象的力量。虽然戈雅可能还在研究伦勃朗的自画像（图 89），画中也摸索过凌乱发型营造出的效果，但那种桀骜不驯的艺术气质显然对他产生了吸引。曾经那个在画室中占据着主要位置、趾高气扬又衣着考究的男人（见图 82），变成了一个表达灰暗心情的人。在晚年的自画像中，画家将动作从手头工作的外在表现转移到了不太具体的思想工作上。戈雅在 1815 年左右曾绘制一张真实尺寸的头像习作画（见图 58），他在这幅画中似乎表达了一种带

图 84
朱塞佩・巴雷蒂肖像
乔舒亚・雷诺兹爵士
1774 年
布上油彩
73.7cm × 62.2cm
私人收藏

图 85
自画像
乔舒亚·雷诺兹爵士
1789 年
板上油彩
75.2cm × 63.2cm
英国王室藏品

图 86
戴眼镜的自画像
让-巴蒂斯特-西梅翁·夏尔丹
色粉
46.1cm × 38cm
卢浮宫博物馆，巴黎

图 87（对页）
自画像
约 1790—1800 年
布上油彩
63cm × 49cm
戈雅博物馆，卡斯特尔

图 88（左）
自画像
1798—1800 年
墨汁，淡彩
15.2cm × 9.1cm
大都会艺术博物馆，纽约

图 89（右）
卷发自画像
伦勃朗 · 凡 · 莱因
1630 年
蚀刻版画
6.2cm × 6.9cm

着恶意的喜悦，乱蓬蓬的头发下歪着一张脸，使得严厉的五官突破层层涂抹的黑暗空隙游刃而出。艺术家的创作过程可能难以描述，而他已成就打破规则和限制界限的天才形象。

第五章　疾病、癫狂与巫术

筹备《狂想曲》

P. 1

Fran.co Goya y Lucientes,
Pintor

当戈雅达到其公众事业的顶峰之际，他正承受着争夺职业需求的沉 139
重负担。在18世纪80年代，他就写过渴望独处以“继续做我自己的事情”，而在80年代末，在面临制作公共画像的压力的同时，他的艺术开始探索生活中毫不妥协的更现实一面。

到了18世纪90年代，国家公务员的职守与他对社会现实的明智忧虑产生了冲突，他的题材比起早年开始发生更为明显的变化。不断增加的人口和随之而来的失业，使18世纪末的西班牙变成了一个不稳定、不安宁的国家。1781年，卡洛斯三世不得不征召西班牙军队来应对“犯下谋杀和强奸罪行……并以抢劫和走私为生的犯罪团伙”，1802年，卡洛斯四世命令他手下军队将领们致力于逮捕“众多罪犯、强盗和走私者”。外国游客对抢劫犯和小偷的数量感到震惊，他们有时在光天化日之下肆无忌惮地凶残作案。在18世纪下半叶，部分地区（包括戈雅的家乡阿拉贡在内）建立起了自己的农村警察部队。这就是戈雅对犯罪活动、罪行以及西班牙执法司法的变通性（通常是压迫性）等题材兴趣日益浓厚的背景。

1787年，戈雅的亲密赞助人奥苏纳公爵和公爵夫人，委托他创作一系列描绘农村题材的作品。为了创作这些作品，画家在两种主题之间摇摆不定：一种是常年流行的西班牙乡村生活景象，美丽的农家女与英俊的年轻人调情、田园牧歌风光、嬉戏中的孩子；另一种则是更严肃的主题，如一个工人在建筑工地上受伤、车匪路霸屠杀驿站马车上的乘客。
类似变化也扰乱了戈雅这一时期挂毯底图的宁静秩序，他在一系列新的 143
图案设计中，利用传统的季节性主题描绘了西班牙乡村的当代生活。

戈雅创作的最大一幅挂毯底图《夏天或收获》（*Summer or Harvesting*，图91）是描绘四季的系列画之一。彼时西班牙正遭遇严重饥荒，戈雅在画面中加入了一些古怪的细节：他展示了摇摇欲坠的干草堆，即将吞噬在其间玩耍的孩子；收割者看起来堪称阴险，其中一个男人在咆哮式的笑容中炫耀着自己那口烂牙。该系列的最后一幅画《冬天或暴风雪》（*Winter or The Snowstorm*，图92）则是戈雅唯一一幅雪景画作。

在这些后期创作的底图中，戈雅在每个主题中都尝试寻找新的想法，经常与织工所要求的技法和图——具有强烈轮廓的大人像，大面积

图90（对页）
画家弗朗西斯科·戈雅-卢西恩特斯
《狂想曲》图版1号
1797—1798年
蚀刻法和飞尘蚀刻法
21.9cm × 15.2cm

图 91

夏天或收获

1786—1787 年

布上油彩

276cm × 641cm

普拉多博物馆，马德里

图 92

冬天或暴风雪

1786—1787 年

布上油彩

275cm × 293cm

普拉多博物馆，马德里

的明亮色块，以及简单、易于识别的主题——背道而驰。有一幅被工厂拒绝的底图是画家最令人难忘的主题之一：五月的圣伊西德罗节那天在曼萨纳雷斯河畔举行的野餐（图 93）。戈雅称这是一项艰巨的挑战，因为画中涉及众多人物，还要表现出这一流行节日热火朝天的气氛。在这件作品的构图中，衣着光鲜的人物沐浴在初夏的阳光之下，与之相映成趣的是一幅马德里的景色：戈雅曾为之作过祭坛画的圣弗朗西斯科大教堂，以及王宫那象征着波旁王朝品味和权力的纪念碑，就像地形全景图中的图像一样清晰可见。这幅草图是奥苏纳公爵从戈雅那里买来的，是戈雅最后几幅将马德里表现为一个优雅轻浮之城的画作。

在 18 世纪 80 年代末、90 年代初，戈雅仍有义务为宫廷履践行政职责。1788 年卡洛斯四世登基后，他在圣费尔南多皇家学院担任绘画系副主任（1795 年弗朗西斯科·巴耶乌去世后，他成为系主任），于是承担了额外的职能，同时还要经营一个有助手和学生的画室。1789 年，戈雅的焦虑集中在他唯一幸存的孩子哈维尔所患的疾病上。他写道："我有一个四岁的儿子，他……一直病得很重，以至于这段时间我都没有自己的生活。感谢上帝，他现在已经好些了。"从表面上看，戈雅兼具天赋与内涵，追求着一份闪耀的事业，格外受人钦佩，也为同行所嫉妒，他在西班牙社会中占据了极高的地位。而私下里，他沦为怀疑和恐惧的牺牲品，对自己耗费多年取得的成功产生了越来越多的疑虑。即使在身份显赫者的身边，他也显得忐忑不定、疑心重重。1791 年，他记录道："我今天去见了国王，我的主人，他非常友好地接待了我。他对我提起了我家小帕科的痘疹［帕科是哈维尔·戈雅的昵称，他可能刚出过水痘］。我告诉他的确如此［即孩子生着重病］，他握了握我的手，然后开始拉他的小提琴。"卡洛斯四世的抚触可能意味着一种特殊的恩典，类似于以国王的抚触来治疗瘰疬，在英国和法国的君主中很常见。然而，同样地，这将君主在面对疾病时的勇气和无畏，与普通人的迷信无知区分了开来。

然而，如此青睐只是加剧了戈雅对自己地位脆弱性的认知。"我非常紧张，因为我的同行中有人当着那位［即对国王］的面说，我不想再为国王陛下作画了，还有其他卑鄙之人编造的故事。"像这样反复出现

图 93
圣伊西德罗节的草地

1788 年
布上油彩
44cm × 94cm
普拉多博物馆，马德里

图 94（对页）
小巨人
1791—1792 年
布上油彩
137cm × 104cm
普拉多博物馆，马德里

的困扰，后来在一些描绘丑陋人物窃窃私语或说闲话的素描中得到一定验证。戈雅在给密友马丁 · 萨帕特尔的信中提到公共工作给他带去的焦虑和疲惫，肯定被宫廷里的人获知了，这些揭示了一个人在被宫廷和学院生活的压力过度消耗时的神经衰弱。

1789 年，西班牙许多城市都举行了庆祝卡洛斯四世加冕的公共庆典，一直持续到年底。具有讽刺意味的是，这些活动恰好与法国愈发涌动的革命热潮相吻合。西班牙国王和王后的公开画像相对朴实无华，这可能反映出品味上的转变，因为新的君主正在审视他们贫穷不安的国家。法国大革命最终对西班牙产生了灾难性的影响，遏制了经济增长和
147 新潮的启蒙自由。在北欧思想的影响下，启蒙运动在西班牙蓬勃发展，艺术学院也受益于和法国之间密切的专业往来：艺术学生频繁依靠奖学金前往巴黎学习，而关于法国现代绘画的书籍和复制画也像服装和发型时尚那样频繁进口到西班牙。但紧密的政治联盟也出现了，这是在继承战争中波旁王朝取得胜利后形成的。法国和西班牙联合起来对抗英国，卡洛斯四世是法国国王路易十六（1774—1792 年在位）的嫡亲表兄。

然而，新国王急于讨好法国的革命政府，解雇了他的反革命首相弗洛里达夫兰卡，西班牙与邻国一时间保持着相对友好的关系。正是在这段不安又短暂的平静期间，戈雅被迫创作了他最后一批挂毯底图。国王希望用“乡村”题材的喜剧场景来装饰他在埃斯科里亚尔王宫的办公室。戈雅起初拒绝了这项工作，后来不得不同意下来。这些底图创作于 1791—1792 年，看起来颇具装饰性，但在诠释游戏消遣主题时也表现出些许冒犯性的风格特征：男人们踩着高跷表演；一场乡村婚礼中，新郎獐头鼠目，宾客面露阴险；女孩们拿毯子玩掷一个扮成花哨男人、以稻草填充的假人，咧嘴大笑。《小巨人》（*Little Giants*，图 94）描绘的是另一个关于孩童在乡间玩耍的纯真主题，让人忆起早前的田园风光，但骑在别人肩上的那个孩子戴着宽边帽，露出尖利的牙齿。被骑的孩子为阴影所笼罩，他的脖子被另一个孩子的腿勒住，这呼应了戈雅年轻时的版画《被绞死的人》（见图 47）中的构图。

1789 年 7 月攻占巴士底狱的消息在西班牙和欧洲其他地区引发群情鼎沸，抗议者和支持者公开辩论其政治影响。大报、流行歌曲、文章、

散文纷纷盛赞法国是自由的故乡。在英国出现了主要事件的素描画和讽
149 刺漫画。例如，在巴士底狱被攻占后仅几个星期，英国绘图师和漫画家詹姆斯·吉尔雷（1756—1815 年）就设计出支持革命的版画《法国自由，英国奴役》（*France Freedom, Britain Slavery*，图 95）。说起这幅版画的主题，一边是法国财政部长雅克·内克尔——他在巴士底狱沦陷前几日被路易十六解雇——凯旋，另一边是首相威廉·皮特——正践踏在英国王冠之上——推行其专制税收和消费税法，鲜明对比之下，两者高下立判。这种将法国视为自由之乡的同情态度使这幅版画在欧洲很受欢迎。左边的内克尔被心存感激的民众高高举起。这件作品是盛行于欧洲的新式政治图像一例，不管戈雅是否知道这幅特定版画的存在，《小巨人》中戴着帽子、张开双臂的孩子，他那奇特的造型与吉尔拉的内克尔形象相呼应。流行的版画——尤其是粗俗的政治寓言——日益成为戈雅的灵感来源，因为他对过度简化的视角产生了兴趣，就类似于吉尔雷和托马斯·罗兰森（1756—1827 年）等英国画家的政治漫画和讽刺画中出现的那种。

即使处于极为坎坷的人生阶段，戈雅显然还在考虑创作一种更独

图 95
法国自由，英国奴役
詹姆斯·吉尔雷
1789 年
彩色蚀刻版画
27.5cm × 46cm

立的作品风格，在罹患那场导致永久失聪的疾病前不久，他曾公开宣称 150
“绘画中无规则可言”。这种令人难堪的、对艺术的大不敬并非语出某个朋友间的私人聚会，而是 1792 年 10 月他在马德里皇家学院向同事发表的演讲中所说的。他的部分同事备感震惊。18 世纪 60 年代，学院在门斯的领导下费尽心思制定出一系列规则，以此为基础对学生开展教学工作，而对几何学、数学和古典文学的研究已经成为国家艺术家职业的主要部分。戈雅用一个大胆的声明就摧毁了这种艺术教条的基础。

作为一名美学解放者，戈雅是偏离正统的。他几乎没有直接的追随者，也没有出众的学生。然而，在从 18 世纪启蒙时代向 19 世纪初拿破仑战争的过渡时期，他终于摆脱了公共艺术的桎梏，展现出自己有多么匠心独具、胆识过人。当他向皇家学院提出挑战时，他的表述凭借了其绘画系主任和国王首席画家身份的权威和恳切。到 1792 年，他在西班牙艺术机构的核心部门占据了不可撼动的地位，这必然使他反对西班牙艺术教育之有序体系的革命立场显得备加挑衅。然而，他的讲话带着满腔热忱，主张放宽对学生的规定，同时也为所有艺术家争取表达自由。

在皇家学院的这次演讲之后，戈雅获准了一个假期。他的妻兄拉蒙·巴耶乌长期患病，于 1793 年去世，戈雅本人也疲惫不堪、身体抱恙。他离开留在马德里的家人前往塞维利亚，然后去到加的斯。1793 年 3 月 19 日，塞巴斯蒂安·马丁内斯在那里写信给马德里宫廷：

> 如您所知，我的朋友堂·弗朗西斯科·德·戈雅离开了宫廷，他打算看看这个城市［加的斯］和沿途其他城镇，从而打发他两个月的假期。然而，他不幸在塞维利亚患病了，他认为在这里会得到更好的照顾，便决定由一位朋友陪同前来。他到达我家时情况很糟糕，他一直处于这种状态，无法出门。我们必须不计时间与费用帮 151
> 助他康复，但我的确担心这将会是一个漫长的过程。因此我冒昧请教您，是否愿意允许戈雅寄来医生的报告，以证明他的病情，这样他就可以得到延假；或者采用您所希望的任何处理办法。这位朋友［戈雅］意识到他对你欠下了人情，他想详细写下这件事，但我制

止了他，因为我知道这将对他的头部造成伤害，而头部正是疾病的根源。

数天后，马丁内斯写信给马丁·萨帕特尔：

> 今天是个不适合写信的日子，但这并不妨碍我回复你［3 月］19 日的亲切来信。我们的朋友戈雅病情进展缓慢，但已稍有改善。我对水疗有信心，我相信当他不久之后在特里罗泡进水里时，他就将恢复健康。他脑中的杂音以及耳聋没有好转，但他的视力大为改善，而且他不再像失去平衡感时那么迷茫了。现在他可以自如上下楼梯，而且终于可以处理之前不可能处理的事了。他们从马德里告诉我，他可怜的妻子在圣约瑟日那天病得很重，一个主要因素是担心她的丈夫，尽管她知道他在这里和我在一起。4 月的时候我们再看看他的情况，而到 5 月初我们将不得不仔细想想该怎么办。

加的斯位于西班牙大西洋海岸的南端，是一个繁忙的海港，因其通往西印度群岛和中东那段充满异域风情的贸易路线而闻名。19 世纪时，作为一个风景如画的西班牙度假胜地和受欢迎的海水浴场，它在英国游客中变得非常有名。特里罗是塔霍河上的一个矿泉疗养地，离马德里不远，那里有硫磺泉。18 世纪的人们对水疗具有治愈功效这一信仰尤为强烈，当时欧洲著名的度假胜地，如德国的巴特埃姆斯、英国的巴斯，特别是比利时的斯帕（一个靠近列日、拥有矿泉的小镇），都是欧洲君主、贵族以及中产阶级经常光顾之处。戈雅本人也是这种治疗方式的狂热爱好者。在他年老的时候，他被批准离开西班牙宫廷，以便在法国的
152 普隆比耶尔莱班温泉享用水疗。现代诊断学家试图确定戈雅的病因。在 20 世纪 20 年代有位医生断言，这位艺术家在年轻时感染麻疹后患有动脉硬化，这可能是他耳聋的原因。他可能还经历过两次伤寒发作。在 20 世纪 30 年代，一种全新且完全无法证实的理论认为戈雅感染了梅毒，但后来的诊断学家对此不以为然，他们初步探讨了关于戈雅健康的几种新理论。其中一种说法是，这位艺术家患有精神分裂症；另一种说法

是，他患有影响听力和平衡感的梅尼埃病。临床抑郁症和因接触铅基油画颜料而导致的慢性铅中毒也被认为是造成戈雅痛苦的来源。不过总而言之，关于戈雅的症状和治疗记录可能不足以对其所患疾病进行明确诊断。从历史证据中可以推断出，在 18 世纪，水疗通常提供给所谓“病态”的人，即那些患有神经官能症和神经系统疾病，以及风湿热和抑郁症等某些精神疾病的人。

在戈雅离开马德里期间，法国局势恶化，1791 年法国王室被捕入狱，意味着与法国的战争已不可避免。1793 年 1 月，戈雅在加的斯经受痛苦，恰逢路易十六在巴黎遭到处决；1793 年 1 月 17 日，国民公会上的投票将他定了罪，四天后他被公开送上革命广场的断头台。投票赞成他死刑的包括法国著名艺术家雅克-路易·大卫，作为法国最重要的政府画家，他的政治权力和收入远远超过了戈雅在西班牙享有的一切成就。

视觉上的记录在法国大革命中发挥了重要作用，与之相匹配的是整个欧洲对法国政治暴力的艺术回应的紧迫性。从绘画、素描和不具名版画，到印有那位必死无疑的国王肖像的马克杯、手帕和纪念章，新一轮纪念性图像涌入欧洲。发生在 1792 年 9 月对贵族和神父的大屠杀也被 153
描绘出来，当时不伦瑞克公爵威胁称若不释放法国王室就摧毁巴黎。在西班牙，卡洛斯四世警告宗教裁判所的宗教法庭去边境充当审查员，防止煽动性的政治材料进入该国。到处弥漫着反法情绪。虽然戈雅的病让他暂时远离了政治动荡的中心，但他也意识到了其中的影响。对西班牙报纸和开明期刊的压制，他那些疑似对法国抱有同情态度的赞助人和朋友所遭受的威胁，以及宗教法庭试图履行其压制性的公共角色时日益增长的权力，都将使这个卡洛斯三世试图启蒙的国家变成一个卡洛斯四世统治下受压迫的封闭社会。法国波旁王朝的垮台使脆弱的西班牙王室极度紧张。

经历了漫长的疗养之后，戈雅于 1793 年年中回到马德里，但由于耳朵彻底聋了，他仍然不适合担任公职。他的耳聋最终迫使他在 1797 年辞去了皇家学院的职务。与此同时，他为皇家学院成员之间的私人展览画下了他的第一幅有记录的非委托画作。1794 年 1 月，他给副院长寄

图 96（对页）
疯人院的院子
1793—1794 年
镀锡板上油彩
43.5cm × 32.4cm
梅多斯博物馆，达拉斯

去几张他称之为“私房画”（cabinet paintings）的作品，并附上一封信：

> 为了排解因疾病而倍感痛苦的思绪，也为了部分弥补因病造成的巨大开支，我潜心创作了一组私房画，在这些画中，我实现了通常所不被委托作品所允许的观察，奇思怪想和匠心创意得以自由驰骋。

对其开支的提及尤为重要。在 18 世纪 80 年代，随着职业地位的提升，戈雅的责任也有所增加。他不仅要抚养妻子和年幼的儿子，而且似乎还在帮衬几个贫困的亲戚。他的哥哥托马斯收到了通过马丁·萨帕
154 特尔提供的资金，而戈雅是萨帕特尔长子的教父。他的母亲，如今是个寡妇，同样需要经济援助，戈雅的姐姐丽塔也是如此。除此以外，正如戈雅自己所承认的，他喜欢过好日子。他的马车、马匹和从英国进口的昂贵靴子，他的法语课，以及他对追溯家谱的兴趣，还有他采用的尊称“德”，所以他成了“德·戈雅”而不是普通的“戈雅”，都表明他非常关心地位上的提升，甚至超过他已经占据的人生高位。他可能将一种新的艺术类型视为一种金融投资，并且显然打算出售他的“私房画”。

18 世纪的私房画通常是为书房、闺房或小前厅这类私密环境准备的作品。在某些情况下，私人“私房画”可能是色情的，甚至是淫秽的。小型绘画和印刷品在这段时间很受欢迎，在欧洲有大量色情画像提供给富有的收藏家。戈雅 1794 年的“私房画”并不属于这一类别，尽管很难确定哪些画作属于最初的那一批次。迄今为止可以确定的那些画像都有着惹人注目的主题，在 18 世纪的西班牙似乎是很新颖的；一些斗牛场景，一场大火的救援，一次海难，以及一个疯人院院子里的景象。这些场景画在泛着光泽的锡片上，剪成几乎一致大小的长方形，涂抹上厚厚的棕色打底颜料层，使光滑的底面变得粗糙，在这种漫涌而出的厚重背景下，人像如虚弱的雕像一般微微颤抖。在该系列最后一幅作品即 1794 年 1 月完成的《疯人院的院子》（*Yard with Lunatics*，图 96）中，护理员手中的鞭子被浓重的灯光照亮，在左前方的疯子头顶形成一道弧线。苦苦挣扎的人物在《沉船》（*Shipwreck*）和《夜火》（*Fire at Night*）中也占据了主导地位。这些图像结构严谨，又疏离又感人，笔触密实而

缠绵，纤毫毕现。

虽然其中一些奇怪的主题对西班牙来说颇为新奇，但在欧洲艺术的大背景下，它们与流行的主题非常吻合。灾难画表现的是一些令人激动
156 或恐惧的事件，画中人物在绝望中采取行动，这在法国特别流行，在该国许可的年度沙龙上，沉船、家庭危机、战斗场景和英雄主义行为都是所展出绘画中的主要内容。在英国，荷加斯描绘了底层社会的人物，18世纪的伦敦和同时代的马德里一样充满了弃儿和怪人。荷加斯对那些处于社会边缘的人——浪荡子、妓女、老鸨、骗子、酒鬼，患有性病或精神错乱的人——的描绘，并不逊色于戈雅从马德里的阴沟里捞出来并被纪念保留到其18世纪90年代图像艺术中的那些。在荷加斯的绘画和蚀刻作品中，监狱和疯人院出现的次数与在戈雅画笔下的一样多：荷加斯《浪子生涯》（*A Rake's Progress*）系列画的最后一个场景描绘的是伦敦著名的精神病院贝特莱姆，这个地方艺术家肯定到访过。戈雅的镀锡板画中包括一个监狱场景，以及萨拉戈萨疯人院活动场地中的一幕，他在一封信中声称自己亲眼见过这些场景。这些创作于困扰不断的疗养间歇期的杰作表明了一种信念，即突破既定规则进行绘画创作可以扩展艺术家的能力。

戈雅开始摆脱挂毯底图那种相对浅薄的图像，他早期的私人画像，如《被绞死的人》（见图46—48）和仿照委拉斯凯兹的作品（见图49、图51），表明他始终希望在西班牙艺术中引入高度严肃的潮流。此时的他已经生了场病，由于他对创作个人化的图画怀有渴望，他与私人赞助人的关系变得尤为关键。变幻莫测的政治局势加上入不敷出的经济状况，这十年成为戈雅一生中最具实验性和自由度的时期。他与奥苏纳公爵和公爵夫人、霍维亚诺斯、学者和艺术史家胡安·奥古斯丁·塞安·贝穆德斯、诗人胡安·梅伦德斯·巴尔德斯和剧作家莱安德罗·费尔南德斯·德·莫拉廷的往来发展成为丰富而宝贵的专业关系，鼓励他作为一名独当一面的大师投入创作。而一位特别的赞助人，阿尔巴女公爵，可能彻底改变了他的眼光。

玛丽亚·德尔·皮拉尔·特蕾莎·卡耶塔娜·德·席尔瓦，第十三代阿尔巴女公爵，她本身就享有爵位，在西班牙是王后之外地位最高的

女性。戈雅在马德里的宫殿中拜访她时为她画下了第一幅全身肖像，之 157
后他又画了许多其他作品；1796 年，在她丈夫去世之后，戈雅在她位于加的斯附近桑卢卡尔-德巴拉梅达（Sanlúcar de Barrameda）的庄园度过了一个夏天。从这些访问和他们随后的友谊中，他用油彩、墨水和粉笔创作了一系列女公爵、她的生活、仆人和随从的亲密肖像，构成了对这位美丽、高雅、富有的女人的独特视觉记录。当时的一位诗人曼努埃尔·金塔纳也享受了女公爵的款待，并在他的作品中纪念了她的美丽。戈雅的第一本主要画册可以追溯到他逗留在桑卢卡尔庄园的时光，在那里他为阿尔巴女公爵和其他或真实或虚构的人物画下了生动、零散的速写。

这批速写以画笔和墨汁完成，大部分是对年轻女性带有极强色情意味的幻想，还有几幅更为端庄的能辨认出是女公爵的肖像，画里既有喜爱穿戴精美服装的优雅女人（图 97），也有愤怒沮丧的女人在撕扯着自己头发或紧抓着头部，还有没子女的女人在照料她所收养的穆拉托
（mulatto）女儿。这些作品充满挑逗性但又轻松有趣，其更为阴暗的一 158
面出现在另一个刻意展示自己身体的女人形象中。在优雅的女公爵肖像背面有这么一幅画，画中女子的长鼻子处落下一片阴影，她撩起裙子的下摆（图 98），回头对着观众展露出淫荡的微笑；在另一些的速写中，她光裸着身体，坐在两个咧嘴大笑的男人面前自慰，或者和另一个女人一同在床上嬉闹。从高贵典雅而难以捉摸的女公爵，到如同分身一般贴身紧随女公爵身后的淫荡交际花，对这些色情姿势的感官层面展示，不仅表现出戈雅对与性相关图像的兴趣，也表现出他对于对立和逆转的迷恋。他所在社会中的压抑本质，他生病时所经历的虚弱，导致他行动不便的耳聋和年龄的增长，都足以使他迸发出一种全新的、强烈的解放之感，他在这本画册中为未来的主题划定了界限。

随着戈雅的艺术继续表现出与时兴的新古典主义的激烈背离，他对道德问题的认识也显得更加强烈。他自身所受的熏陶得益于与霍维亚诺斯、塞巴斯蒂安·马丁内斯和戈多伊等人的交游：这些有权势的政治家、有修养的改革家和有财富的慈善家，让他重新认识了自己所从事的艺术拥有怎样的力量。在奥苏纳家族、阿尔巴女公爵、政府部长和有

图 97—98
桑卢卡尔画册
1796—1797 年
墨汁和淡彩
17cm × 9.7cm
国家图书馆，马德里

左：**阿尔巴女公爵**

右：**左图的背面，图为女人撩起裙摆**

才华的作家的保护下，他继续吸引到了各种委托项目，使他能够展示自己残酷且时常显得狂暴的幻想。有证据表明，这些文化水平颇高的支持者可能影响到了艺术家本人，使他越来越大胆地发展自己的品味，也让他能够获得对外国时尚的了解。塞巴斯蒂安·马丁内斯的众多版画收藏中包含了大量来自国外的画像，霍维亚诺斯也收藏了许多外国书籍，包括埃德蒙·伯克第一版的《关于我们崇高与美观念之根源的哲学探讨》，该书首版于 1757 年，在 19 世纪最初几年被译为西班牙语。

159 这篇有影响力的论文对公元 2 世纪古典作家狄奥尼修斯·朗吉努斯的《论崇高》提出了质疑，是最早对审美刺激的生理和情感反应进行分类的文章之一。观看异常恐怖、宏大或数量巨大的场景，这样的经历会让观众产生一种奇特的震撼，这可以被明确认定为“崇高”。对于 18 世纪后期的艺术家来说，“崇高”概念的普及使他们能够尝试与平静理性的古典画像潮流背道而驰的主题。神秘、暴力、超自然和涉及极端自然现象——如高山、风暴、地震、火山、雪崩——的观看体验，成为 18 世纪末文学的主导时尚，还催生了浪漫主义运动中的许多意象。在绘画方面，“崇高”也出现在英国著名的瑞士艺术家亨利・富塞利（1741—1825 年）的作品中；出现在狄德罗欣赏的法国画家约瑟夫・韦尔内（1714—1789 年）的暴风雨场景中；出现在英国风景画家 J. M. W. 透纳（1775—1851 年）的早期作品中；出现在德比郡的约瑟夫・赖特（1734—1797 年）关于维苏威火山爆发的绘画中；出现在德国画家卡斯帕・大卫・弗里德里希（1774—1840 年）薄雾弥漫又氛围感十足的风景中。戈雅本人在技法上可能称不上一个“崇高”的艺术家，正如他肯定不会与欧洲浪漫主义等同起来，但他对暴力和幻想图像的偏好，即他所声称的“奇思怪想和匠心创意”，与当时对生活中暗无天日、动荡不安那面的盛行品味不谋而合，在该世纪末吸引无数评论家和参观者走进艺术画廊。

1798 年 6 月，戈雅向奥苏纳公爵提交了一份账单，涉及的是“六幅以女巫为主题的画”。每幅小画让他挣到了 1000 雷亚尔（按当时货币计算约为 10 英镑）。巫术场景作为崇高图像而盛行于 18 世纪末的欧洲艺术之中，算是一种对超自然现象的偏好。在西班牙，开明的自由主义者拒绝接受庸俗的迷信，但他们非常清楚这种信仰的悠久历史和由此给无辜人民带去的残酷伤害。宗教裁判所的宗教法庭对异教徒、女巫和据说实施恶魔仪式者进行的迫害，往往被视为权力的滥用。在戈雅的一生 161
中，这种滥用权力的做法仍然存在，尽管有时很难确定，18 世纪的那些处决、监禁和没收被告人财产的记录是属于宗教的还是属于世俗的。对戈雅来说，巫术的主题对他新的严肃风格至关重要。

为奥苏纳夫妇绘制的这六幅巫术主题画，是为公爵夫人在家族乡间别墅的闺房而作的。总的来说，这些作品的主题相对比较轻佻。其中两幅取自 18 世纪讽刺流行迷信的戏剧。然而，并非所有这些场景都以轻松的笔触处理。《女巫安息日》（*The Witches' Sabbath*，图 99）也有文学上的来源，但其间细节令人不安：婴儿在夜间被献给公山羊，后者在传统上被视为撒旦的化身。前景中斜倚着一个戴着面纱的年轻女子，姿势类似于戈雅 18 年前画的《作为殉道者之后的圣母》素描中那位躺倒着的女圣徒（见图 55）。

这幅画中的讽刺意味可以看作是政治性的，也可以看作是文学性、社会性的。巫术可能被受过教育的富人嘲笑，但在农村，许多人一贫如

洗，婴儿极易夭折，这种迷信仍旧存在。在戈雅的画中明显能看出，他很有兴致设计出这些令人不安的场景。他的《马德里画册》中有大量的速写展示了当时的生活，特别是女性的困境。这些画的主角是一个年轻女子，长发乌黑，胸脯饱满，双腿修长，受到性侵、殴打迫害、恐吓和监禁。她也被画在一些更快乐的场景里：在秋千上，在派对中，与朋友在户外散步或与年轻男子调情。有时她一丝不挂，而大多数情况下，她穿着时髦的衣裳，像是马哈服装，头戴蕾丝头巾，身穿饰有荷叶边的裙子。

图 99（对页）
女巫安息日
1797—1798 年
布上油彩
43.3cm × 30.5cm
拉萨罗 · 加迪亚诺博物馆，马德里

以配角身份占据在这些画中的人物包括猎手，镇上的公子哥儿（也就是所谓的“petimetres”），以及阳刚的马霍（相当于男性的马哈）。还
有一个上了年纪的女巫，被称为塞莱斯蒂娜，这是另一个从西班牙传统 162
文学中借来的人物，她将成为戈雅艺术中的一个特殊象征。

塞莱斯蒂娜首次出现在 16 世纪的西班牙戏剧中，她既是个虔婆，也是个女巫。塞莱斯蒂娜作为美丽女孩梅利贝娅的看护，在其安排和推动之下，女孩的爱情注定以恋人的死亡而告终。这个故事既滑稽又悲惨，17 世纪时该剧在欧洲广为流行，被翻译成多种语言。18 世纪见证了这个故事的复兴，以及人们对塞莱斯蒂娜这一角色的广泛兴趣。路易斯 · 帕雷特绘制过一幅美丽且完成度很高的素描，将这位老妇人塑造为一个引人注目的形象：她坐在一个破旧的房间里正数着念珠，被两个恋人打断了（图 100）。帕雷特于 1784 年完成此画，他这个丰富、充满装饰性的故事版本要早于比戈雅的塞莱斯蒂娜作品，尽管戈雅不太可能知道他的构思。然而，这两位艺术家有着相仿的兴趣。帕雷特引入了巫术的元素（在房间的后墙上挂着大蒜和蝙蝠翅膀），而他的塞莱斯蒂娜单手拿着眼镜，代表拥有知识和智慧的人。戈雅也设计了戴着眼镜的女
巫，而塞莱斯蒂娜在他后来的作品中变更纪念意义。他让她潜伏在角落 163
里，提醒青春与美貌之人，即便是他们也必然会褪色枯萎。一般来说她是个不祥之兆，成为一个怪诞的存在，充当着败坏年轻人道德的角色；偶尔她可以作为智慧的代表发挥作用。在戈雅这一时期的作品中，她作为幽魂大军中的一员出现：戴着面具的人，幽灵，畸形、堕落的神父，死亡和毁灭的护卫队。在《马德里画册》中，她扮演一个老妇人，向一

图 100
塞莱斯蒂娜和一对恋人
路易斯 · 帕雷特-阿尔卡萨
1784 年
41cm × 30cm
私人收藏

个美丽的马哈乞讨；又或是与另一个马哈隐藏在拱门之下，那马哈是个等着招揽生意的妓女（图 101）。

一些特别阴森的图画不那么令人毛骨悚然，却反映出一种基于对该题材滥用的野蛮现实主义。《她们纱纺得多好！》（*How they spin!*，图 102）和这个系列中许多作品一样，有戈雅自己题上的词。三个剃寸头的女孩坐在那里纺线。“Sn Fernando”（圣费尔南多）的字样表明她们是马德里一家救济院里的穷困乞丐，那里收容的都是无家可归的人。左边那人戴着精致的耳环，年纪比其他人大，另两个似乎是从街上抓来的童妓，被传授了一门有用的手艺。但纺纱工的形象也有更深层的含义，
164 涉及对人类命运的主宰。和塞莱斯蒂娜一样，妓女代表了社会的许多弊病，这种现实与幻想的衔接构成了戈雅眼中新的原始创作源泉。

这些画加上《马德里画册》，构成了戈雅的第一部成熟而独立的杰作，即一套 80 幅的版画，于 1799 年出版，被命名为“Los Caprichos”（狂想曲）。有的时候，这些场景看起来好似一出戏剧的一部分，就像是一群古怪人物的列队游行。大多数时候，它们带着深刻的悲观主义又愤世嫉俗。西班牙摇身一变成为类似但丁《地狱》中的中世纪景象之地，

充斥着各种罪恶：虚伪、撒谎、残酷、道德败坏。身为一名职业艺术家，三十年间生活中的各种影响都得到一一审视：教会、国家、宫廷、法律、医学界、艺术和科学、马德里街头、农村生活、当代诗歌和哲学，关于穷人、富人、病人、年轻人和老年人的理论；整个庞大的综合体被带入一个罪恶、不道德和虚荣的漩涡中。

为了印证艺术家如何将自己的个性烙刻在《狂想曲》上，图版 1 号显示了一幅侧面自画像（见图 90）。不同于戈雅在画室里的形象，理性之光映照在画布上（见图 82），或是戴着眼镜、露出头部和肩部（见图 87），这幅肖像画非常入时。戈雅戴着最新款的帽子，就是那种可靠的白手起家者会戴的海狸毛大礼帽，这是一个进步的形象，带着对成功的坚固保证。通过这幅画，戈雅重申了他对现代性的自我认同，在最终的印版上，他瞥向了一边——这与初稿不同（图 103），初稿的他凝视着前方，目光避开了观众。

图 101—102
马德里画册
1796—1797 年
墨汁和涂料
23.6cm × 14.7cm

左：马哈和塞莱斯蒂娜等在拱门下
美术馆，汉堡

右：她们纱纺得多好！
私人收藏

图 103（下页）
为《狂想曲》卷首插图所绘之像
1797—1798 年
红色粉笔
20cm × 14.3cm
大都会艺术博物馆，纽约

戈雅在这里所使用的是复杂的全新方法。传统的蚀刻工艺构成了基本技术，但戈雅将其结合以飞尘蚀刻法这一相对较新的发明。用酸在小型底版的表面上蚀出简洁的线条，辅以浅淡的色调，就像水彩画一样，由树脂颗粒撒在板上而形成的小点组成。这样的区域在图版 1 号中艺术家侧脸像后面若隐若现，为他的外套增添了丰富的阴影。对这些印版来说，同样重要的是用锋利的工具在表面直接划出非常细的凹槽。这种铜 167
版雕刻划痕和不规则曲线对此类蚀刻版画来说尤为关键，诸如背景中的漆黑一片，又或是眼睛和手部周围的柔和阴影以及深色线条等区域，这些图形和画面上氛围独特、笔触随意的技法是同等重要的。

作为人像造型设计，这些构图描绘了特定的场景。图版 2 号可谓绘画技法上的精心杰作（图 104）。在戈雅的素描中经常出现的那个年轻女孩，这一次被画成在她自己的婚礼上。图释写道："她们说是的，并向第一个来者伸出手。"一个女孩在缔结婚姻时缺乏辨识力，这一点通过她眼睛上覆着的面具可以看出。女孩渴望婚后既被赋予地位又能获得自由，从而伸出了手。她被一个男性人物牵引着往前走，那人耷拉着眼皮，阴森的面孔落在阴影中。更加阴森的是背景中若隐若现的怪诞头像。女孩的后脑勺上被绑了一个可怕的面具。戈雅曾在他的意大利笔记本上设计过类似的面具，这是他最早的绘画癖好之一（图 105）。面具在此处 168
是一个重要焦点，跟随着的男性人物——可能是准新郎——正盯着面具看，他自己那张变形的脸表明他也戴着面具。后面是一位塞莱斯蒂娜，她双手合十，似乎在祈祷。远处是一群不受欢迎的蠢笨青年，其中有些呈半人状，这群人中为首的是另一个塞莱斯蒂娜和一个挥舞着棍子的人。

戈雅对灾难性婚姻契约的描绘，在当代文学中也能找到类似描述，这对讽刺作家和道德改革家们而言是值得反复讨论的主题。西班牙的戏剧、诗歌和歌曲中描绘了各种不幸婚姻的困境，戈雅以他那些现代标志的新语言为依托，其中面具、雌雄同体、病态或畸形的形象成为当代道德问题的隐喻。

接下来的一连串版画都是在表达各种形式的欺骗。人们假装成别人的模样，互相欺骗，对年轻和脆弱的人玩弄残忍的把戏，男人和女人都在画中扮演着自己的角色。在图版 6 号《无人自知》（*Nobody knows*

El si pronuncian y la mano alargan
Al primero que llega.

图 104（对页）
她们说是的，并向第一个来者伸出手
《狂想曲》图版 2 号
1797—1798 年
蚀刻法和飞尘蚀刻法
21.7cm × 15.2cm

图 105
面具设计
"意大利笔记本"第 11 页正面
墨水，粉笔和涂料

themselves，图 106）中再次用到面具和狂欢节头像，以创造一个人类关系为不确定性和模糊性所破坏的世界。前景中的男人和女人戴着对比强烈的黑白面具。他们身后是由狂欢节帽子和头颅组成的夜间生物。甚至视角也并不那么鲜明。地面一直向后退到那个蹲着的身影，很难知道它由此指向哪里，因为整个世界已蜕变成一个幻觉。

这些设计画是从戈雅 18 世纪 90 年代画册中对现实的观察记录演变而来。一幅墨汁画（图 107）勾勒出阳伞下一对男女看似微不足道的邂逅。这一主题会让人想起戈雅早期挂毯底图中的形象（见图 33），但这幅后来之作更侧重于一个确切的场景。此图的后续画面展示了戈雅如何移开阳伞，将注意力集中在两者的亲密反应之上。在最终的版画（图 108）中，戈雅加入了他最喜欢的眼镜这一细节。此刻寓意就很明确了：无论这个男人如何仔细观察这个女孩，他都不会真正知道她是什么样的人。

戈雅从马德里的上流社会转到了底层社会，在一个夜间场景中，强盗们在枯死的树边抽着烟等待着猎物，这棵树形似绞刑架，象征着即将到来的灾难。在西班牙的城市和各省，罪案和犯罪团伙的发展，都已成 169

图 106（左）
无人自知
《狂想曲》图版 6 号
1797—1798 年
蚀刻法和飞尘蚀刻法
21.8cm × 15.3cm

图 107（右）
阳伞下的恋人
马德里画册
1796—1797 年
22.1cm × 13.5cm
汉堡美术馆

为戈雅所在社会的一大弊端，这刺激了艺术家对强盗妓女等新画面的热情。他还回到了 20 年前颇为关切的公开处决的主题，正如《被绞死的人》（见图 47）。在另一个夜景中，一具被吊死的尸体旁站着一个惊恐但坚定的女人（图 109），这个女人正从死者嘴里拔出牙齿，准备制作某种魔法药水。触摸被处决的尸体可以治疗疾病，这一迷信在整个欧洲广为流传。1786 年在伦敦，参观纽盖特监狱公开处决的人群中，就有人爬上脚手架，触摸被吊死之人的双手。1799 年，一名妇女袒露自己的乳房，
170 让被吊死的罪犯触摸。这种怪异的姿态被认为可以治疗乳腺癌，一直持续到 19 世纪后才消失。戈雅对公开处决的迷恋想必使他了解到这些习俗。在他的版画中，他提亮了这个女人隆起的乳房，而她用一块布蒙住脸，以掩盖腐肉的恶臭。

女性在《狂想曲》中扮演着至关重要的角色。塞莱斯蒂娜和妓女出

图 108
即便如此，他还是认不清她
《狂想曲》图版 7 号
1797—1798 年
蚀刻法和飞尘蚀刻法
19.6cm × 14.9cm

现在许多版画中，偶尔会出现恶魔或超自然场景，取代她们不光彩的职业交易。年轻女孩和老年妇女成为听天由命的阴险人物，她们的力量延伸到对凡人事务的干预。在一个对传统狩猎场景的戏仿中，仿佛捕鸟一般，两个年轻女人和一个老妪用一棵枯树为人类制造了一个陷阱，像拦路抢劫一样等待诱捕她们的猎物。这些鸟儿现在是缺乏警觉的恋人，一旦陷入其中，就会被拔毛并架上火炉。戈雅在图释中写道“所有人都会陷落”，而在盘旋其上那些被困住的人中，就有一张是他自己被画成漫画的脸。

后来出现了更多画像展示弱小无助之人与冷酷无情强者之间的对 172
峙，包括对两个宗教裁判所场景的描绘。这些主题在戈雅的时代特别具有现实意义和吸引力，尽管他选择将场景设定在历史上，很可能是 16

12.

A caza de dientes.

图 109（对页）
求牙
《狂想曲》图版 12 号
1797—1798 年
蚀刻法和飞尘蚀刻法
21.6cm × 15.1cm

世纪，当时宗教裁判所正处于权力的顶峰。戈雅在世期间，异教徒所遭受的迫害始终属于西班牙历史上一个令人困惑的领域，而根据新的文献资料，在 18 世纪几乎不再有焚烧异教徒的事件。最近公布的资料表明，西班牙的宗教法庭虽然对许多暴行负有责任，但可能并没有其他西欧国家的那么野蛮严厉。1646 年，英国旅行家和编年史家约翰·伊夫林写道，仅米兰一地的宗教裁判所，就比整个西班牙宗教裁判所加起来更让他害怕。然而在 17 世纪和 18 世纪，随着西班牙的欧洲大国地位式微，西班牙宗教裁判所的恐怖神话在大众心目中就获得了更大的可信度。

戈雅时代的宗教批评家和改革者热衷于散布层出不穷的传闻和往往无法证实的统计数字，揭露出宗教法庭是西班牙的主要暴政工具。法国大革命期间西班牙宗教裁判所被赋予的权力，对试图让西班牙步入现代化的开明政治家的审判，以及对启蒙文学的禁止，共同构成了一个致力于挫败社会进步的组织的画面。到 1814 年半岛战争结束时，宗教裁判所已被视为西班牙经济和政治衰退的主要原因。

戈雅关于宗教裁判所的画像反映出对他那些开明赞助人的立场，尤其是对宗教裁判所权力下受害者的同情心。在一幅作品中，一个女人坐在舞台上，穿着忏悔服，戴着高帽子。教会法庭听着法官向一群修士和神父宣读判决书，他们纷纷耷拉着眼皮、张大着嘴。这幅画唤起了人们对《被绞死的人》（见图 46—48）和《十字架上的基督》（见图 52）的回忆，还会让人想起戈雅为托莱多大教堂绘制的肖像画《基督被捕》（*Taking of Christ*，完成于 1798 年）。随后，这位被宗教法庭迫害、面色惨白的受害者被描绘成半裸的样子，骑着一头驴前往行刑之地（图 110），她的脖子和胳膊上以不堪入目的方式缚上了木制缰绳。

173

在另一幅以犯罪、惩罚和迫害为主题的版画中，一个女人被表现为受困于黑暗的地牢中（图 111）。这个主题可以追溯到当时一起谋杀案的审判，这个女人协助情人谋杀了她的丈夫。两人后来都受到审判和处决。《狂想曲》进一步提到了罪犯和堕落，但这些都被置于更广泛的社会弊端背景之下。理发师、酒鬼、庸医和被宠坏的孩子都被抹上一层险恶的色彩，他们与宗教法庭、囚犯的惨况和没完没了的妓女等更严重的问题交相呼应。甚至连肖像画家本人也未能幸免。当戈雅为堂·路

175 易斯亲王和他的家人作画时（见图 66），他写道，赞助人开玩笑地称他为“画画的猴子”（pintamona），而当他设计一只猴子为一头驴画上法官假发时，也许他就回想起了那一幕。在这幅画上（图 112）戈雅写道：“你不会饿死。”在最终完成的版画中，原有的图释被替换成“恰如其分”（图 113），这就更尖锐地道破了被画者的虚荣心和肖像画家的狡诈。

这一部分就引出了 80 幅版画中最重要的那幅图像，即第 43 号图版“理性沉睡，心魔生焉”（图 114）。一个艺术家模样的人倒在一段木块上。他此前一直在绘画或写作。在他周围的黑暗空间里出现了四种生物——一只猞猁、一只猫、一群蝙蝠和七只猫头鹰，其中一只猫头鹰也有一部分是猫的样子，正用尖锐的触笔戳着睡者的手臂。从两张草图可以看出，
177 戈雅最初打算将这一惊人的图像用作整部作品的扉页。其中一张有一个较长的图释标题，最终被用进了《马德里日报》一篇宣传《狂想曲》的文章中。在这里，戈雅把自己说成是一个作者，但他也是一个梦想家。梦是一种传统的手段，西班牙及其他欧洲国家的艺术家和作家都用它来

图 110（下左）
无可救药

《狂想曲》图版 24 号
1797—1798 年
蚀刻法和飞尘蚀刻法
21.7cm × 15.2cm

图 111（下右）
因为她耳根子软

《狂想曲》图版 32 号
1797—1798 年
蚀刻法和飞尘蚀刻法
21.8cm × 15.2cm

图 112（对页）
你不会饿死

1797—1798 年
红色粉笔
普拉多博物馆，马德里

56
¿No moriras
de ambre
26

图 113
恰如其分
《狂想曲》图版 41 号
1797—1798 年
蚀刻法和飞尘蚀刻法
20cm × 15cm

图 114（对页）
理性沉睡，心魔生焉
《狂想曲》图版 43 号
1797—1798 年
蚀刻法和飞尘蚀刻法
21.6cm × 15.2cm

引入一些奇幻、哲学或晦涩的主题，而戈雅最初曾考虑将这些版画命名为《梦》（*Sueños*）而非《狂想曲》。正如戈雅在草图上所写的那样，国家艺术家璀璨的物质世界在这里被“不受理性约束的想象力”的巨大不确定性所削弱。

《狂想曲》中的道德和哲学元素包含了戈雅同时代画家作品中经常出现的主题和思想。1799 年 2 月，也就是《狂想曲》出版的那个月，路易斯·帕雷特去世。他在贫困中死去，未能重获他年轻得势时被许过的辉煌事业。1780 年，和戈雅一样，他获得了马德里学院的成员资格，他所提交的是一幅哲学题材作品《第欧根尼的审慎》（*The Prudence of Diogenes*，图 115）。这件作品是一个夜间的场景，为闪烁的火光所照亮，还有身着异国长袍的古怪人物，该作品具有复杂的主题。这个故事与中世纪和文艺复兴时期的《圣安东尼受试探》（*Temptation of St Anthony*）

El sueño
dela razon
produce
monstruos.

图 115
第欧根尼的审慎
路易斯 · 帕雷特-阿尔卡萨
1780 年
布上油彩
80cm × 101cm
圣费尔南多皇家学院，马德里

主题类似，但在这个异教徒版本中的主人公是希腊哲学家第欧根尼，他研究数学、哲学和几何书籍。他坐在右边，转身避开一群奇怪的人，那些人象征着折磨人类的恶习、愚蠢和危险——虚荣、贪婪、迷信、谎言、野心、谄媚和死亡，各自以不同的方式被描绘为相应的象征。最具戏剧性的人物是一个魔术师，他手臂上缠绕着蛇，一手端着火盆，另一手举着顶上立了只猫头鹰的杆子。他象征着迷信，即戈雅在《狂想曲》中经常提到的西班牙普遍可见的弱点。帕雷特的这幅画于 1780 年被送到皇家学院，之后仍挂在那里的墙上，戈雅应该对其不同寻常的意象和主题相当熟悉。在这个荒诞、黑暗、非理性的世界中，充满着愚蠢、虚荣和破坏性的幻象，这位哲学家拒绝了这样一个世界，再次出现时摇身一变成为戈雅梦中的艺术家，深受稍纵即逝的暗夜生物所扰。

178 《狂想曲》的最后一部分聚焦于一个处于黑暗力量和超自然现象笼

罩之下阴森可怕的世界。女巫、魔术师，以及由身体畸形反映出其内心堕落的人们，共同构成了一个辛辣讽刺性的故事脉络。帕雷特将他的人物画得一看就是人类，让其手持象征物，以戏剧性的优雅姿态表演各自的角色，与之不同的是，戈雅将意义刻在人物本身的形态上。四肢、眼睛、头、手脚都如衣服般量身定做，以表达其象征性功能的本质。例如，在《马德里画册》中，戈雅就将雏妓画成了纺纱工（见图 102）。在英国，诗人兼艺术家威廉·布莱克认为，雏妓在 18 世纪伦敦的诸多弊病中有着特别的象征意义：

> 只是最听不得午夜街头
> 稚嫩娼妓咒天骂地响彻
> 声声爆裂慑止小儿啼哭
> 如瘟神将婚房摧为灵堂

《伦敦》这首诗是布莱克在 1794 年出版的《经验之歌》（*Songs of* 179
Experience）中的一首，融入了城市贫困堕落的形象，而布莱克自己的
版画作品，虽然与戈雅的全然不同，却表达了类似的想法：将卖淫堕落与纯真欢快形成鲜明对比。戈雅笔下的妓女和布莱克的一样，很少是享乐的代表。在《狂想曲》中，这位西班牙艺术家将她们与人类命运的转轮加以联系，由此赋予这些形象一种象征性的、带有压抑感的普遍感。《狂想曲》的图版 44 号再次展示了纺纱者，这一次她们变成了女巫（图 116）。一个又高又瘦的女巫拿着她的卷线杆坐在前景中。左边还蹲着两个拿着扫帚的女巫。后面的阴暗处挂着一群死婴，就像在《女巫安息日》中挂在女巫杆上的那样（见图 99）。

女巫和婴儿一再出现，无辜的年轻人被老人谋杀或腐化。瘦骨嶙峋的女巫变成了雌雄同体的双性人，有着突出的下巴、男性的躯干、宽阔的肩膀和小巧的双手（图 117）。孩童在此处遭受一群雌雄同体的男性虐
待。一个吸吮着婴儿的阴茎，另一个飘浮在空中，爱抚着两个幼童。一 180
个女巫用孩子的屁点燃火炉，这一中心主题为整个构图提供了一种眩晕效果。

图 116
她们的纱纺得很细
《狂想曲》图版 44 号
1797—1798 年
蚀刻法和飞尘蚀刻法
21.4 cm × 15 cm

图 117（对页）
吹
《狂想曲》图版 69 号
1797—1798 年
蚀刻法和飞尘蚀刻法
21.3cm × 14.8cm

这样的细节露骨到骇人，但在版画创作的大背景下，类似主题已在政治艺术中出现，特别是在法国大革命后产生的法国和英国政论性图像中。继路易十六被处决和紧随的恐怖事件之后，吉尔雷开始了激烈的反法运动，创作出犀利的讽刺画，例如有一幅就画了无套裤汉正食用他们的受害者并在火上烹煮婴儿。这时，政治图像的视觉重点和语言发生了根本性的变化，老式的漫画被一种戏剧性的新派个性表达取代。对暴力和低俗细节的新"崇高"品味进入了讽刺报纸的词汇中，在西班牙，一些人甚至把法国大革命本身看作是一场"崇高"革命。

戈雅的《狂想曲》或许也是以类似的角度被看待的。奥苏纳家族购买了四套作品全集，据说还在他们的乡间别墅中举行了私人猜谜游戏，国王和王后以及曼努埃尔·戈多伊都被打扮成戈雅版画中的人物。在 1808—1814 年与法国战争期间，这些作品为其他西班牙版画

图 118
拿破仑梦到自己被西班牙和法国击败，他身边是在哀叹的曼努埃尔·戈多伊
匿名
约 1812 年
彩色版画
17.4cm × 20.7cm
市立博物馆，马德里

复制师所用，这也证明了《狂想曲》被视为极具潜力的政治讽刺作品（图 118）。但是，正如戈雅本人解释的那样，《狂想曲》并不是为了讽刺特定的个人，也不是为了对当下问题进行公开的政治指责。相反，它们构成了一种实验性视觉语言的一部分。1799 年 2 月 6 日，他在当地报纸《马德里日报》上刊登了对这些版画的广告。他撰写的一篇短文出现在头版。

> 由堂·弗朗西斯科·戈雅创作并蚀刻的一系列版画和多变的
> 主题作品。作者相信，对人类错误和恶习的谴责（尽管这似乎是演
> 讲和诗歌的专利）也可能是值得一画的对象：作为适合其作品的主
> 182 题，他从每个公民社会常见的众多愚行和错误中，以及从习俗、无
> 知或私利所纵容的寻常困惑和谎言中，挑选出了他认为最适合成为
> 嘲弄对象，同时也是幻想对象的那些。

他接着说，他的作品完全不受其他艺术家的影响，也不局限于讽刺

画的需求。

戈雅以书面形式声明这些作品不是讽刺画，可能是为了保护自己免受起诉，但一些同时代的《狂想曲》崇拜者与奥苏纳夫妇一样，认为这些版画对国王和王后、他们的宠臣曼努埃尔·戈多伊、霍维亚诺斯、阿尔巴女公爵以及戈雅众多坚定支持者的讽刺画。然而，正如戈雅所写的那样，这些图像在艺术史上相对较新，结合了幻想和现实，也许还证明了艺术家丰富的想象力。他不断用“作者”一词来称呼自己，这表明他在选择主题和设计构图方面非常注重自己的原创性，就像他早年在挂毯厂的底图账单上写着“我自己的发明”一样。在戈雅的版画首次出版后的两个世纪里，学者们指出其中众多的理论和艺术影响，但艺术家本人却不愿承认任何其他人或作品在这些杰出版画的诞生过程中发挥过作用——除了对一些知名诗人如霍维亚诺斯的引用，以及与他朋友小莫拉廷戏剧作品中的相似之处。

同时代人的反应集中在了戈雅的主题而非方法上。“看到戈雅出了本讲女巫和讽刺的书，”马德里皇家学院的雕刻教授佩德罗·冈萨雷斯·德·塞普尔韦达在日记中写道，“不喜欢，这本书非常淫秽”。作为一名雕版家，塞普尔韦达本应对戈雅革命性的技法表现出最浓厚的专业兴趣。但这些题材的冲击力显然让他感到反感，而其他人则充满兴趣。一位仰慕者将《狂想曲》视为一种道德观念的运用，认为这些图像是如此的不寻常，应当交给艺术学生去模仿。事实上有记录显示，在 19 世纪 30 年代，巴黎艺术学生的作品集里就有戈雅的《狂想曲》，以及版画
设计史上最伟大的艺术家伦勃朗和阿尔布雷希特·丢勒的版画。即使在 183
今天，《狂想曲》也会让现代观众感到排斥和吸引。这些作品的野蛮、神秘的含义，以及对人性非常个人化的观察，都表现了一个艺术家如何痴迷于自己得意之作中的力量。正如戈雅可以在学院履行公职的同时宣布他的艺术偏离了官方认可的教学体系一样，他也捍卫了自己作为一个独立天才的权利，为公众呈现出他最私密也最自由的图像。

戈雅不仅在报纸上为这些版画做广告，还在自己马德里公寓下面的一家销售香水、利口酒等奢侈品的商店里出售这些版画。戈雅不像当时大多数版画家宣传一两幅版画，他的《狂想曲》一套全集售价为 320 雷

亚尔，相当于一盎司黄金的价格。这是一个很高的价格，尽管每幅版画的价格约为 4 雷亚尔，这也是流行版画的标准价格。然而，卖出的套数很少，戈雅手上还剩下大约 240 套，也就是初版中的绝大部分。1803 年，他将这些作品连同铜版都捐赠给皇家印刷厂，为他儿子换取津贴。
184 几个早期版本被印刷出来。多年后，年事已高的戈雅坚称他已撤回《狂想曲》的销售，因为他害怕宗教裁判所。鉴于其中一些版画中暴力、露骨性爱的场景，以及贪婪酗酒的修士和神父的讽刺漫画，的确存在着受到宗教法庭起诉威胁的可能。然而，没有任何来自教会干涉的记录。而且，《狂想曲》的背后是一种道德上的严苛，以及一套判断恶习与美德的尺度，这最终都来自诸多天主教教义。人类欲望的虚荣作为西班牙绘画的一个传统主题，被浓缩进了这些具有说教意味的画像之中。

在观察周围世界的过程中，戈雅为他的艺术注入了惊人的道德力量。象征和讽刺、别出心裁的现实主义和恢恑憰怪的主题撷择，成为他为自己的成熟作品赋以力量的手段，展示出一个渐趋没落的社会。罪犯、囚徒、江湖骗子、妓女、游手好闲者、酒鬼和施虐者已经成为艺术家眼中新的反英雄。由此看来，《狂想曲》依旧是关于一个伟大国家如何滑向灾难的独特视觉纪事。

第六章 内忧外患的王室

政治上的动荡不定与艺术上的非凡成就

从1797年到1808年的11年是西班牙的一个动荡时期，以一场漫 187
长而血腥的战争和经济崩溃告终。卡洛斯四世和妻子玛丽亚·路易莎的赞助激发了国家宫殿的新装饰和国家艺术家的任命，尽管经济状况的恶化意味着获得宫廷任命的艺术家的数量相对较少。戈雅妻子的大哥弗朗西斯科·巴耶乌曾是西班牙最有前途和影响力的画家，他在1790年申请了首席宫廷画家一职但被拒绝，尽管他在1795年去世前一直享受着每年5万雷亚尔的宫廷俸禄（按当时的货币计算约合500英镑）。

在某些方面，国家赞助遵循了前任国王卡洛斯三世树立的榜样，卡洛斯四世时期的主要装饰计划包含了私人别墅和教堂的建造和装饰。戈雅的宫廷同僚完成了许多这样的绘画装饰，关注点仍然集中在当代主题和西班牙政治统治的寓言故事上。在一个日益受经济问题困扰的国家，这种艺术上的虚张声势掩盖了社会的不安。偶尔在某个特定的寓言故事中，或在格外诙谐或怪诞的日常生活场景中，会微妙地反映出西班牙社会的不确定性；但同样明显的是，艺术家们在争夺越来越少的委托项目时，恰也流露出对自身地位的焦虑。

戈雅的长期疾病和随之而来的耳聋并未损害到他的事业，但在1798年，他向国王提交了一份请愿书，要求支付拖欠的薪酬。“六年前我的身体就完全垮了。我的听力尤其受到影响，我的耳朵已经全聋，没有手语我就无法理解别人在说什么。因此在这段时间里，我不可能继续从事我的职业。”他的主要支持者霍维亚诺斯利用自己的影响力为
这位年迈的艺术家获得了一笔丰厚的佣金，在递交请愿书后仅几个月， 188
戈雅就被要求在一座教堂的穹顶和半圆后殿上绘制湿壁画，这座新落成的圣安东尼-德拉-弗罗里达隐修院位于马德里郊区。

在18世纪，品味和赞助性质上的变化使欧洲的世俗绘画和宗教绘画之间出现了明显分野，世俗题材的绘画开始崭露头角。然而，在以罗马天主教为主的地区，如德国南部、意大利和西班牙，教堂建筑和装饰仍受到热烈追捧。1789年后，法国的大革命实际上使法国的教会艺术停止了发展，而在英国，大多数画家都在为富有的私人赞助者提供肖像和风景画。即使在罗马，新古典主义对古代题材的热情也体现在了如门斯这样的艺术家身上，他在来到西班牙之前曾在那里为阿尔巴尼红衣主教

图119（对页）
阿尔巴女公爵肖像
1797年
布上油彩
201.2cm×149.3cm
美国西班牙协会博物馆，纽约

效力，吸引了公众对异教而非宗教主题的关注。

然而在西班牙，教会艺术仍然是城市和地方艺术家在专业上的主要投入方向。戈雅的宗教画在风格和内容上变化众多，可能不如他的世俗作品那么出名，但在圣安东尼-德拉-弗罗里达，他执行了整个职业生涯中最独立的项目之一。教会似乎没有强加给他任何图像上的限制，他以非凡的速度和独创性完成了整个装饰方案，实现了一件富有表现力的新奇杰作。

圣安东尼-德拉-弗罗里达隐修院坐落在曼萨纳雷斯河（River Manzanares）畔，最初是当地的一处圣地，海关官员和洗衣女工时常光顾，这些人在夏日闲情中的如画身影曾出现在戈雅的早期挂毯底图中。在西班牙语中，“manzana”一词意为“苹果”，而河边这片肥沃地区产出的苹果至今仍是当地酿造苹果酒的来源。当西班牙宫廷精英在这片令人向往的地区购置房产时，为了拓宽道路，古老的神殿遭到拆除。阿尔巴女公爵、国王卡洛斯四世、玛丽亚·路易莎和曼努埃尔·戈多伊纷纷购入教堂周围的土地，到 18 世纪 90 年代，那里已成为一个为他们所独享的
189 住宅区。在戈雅于 1788 年所绘圣伊西德罗节的草图中，可以瞥见河对岸的部分地区（见图 93）。1792 年，宫廷建筑师费利佩·丰塔纳设计了一座新的新古典主义教堂，其形状为希腊十字形，十字臂较短并带有一个半圆形后殿（图 120）。小型穹顶在内部结构中占据主导地位，这里以及后殿的拱顶便是戈雅绘制湿壁画的地方（图 121）。

尽管 1780—1781 年在萨拉戈萨的皮拉尔圣母大教堂遭遇过痛苦的职业挫折，但戈雅在公共建筑和教堂方面已成为一名才华横溢的画家。室内装饰的挑战显然让他着迷，因为即使到了晚年，他也要用大型壁画来装饰自己的房子（见第八章）。要想营造一个绘画和建筑相得益彰的室内环境，这就需要具备文艺复兴时期和巴洛克时期最杰出画家所达到的那种技艺水平。

小礼拜堂的宗教功能仍然是人们关注的焦点，然而在 1798 年 7 月，卡洛斯四世从教皇本笃十四世那里获得一份指示，将这座小教堂并入帕拉廷小礼拜堂的独立教区，由宫廷神父和陆军第一神父管理。这种实际上将教堂并入王室的做法，使该建筑成为风靡一时的宫廷礼拜中心，并

赋予其与生俱来的独立性，而戈雅匠心独具的装饰也与之相匹配。早在1798年6月，他就已经订购了大量浅色和深色赭石、朱砂、红土、威尼斯棕土、黑土和绿泥等颜料。他还要求提供18个大陶罐和一卷尺寸适中的纸。同月晚些时候他要求有更多的红土和赭石，到了7月他要了五打大型画笔、一打细毛画笔、各种其他尺寸的画笔以及四磅重的胶水。7月下旬又加了份订单，要了更多的赭石、优质深红、红土颜料，以及更多纸张、更多黄色、更多画笔和一些海绵。8月，他要求购买象牙墨，还有更多的锅和盆，供他的助手研磨颜色，以及一些深色调的颜色：靛蓝、象牙墨、莫利纳蓝和伦敦胭脂红（这似乎是最昂贵的红色颜料之一）。接下来是獾毛画笔，以及炭黑和绯红色淀。所有这些物品都被店 192
主列在了他提交给宫廷的账单上。戈雅还向卡洛斯四世收取了租用马车的租金，用于接送他往返教堂。

戈雅在1798年夏季的开支清单被保存在马德里王宫的档案室中。这些揭示了除了绘画任务本身，在规划这样一个委托项目时所涉及的大量工作。虽然圣安东尼-德拉-弗罗里达隐修院的穹顶直径只有5.8米，但对于一个52岁还全聋了的人来说，在大概只有一名助手的情况下，要完成这一工作所付出的体力劳动是惊人的。商人的账单上没有提到脚手架，而戈雅肯定需要脚手架才能爬上穹顶，不过这脚手架一定非常坚固，因为这幅壁画是以充沛的精力创作的，通过技术层面的仔细查验，可以看出艺术家所使用的方法突破了正统，而且投入了极高的创作热情。

在离地面9.1米高的天花板上作画，是一项相当累人甚至充满风险的工作。在一首著名的十四行诗中，米开朗基罗（1475—1564年）列举出他为了完成罗马西斯廷礼拜堂天花板上那件伟大壁画而经历的磨难。戈雅在圣安东尼-德拉-弗罗里达隐修院的小穹顶远没有那么大的名气，但它也同样体现出了文艺复兴鼎盛时期艺术家的充沛精力、独立自主和献身精神。这也是一种独特又大胆的做法，按照18世纪的标准，该做法正在成为一种不合时宜的绘画方法。

湿壁画的绘制通常需要一个由大师和助手组成的团队通力合作，所有的工作都是基于事先准备好的草图和底图。18世纪最著名的壁画艺术

图 120—121

圣安东尼-德拉-弗罗里达隐修院，马德里

上：外观

右：内部一览，展示穹顶壁画

《帕多瓦的圣安东尼之神迹》

1798 年

图 122（对页）
阿森西奥·胡利亚肖像
约 1798 年
布上油彩
54.5cm × 41cm
提森-博内米萨博物馆，
马德里

实践者是威尼斯画家詹巴蒂斯塔·蒂耶波洛，他曾在意大利北部和德国南部装饰过私人住宅和公共建筑，后来到马德里为新王宫的王座室作画（见图 14）。戈雅非常了解并欣赏蒂耶波洛的作品，甚至还收藏了这位意大利大师的草图稿件。作为一个在 18 世纪 60 年代前往马德里参加学院竞赛的年轻学生，他很可能像当时许多艺术学生一样，爬上过王宫的脚
193 手架，以观看蒂耶波洛的工作。然而，戈雅何时学会了这种技法并不为人所知，他最早在萨拉戈萨创作的湿壁画也暴露出一些缺陷。正如没有证据表明他接受过任何正式的版画训练一样，他的湿壁画技能似乎也是靠经验获得的。

圣安东尼-德拉-弗罗里达隐修院的这项工作何其艰巨，戈雅不得不向国王请求再支付一名助手的薪水："要想我完成陛下委托给我的工作，那他的协助就是必要的。"戈雅当时的主要助手和学生是阿森西奥·胡利亚（1767—1830 年），这位巴伦西亚年轻人被称为"小渔夫"，因为他来自一个捕鱼家庭。戈雅曾为这位名不见经传的艺术家画过一幅肖像画（图 122），画上的他在一个重要的公共委托项目现场，穿着长及脚踝的画家工作服，在脚手架和木板的衬托下显得很矮小，脚边放着各种画笔和一个调色罐。通过这幅肖像，戈雅向人们展示了壁画家所面临的艰巨任务。

戈雅采用了传统的方式，将人物围绕在一个虚幻的栏杆周围，并在上方画上蓝天，在湿壁画中创造了穹顶本身是开放的错觉。这是文艺复兴时期意大利北部艺术家的一项发明，而戈雅湿壁画中奢华的用色和异国情调的肖像则在很大程度上归功于威尼斯装饰艺术，但这种风格的发展已远远超出了其最初的影响。大量温暖、明亮的色调丰富了人物的生动形象，戈雅用湿灰泥进行的非正统即兴创作（与通常湿壁画中采用的那种精心策划的设计形成对比）源于沉重又单调的笔触和色彩的交融，从远处看，这些颜色融合在一起，形成了丝绸、缎子、布料和肌肤的印象。

戈雅在壁画上来势汹汹的点画、轻抹和条纹都让人吃惊。他像大多数文艺复兴时期的画家一样，通过在干灰泥上作画来完成细节；整个主题，从乡村的背景到服装和五官上的小细节，都经过了极其细致的规

Goya a su

划，以适应现场的要求。到了18世纪90年代，绘制涉及大量人群的构
194 图已成为戈雅的特殊创作激情之一；即使是小型锡板画也描绘了群像主题，例如《疯人院的院子》（见图96）、《火》（*The Fire*）和《监狱场景》（*Prison Scene*）。这位艺术家最好的一些宗教画都是以人群为基础的场景，例如为托莱多大主教画的《基督被捕》，1799年被送到托莱多大教堂的圣器收藏室。戈雅在圣安东尼-德拉-弗罗里达隐修院中描绘的故事是一个关于圣人的流行故事，他的演说吸引了广大的人群——作为一个类似于巫师的传教士，以及天主教历中最著名的人物之一，这就是葡萄牙圣人，帕多瓦的安东尼。

这位13世纪的方济各会士离开葡萄牙前往意大利，在那里他以激动人心的露天布道而闻名。他的表现令他极受追捧，据传但凡遇到他布道，商店就大门紧闭，办公室暂停一切业务，甚至惯犯也被送去招供。作为一个不同寻常而又受人崇拜的人物，他总是与乞丐和贫苦农民站在一起，并作为无依无靠者、有罪之人和离经叛道者的代祷者而格外受到尊重。圣安东尼生活中的这一面似乎吸引了戈雅，尽管神圣传教士的魔力也是西班牙文学中一个流行的主题。

就像曾试图拯救垂死之人的圣弗朗西斯·博尔贾（见图56、图57）一样，帕多瓦的圣安东尼的故事也围绕着死亡的存在而展开，但在这里，一具复活的尸体扮演了主要角色。圣安东尼被认为创造过许多神迹，但他在这一情节中的表现来自流行的宗教小说。据说，当得知他的父亲被错误指控为谋杀犯时，圣安东尼据说从意大利飞到了他的家乡葡萄牙。故事的高潮发生在里斯本的一个法庭上，当着法官和证人的面，圣人让受害者活了过来，这样就可以找出真正的凶手。戈雅选择绘制这一戏剧性的复活时刻，但对背景进行了调整。神迹并非发生在13世纪的葡萄牙法庭上，而是发生在一片山地风景中，与大自然的美景对比鲜明的是，挤在一起的证人形成了一个鱼龙混杂的群体，他们身体上的缺陷和缺点在明媚的阳光下凸显出来。一些人穿着现代服装；另一些人，
196 特别是妇女，则打扮得充满异国情调，身上是东方风格、色彩艳丽的布料和珠宝。许多人长相丑陋，脸孔又圆又扁，眼睛上有斑点或阴影，表情狰狞。一个人长着乱糟糟的牙齿，另一个人有着乱蓬蓬的白发；还有

一些看起来几乎不像是人类。尸体被周围的人扶着站了起来，他憔悴的黄绿色皮肤、大大的耳朵和修剪得极短的头发，其身体状态类似好奇的孩子那种发育不良的头和身体。更多带着掠夺性的男性、诱人的女性、流浪者以及一个拄着拐杖的盲人乞丐构成了这个虚构乡村中的居民。

在穹隅和拱顶上，戈雅画了许多欢乐的天使。这部分是为了区分两个截然不同的世界——神圣的和世俗的，尽管天使被设置在穹顶之下，因此更接近现实世界。圣安东尼本人是一个宁静的年轻人，他的灵光传达出他的灵性和理性的优越性，但与原故事的主要偏离在于许多证人对神迹置之不理，采取了轻描淡写的态度。一个戴着大帽子的人居然转身走了。对于谁是真正的凶手，人们有很多猜测。事实上，戈雅似乎在暗 197
示，在他的壁画中，除了圣人和尸体之外，几乎任何人都有可能犯下这一罪行。人群中的一些人似乎公开表示敌意，孩子们对他的神迹才能表现出的更多的是好奇而非崇敬，尽管圣安东尼的美德、口才和神迹表现影响了普通人。

在 18 世纪，欧洲其他国家的艺术家也曾研究类似的主题：例如在英国，荷加斯画过在选举现场的人群、剧院里的观众，或作为神迹的见证人团体。为伦敦圣巴多罗买医院创作的《毕士大池》（*The Pool of Bethesda*）展示了基督站在一群目击者中间，他们的平凡让更多教条主义的旁观者感到惊讶。在西班牙，任何公共的场景——盛装舞步表演、加冕仪式或王室的登船仪式，就像帕雷特或安东尼奥·乔利（见图 24）所画的那样——都含有以小幅面设计的各种人物。然而在革命时期的法国，对人群的描绘尤其发生了变化，政治版画和现代历史画都展示了大众群体的力量，宣告了社会和政治的剧烈动荡。1789 年 6 月所谓的“网球场宣誓”，次月攻占巴士底狱，以及后来的拿破仑加冕（图 123），都是涉及众多目击者和参与者的重大历史事件，大卫和他的学生们绘制革命场景图像时，在构图中使用大量人群作为一种表明事件重要性的手段。与大卫不同的是，戈雅笔下的芸芸众生都是无名粗俗之人，而且往往表现得很野蛮。在《狂想曲》以及众多私人作品中，甚至在一幅宗教湿壁画中，戈雅暴露了他对设计出离经叛道人物的迷恋，观看圣安东尼那怪异神迹的人群，看起来就像一群《狂想曲》中的人物被汇集到同一

图 123
皇帝皇后加冕大典
雅克-路易·大卫
1805—1807 年
布上油彩
621cm × 979cm
卢浮宫博物馆，巴黎

个画面之中。

圣安东尼-德拉-弗罗里达隐修院于 1799 年 7 月举办了祝圣仪式，此时距离湿壁画完成已近一年，《狂想曲》也已出版约五个月。当时人们对这些画作的反应并未留下记录，但国王和王后一定很满意，因为三个月后，也就是 10 月，戈雅被提升为首席宫廷画家，不仅获得了固定
198 工资，还获得了额外的 5500 雷亚尔以抵消马车的费用。至于教堂本身，如今是戈雅坟墓的所在地，已经成为那些欣赏其艺术之人的朝圣之地，也许恰当的说法是，这幅湿壁画标志着艺术家在描绘有权势的人物形象时发生了深刻的变化。

在霍维亚诺斯勉为其难地接受部长大任时，梅伦德斯·巴尔德斯曾向他表示过敬意（见第四章），这反映了欧洲人的一种普遍看法，即物质上的伟大体现在德行上。在戈雅 1797 年为梅伦德斯·巴尔德斯画的肖像（见图 63）中，他的脸上布满了天花留下的疤痕，保留了门斯在卡洛斯三世肖像中所展现的具有人文精神、始终如一的现实主义，为权力和野心下的伟人形象提供了另一种道德上的纠正。戈雅对宫廷和王室的付出，包括为宫廷藏品编制清单、在皇家学院任教以及为不同场合提供国家肖像，都满足了艺术家的物质野心。但他在西班牙艺术界无上的地位也与人们对革命民众的广泛认识相一致，而这些暴民的行动方式只能由千钧一发的情境和具有罕见个人魅力的个体所控制或激发。在世纪之交，拿破仑·波拿巴的横空出世为公共生活中的权势地位确立了一种全新范式。

在西班牙，这一时期最具魅力的掌权人物是曼努埃尔·戈多伊。始于 1793 年的对法战争以 1795 年的《巴塞尔条约》告终，使这位年轻的近卫军军官由此在公众间崭露头角。他出身于一个小贵族家庭，18 世纪 80 年代见证了他从默默无闻到声名鹊起。1793 年，他被任命为陆军元帅，1795 年被授予“和平王子”称号，年收入达 100 万雷亚尔，并拥有大片地产。与戈雅的许多赞助人一样，戈多伊认为自己的地位与西班牙的启蒙现代化密不可分，其中对西班牙文化，特别是美术方面的支持至关重要。这个务实的男人也成了一个实业家，在娶了堂·路易斯亲王的女儿之后，他继承了亲王的大部分财产和艺术收藏。戈多伊是许多当代艺术家的赞助人，他担任了皇家学院的保护人，这是他在回忆录中 199
特别自豪的一点。他的事业如日中天，这得益于他与卡洛斯四世和玛丽亚·路易莎深厚的个人友谊，但他缺乏政治生存的本能。1798 年 8 月，正当戈雅开始创作他在圣安东尼-德拉-弗罗里达隐修院的湿壁画时，霍维亚诺斯从政府辞职，戈多伊随后试图在西班牙推行进步改革，这使他极不受欢迎，引发了一场关于他与王室关系的恶意影射风暴。在这种困境中，内忧外患的王室和他们最喜爱的大臣可能再次把目光投向了法国，在那里，现代史上最有权势的人已崭露头角。

1797 年，拿破仑·波拿巴将军成为法国新共和政府即督政府的统治者，他于 1799 年 11 月发动了政变。这位英雄对广大军民的控制力远超戈多伊，他象征着人类力量的巅峰，这种力量导向了其个人膨胀的权力基础。戈雅显然对权力的描绘很感兴趣，而且他不像许多同时代的人将正式肖像的细节委托给助手，他会花很长时间进行第一手观察。他作为最高级肖像画家的声誉不断提高，这不仅加强了他的国际地位，也加强

图 124
费迪南 · 吉耶马尔代肖像
1798 年
布上油彩
186cm × 124cm
卢浮宫博物馆，巴黎

了他在西班牙的地位，1798 年，他为新任法国大使费迪南 · 吉耶马尔代（图 124）画了肖像画，吉耶马尔代过去是名医生，也是国民公会一员，曾投票赞成处死路易十六。戈雅这幅肖像画中所表现出的现代性，与他首位外国被画者那令人敬畏的个性相匹配。这幅肖像画色彩明亮，采用了三色旗的配色，而当画中人于 1800 年回到法国时，这幅画引起了法国画家的兴趣。后来，吉耶马尔代儿子的朋友、伟大的法国浪漫主义画家欧仁 · 德拉克洛瓦（1798—1863 年）也受此影响。

与法国停止敌对行动的结果是，西班牙与其革命邻国建立了新的联
盟。1799 年，欧洲最著名的绝对权力形象问世，由大卫绘制，打着拿破
200 仑“在烈马上镇定自若”的名号（图 125）。凭借这幅令人难忘的画作，
这位法国画家创造了 19 世纪早期最伟大的世俗偶像。拿破仑在征服意
大利的途中穿越圣伯纳隘口，追随了汉尼拔和查理曼的足迹，大卫的这
一拿破仑英雄形象也出现在众多雕版画作品中。拿破仑画像的力量恰好

图 125
拿破仑跨越圣伯纳隘口
雅克-路易·大卫
1800 年
布上油彩
260cm × 221cm
凡尔赛宫国家博物馆

与戈雅对绘画风格的拓宽相吻合，而戈雅的绘画风格在西班牙波旁王朝倒台前的那几年里得到了充分的发挥。在创作了圣安东尼-德拉-弗罗里达隐修院湿壁画之后，戈雅与西班牙王室的职业关系达到了顶峰；他以一种大无畏的胆识为他们创作出了正式肖像画的杰作。虽然法国大革命和法国波旁王朝的垮台无疑在西班牙波旁王朝中引发了恐惧，但在他们的肖像画中几乎看不到这种迹象，除了加强个人的存在感和更多关注他们的人性之外。

大卫重新诠释了骑马肖像，认为它代表着绝对的权力，他那幅拿 201
破仑穿越阿尔卑斯山画作的恶名或许可以解释为什么这种肖像在 19 世纪早期的欧洲变得如此普遍。然而，伟大的国家级人物骑在马背上的绘画传统早在 16 世纪由提香建立，并在 17 世纪由安东尼·凡·代克（1599—1641 年）和委拉斯凯兹加以巩固。戈雅已经对委拉斯凯兹的作品制作过蚀刻版画，他因而很适合为曼努埃尔·戈多伊设计骑马的肖像。作为一个颇具天赋的骑手，戈多伊和许多西班牙人一样，不仅把骑术看作是对体能和勇气的考验，也看作是等级的标志。在 18 世纪 70 年代，帕雷特曾描绘整个王室参加复杂的马术表演，卡洛斯四世和他的妻子都是出了名地醉心骑术。戈雅在一封信中承认，骑马肖像是一个画家最难完成的任务之一。

普鲁士大使记录下了戈多伊对马的酷爱：

> 他起得很早，与他的马官还有家里人聊上一会儿。到了 8 点，他在城外府邸里的跑道上骑马，王后与他在那里会合，她是去看他骑马的。这项娱乐活动一直持续到 11 点。国王也会参与其中，如果他能及时从猎场回来的话。

戈雅为戈多伊绘制的骑马肖像可以追溯到 18 世纪 90 年代上半叶，但至今仍未为人所知；唯一已知的作品是一幅真实性存疑的草图，以及一幅骑在马上的斗牛士肖像，这些都可能曾经带有“和平王子”的头像。出于政治原因，戈雅的戈多伊画像在半岛战争期间大部分遭到损毁或遗失，尽管戈多伊在战场上的全身画像仍保存在马德里学院（见图 64）。
203 但戈多伊的影响力体现在戈雅为国王和王后所绘的两幅骑术肖像中。一张描绘了两位骑手的草图（图 126）显示了王后和一位骑马的同伴，后者最近被确认为戈多伊本人。戈雅可能曾被要求绘制双人骑马肖像，但他最终完成的是两幅令人印象深刻的西班牙王室个人肖像（图 127、图 128）。

1799 年 9 月，玛丽亚·路易莎王后写信给戈多伊，信中讲述了她为骑马肖像摆姿势所耗费的时间：“为了让戈雅可以继续作画，我花了两个半小时站在一个抬高了五六级台阶的底座上，我戴着帽子，打着领结，穿着布裙。”随后的信件中持续非正式记录下了这位有权势的女性如何顺从戈雅的要求，其中描述了她在长时间静坐之后的疲惫状态。这些都是在国王的寝宫里进行的，因为戈雅显然认为这里的空间比例合适，而且在他专注于工作的时候，这里也不太可能受到干扰。他对成功创作的关注显然是热切的。王后将整个事件描述为“折磨”，但这一特定作品的重要性超过了其他考虑。

玛丽亚·路易莎骑马肖像的红外线照片显示，画面背景和主体人物的轮廓曾进行过不少修改。艺术家在一个山雨欲来、黑云压城的背景下设计了一个强势的侧影，其中包括一处王家宫殿，可能是埃斯科里亚尔宫。在卡洛斯四世的同款肖像中，也出现了类似的、几乎是雕塑般的坚固感。国王的右边肩膀和玛丽亚·路易莎帽子周围的轮廓被大量修改，但在戈雅这两幅画中落笔都特别活跃。

类似的笔法在更亲密的人物肖像上也很明显，比如在他的朋友塞巴斯蒂安·马丁内斯（见图 74）的画像中，而且使霍维亚诺斯的肖像更为生动（见图 61、图 62）。国王和王后的骑马肖像在很大程度上得益于委拉斯凯兹在上个世纪为哈布斯堡王室所作肖像，这可能是出于政治原因

图 126
双人骑马肖像习作
1799—1800 年
铅笔、画笔、乌贼墨 / 深棕色颜料
24cm × 20.6cm
大英博物馆，伦敦

图 127

马背上的卡洛斯四世

1800—1801 年

布上油彩

305cm × 279cm

普拉多博物馆，马德里

图 128

马背上的玛丽亚·路易莎

1799 年

布上油彩

335cm × 279cm

普拉多博物馆，马德里

而做出的绘画决定。在 17 世纪黄金时代，统治西班牙的君主们站在一个强大国家的顶端，卡洛斯四世则领导着一个风雨飘摇、日益式微的政
206 府。他那令人印象深刻的骑马肖像直接反映了过往的传统和君主的统治地位，而王后微微侧头时多少带着几分趾高气昂的感觉。

作为一个颇有天赋的业余艺术家，王后对戈雅在肖像艺术这一高层次分支中的技术大胆表现出了浓厚兴趣。她甚至对马的描绘感到满意，曼努埃尔·戈多伊送给她这匹名为马西亚（Marcial）的马，格外受宠。这两幅骑马的肖像画一直是成对展出的，在 1819 年马德里的普拉多博物馆首次作为国家博物馆对外开放时，戈雅仅有三幅作品向公众展出，这两幅便在其中。它们通过色彩的运用、低矮的视角和国王微微转身的方式联系在一起，仿佛国王在带领他的妻子。两个人物之间的情感交流打破了图像刻板僵硬的形式。除了强大的一面，这些高高在上的人物会让自己呈现出人性脆弱的一面，这种方式取代了一种更为自然和遥远的权力形象，而那种形象在欧洲的国家肖像画中占了很大比重。

历史上最伟大的两幅国家肖像画都是在 19 世纪初拿破仑时代创作的：其一是大卫所画的加冕场景（见图 123），其中约瑟芬皇后被她的丈夫拿破仑加冕，其二便是戈雅的卡洛斯四世家族群像（图 129）。这两幅作品是在五年之内相继完成的，同为肖像画，它们却有着天壤之别。两幅作品都被赋予了深刻的政治含义，在这个意义上，它们也是直接对立的。大卫描绘了法兰西第一帝国的诞生，而面对一个即将在七年后（即 1808 年）分崩离析的王室，戈雅为其最后那几年留下了不朽的回忆。

在艺术上，大卫面对的是一个更为苛刻的委托。画中人物的身份、特定的氛围感和仪式感对画面来说都是至关重要的。一场闪耀夺目却毫无人性的景象，展示着绝对权力被非法僭取的一幕。某些细节，比如贴在约瑟芬脸颊上的耳环、僵硬正装上的皱褶、脸庞上的阴影、不远处一个家庭团体中拿破仑母亲（尽管她实际上并未出席加冕仪式）所流露出
207 的骄傲，都有助于缓解这一场景的冷酷形式。而戈雅的这幅肖像画本质上是为了展示王室作为一个家庭的形象：深情而团结。尽管如此，大多数家庭成员在 19 世纪初欧洲的塑造过程中发挥了作用。

我们看到在最左边的是国王的次子堂·卡洛斯·马里亚·伊西德

罗王子，后来在 19 世纪 30 年代初的继承权斗争中，他领导了反对自己哥哥的卡洛斯派运动（Carlist movement）。未来的费尔南多七世当时只有 17 岁，在 1808 年迫使他父亲卡洛斯四世退位后继承了王位，成为现代西班牙最糟糕的国王之一。画着时髦黑斑的老妇人是国王的姐姐、卡洛斯三世的女儿堂娜・玛丽亚・何塞法，她在 1801 年肖像画完成之前就去世了。有位神秘的年轻女子脸部从观众面前转开，笼罩在黑暗之中，她代表了王储的未来新娘，她的身份当时还不为人所知，因为尚未做好婚姻安排。她让人想起了《狂想曲》图版 2 号中的新娘形象（见图 104）。在她旁边的是国王的一个小女儿玛丽亚・伊莎贝拉公主，她成了两西西里国王弗朗切斯科一世的妻子。这群人中最令人肃然起敬的人物是当时已年届 50 的王后玛丽亚・路易莎。她的礼服上缀有金色和群青色图纹，她那秀美的手臂伸向她最年幼的孩子们，特别是小王子弗朗西斯科・德・保拉・安东尼奥，他出生于 1794 年，当时宫廷外交界盛传王后与曼努埃尔・戈多伊曲款暗通。时年 53 岁的国王同样衣着华贵，此时正处于其统治时期的最后几年。和妻子一样，他在意大利流亡了 11 年，后于 1819 年去世。这群人中的其他成员包括国王的弟弟和曾经的女婿堂・安东尼奥・帕斯夸尔亲王，以及国王的长女、葡萄牙国王若昂六世的妻子堂娜・卡洛塔・华金纳公主。站在王室夫妇身后的年轻人是该家族帕尔马旁支的继承人堂・路易斯・德・波旁。站在他旁边的妻子是卡洛斯四世排名居中的女儿堂娜玛丽亚・路易莎・何塞菲娜。她手中抱着的是他们的儿子，最终成为帕尔马公爵的堂・卡洛斯・路易斯。

这些人物大多是在先以非常详细的肖像草图成品形式画出来的（图 210
130），现在这些草图就挂在这件大尺幅的成品肖像群旁边。玛丽亚・路易莎王后似乎对这些草图的欣赏不亚于主图，也许是因为它们揭示了戈雅是如何在备好的画布上涂抹颜色的。艺术家将自己置于背景中，这也是对《宫娥》（见图 50）另一种绘画上的致敬，王后所占据的主导地位则呼应了与委拉斯凯兹画作中前景中小公主的姿势。

王后非常喜欢戈雅的这幅肖像画，国王授权他的财务部长向艺术家支付大笔款项以购买绘画材料。单说颜料费用，按照当时货币换算就达到了几百英镑。在卡洛斯四世的统治下，戈雅在商业谈判中获得了相当

图 129
卡洛斯四世一家
1800—1801 年
布上油彩
280cm × 336cm
普拉多博物馆，马德里

大的自由度，并且通过在群像画上的宏伟成就而积累了大量的材料。大卫花费了不少功夫，才在从拿破仑那里得到他为其加冕礼杰作所要求的一大笔费用。这也许就是一个古老的、有教养的君主政体，和一个新兴的、有侵略性的、鲜有传统的独裁国家，在赞助方面所体现出的区别。拿破仑对艺术的赞助将艺术活动组织成类似于军事机器的模式，西班牙君主则追求与艺术家建立起更含蓄也更亲密的关系。戈雅的群像作品强调了一个家庭的亲密关系以及继承权，而在大卫的《皇帝皇后加冕大典》（见图 123）中，为约瑟芬加冕成为皇后的是拿破仑本人，而不是教皇庇护七世。在戈雅的画像中，国王和王后或许在构图中占主导地位，但他们也是作为脆弱的凡人站在那里，而作为权力来源的是这个群体，并非其中任何个体。

画像中的亲密关系反映出画中人生活中近乎乱伦的现实状况。表亲、叔伯侄女之间的通婚在西班牙贵族中甚至比西班牙乡村中更为普遍，其目的是维护家族内的地位和财富。波旁家族可以追溯到 10 世纪
212 的法国波旁主系家族，这个显赫家族的各大分支曾先后统治过法国、意大利的帕尔马和那不勒斯以及西班牙。波旁家族还因其对教育和艺术的赞助而闻名，这一传统与他们的继承权同样重要。在 1802 年，也就是戈雅完成这幅令人印象深刻的群像画一年之后，另一位著名的西班牙艺术家维森特·洛佩兹-波塔纳（1772—1850 年；图 131）也描绘了同一群人。

他的这幅画是为了纪念王室成员对巴伦西亚大学的访问，这在很大程度上是一幅“历史”画，而不是纯粹的群像画。王储、他的两个弟弟，以及国王和王后，都是作为有识的赞助人形象出现的。这些具有象征意义的人物代表了大学里承蒙密涅瓦福庇的各个院系，智慧女神正接受代表和平与胜利的人像为之加冕。这样的形象符合 18 世纪末描绘进步和开明君主的时尚潮流。和平形象的重要性暗示了曼努埃尔·戈多伊的成就，他在 1801 年结束的“橘子战争”后与葡萄牙缔结了和平。

戈雅为波旁家族所作的画像中没有提到战争或和平。但他自己对这场大捷的纪念出现在了为戈多伊所绘的战场全身像中（见图 64），后者在画中展示了缴获的葡萄牙旗帜。在他掌权的最后几年里，这位首相受到了四面八方的批评，甚至是出自王储费尔南多。讽刺性的印刷品攻击了

图 130
《卡洛斯 · 马里亚 · 伊西德罗王子》草图
1800 年
布上油彩
76cm × 60cm
普拉多博物馆，马德里

图 131
卡洛斯四世和家人访问巴伦西亚大学的纪念肖像
维森特 · 洛佩兹-波塔纳
1802 年
布上油彩
348cm × 249cm
普拉多博物馆，马德里

国王、王后以及戈多伊的政府。戈雅将为这位遭人憎恨的首相提供艺术作品，用象征其热情和成就的寓言来装饰戈多伊在马德里市中心的巨大宫殿。从这个意义上说，戈多伊成了一个特别重要的赞助人，尽管如今他之所以被人们记住，主要是作为购入了戈雅《裸体的马哈》（*The Nude Maja*，图 132）和《着衣的马哈》（*The Clothed Maja*，图 133）的收藏家。

这两幅著名作品已成为戈雅生活和艺术的象征，其地位几乎与他另一对著名的“双子”画作《1808 年 5 月 2 日》（*The Second of May 1808*，见图 164）和《1808 年 5 月 3 日》（*The Third of May 1808*，见图 165）平起平坐。这两幅画可以追溯到艺术家创作《狂想曲》之后的那段生活时期，当时的他一如既往在个人画作中剖析着年轻女性的性自由和感官魅
213 力。但就主题而言，这些画作可能起源于 17 世纪。1680 年，卡洛斯二世的宫廷艺术家胡安・卡雷尼奥・德・米兰达画了两幅令人惊艳的装饰性油画，画的是一个超重的女性侏儒“怪物”（La Monstrua），既有裸体的（图 134），也有着衣的（图 135）。根据当时的说法，“怪物”出生在布尔戈斯附近，在卡雷尼奥画她的同一年来到了西班牙宫廷。她的真名是欧亨尼娅・马丁内斯・巴耶霍，其肖像画是由国王委托的，国王为她提供了在“穿衣”画中所穿的红、白、金三色的华美连衣裙。六岁时，她的体重就超过了两名成年女性，而且发育得过早。在裸体画中，她被赋予了古典酒神巴库斯的身份，可能是为了用一种体面的神话伪装来掩饰她的裸体。

戈雅几乎肯定知道这两幅画，因为这两幅画是王室收藏品，而他作为宫廷艺术家可以经常接触到这些藏品（在 1801 年，这两幅画出现在一个王室宫殿的清单上）。西班牙人对畸形人形象的癖好素有传统，戈雅本人也在《狂想曲》中加入了侏儒，但他的两幅“马哈”并未带有这种怪异的特质。传统的说法是，斜倚着的这个人物可能是阿尔巴女公爵的画像，但这一说法无法得到证实，因为女公爵的画像显示出她的脸部与之完全不同。马哈的脸更接近于戈雅在 18 世纪 90 年代画中那个提起裙摆的尖鼻子女人（见图 98），这个放荡无礼、作风不正的女人栖息在戈雅艺术的下层社会中，可以被视为邪恶的塞莱斯蒂娜的女伴。在这两幅奇妙的画作中，她不是什么女性怪物，但她巧妙地保留了与下层社会的联结。

在 18 世纪的西班牙，对女性裸体绘画的审查一直是个难题。只有门斯曾阻止卡洛斯三世焚毁王室收藏的几十幅裸体画。卡洛斯四世也曾希望点上一把火，但也同样遭到挫败。在文学、绘画和服饰领域，法国的时尚影响越来越大，王室在这方面所秉持的古板风气也随之受到冲击。在阿尔巴女公爵的庄园逗留期间，戈雅便曾画过裸体和穿衣的女 220
人，而他在画着衣的马哈时一如既往对其脸部加入了精心的细节，在她的眼部和眉毛上涂抹了胭脂、扑面粉和眼影，而让裸体的马哈脸色苍白。着衣的马哈穿上了土耳其长裤、绣花马甲和金色的土耳其拖鞋。在 18 世纪晚期的英国和法国，这样的装束加上缎面床罩，是土耳其风格肖像画的标准搭配。1777 年，一位时尚记者在《时尚杂志》上写道："我们的女士们非常偏爱波斯和土耳其风格的服饰。"类似的东方风格人像在 19 世纪早期进入法国画坛，比如流行的裸体"宫女"（Odalisque）形象，描绘此类肖像的佼佼者是大卫的学生让-奥古斯特-多米尼克·安格尔（1780—1867 年）。

与《着衣的马哈》中橙黄、亮金、猩红、乌黑的色调不同，《裸体的马哈》沉浸在一片珠灰、粉红、淡绿、嫩蓝、缎白的色调之中。画中场景设置和人物身体结构都带有做作不真实的特性，将人物从现实世界中彻底隔绝开来，就像着衣的马哈被其土耳其服饰而与现实世界相去甚远一样。曼努埃尔·戈多伊想必很高兴看到戈雅艺术中有如此时尚雅致的景象。无论他是否打算创建一个专门陈列撩人图画的私人展柜，以供他在闲暇时欣赏，他对这些主题的热情堪比塞巴斯蒂安·马丁内斯，后者委托戈雅在他家的镶板门上画熟睡的女孩。随着西班牙和法国在政治和文化上的同盟关系越来越紧密，那些不正当题材的传播也似乎越来越多，而戈雅那些公共和私人赞助者所委托的不同类型作品则彰显这位艺术家非凡的多面性。

艺术家年近花甲之际仍处在正式工作的压力之下，尽管在完成了卡洛斯四世的家庭肖像（见图 129）后，他便没有再为国王执行过大型委托作品。两幅"马哈"的所具有的迷人魅力折射出艺术界对那些华丽的受委托沙龙作品的反思与回应，而戈雅也并未停止为离经叛道者和社会边缘人作画。即使是那些使贵族名垂千古的公开肖像画，有时也像是一

图 132
裸体的马哈

约 1798—1800 年
布上油彩
97cm × 190cm
普拉多博物馆，马德里

图 133
着衣的马哈

约 1798—1800 年
布上油彩
95cm × 190cm
普拉多博物馆，马德里

图 134

裸身的“怪物”

胡安 · 卡雷尼奥 · 德 · 米兰达

1680 年

布上油彩

165cm × 108cm

普拉多博物馆，马德里

图 135
穿衣的“怪物”
胡安・卡雷尼奥・德・米兰达
1680 年
布上油彩
165cm × 107cm
普拉多博物馆，马德里

221 个收录蒙羞失势者形象的惩戒性图库。戈雅为王室成员群像画准备的草图中，每个人物都被笼罩在浓重的暗色笔触中，这是戈雅成熟风格中具有代表性的背景特征。这种暗黑色是用靛蓝、炭黑和橄榄色等颜料涂抹在标准赤陶底色上所形成的。类似的黑暗也笼罩着他早期的《弗洛里达夫兰卡伯爵肖像》（见图 59），在堂·路易斯王子那幅简朴的家庭画像（见图 66）中更是令人窒息一般的存在，而当戈雅转向他最后 30 年更为阴森可怖的主题时，这种黑暗将变得愈发无所不在。

1802 年，阿尔巴女公爵去世。一幅画显示，戈雅曾试图为她设计一个坟墓，上面展示的是一个女人的雕像，由披戴斗篷和兜帽的随从支撑着，就像古典石棺上的送葬者。在他为女公爵画的最后一幅肖像中（见图 119），她并没有被黑暗围裹着，而是穿着黑色的衣服，这是对她寡妇身份的尊重。然而，她的哀悼戒指上刻着“戈雅”和“阿尔巴”字样，她手指着脚下的沙地，地上刻着“唯有戈雅”（Solo Goya）这句简明标语。无论他们之间的关系究竟如何，戈雅显然被这位美丽的女人打动了，在至关重要的这些年里，她始终是他的赞助人。女公爵在她的“白色”肖像中呈现出纯洁的形象（见图 72），而 1797 年的“黑色”肖像似乎充满了死亡的意象。

1805 年，戈雅要价最高之时，他画下了自己最具古典风格的肖像，是为美丽的圣克鲁斯侯爵夫人所作（图 136）。这幅作品是对国际流行的希腊风格的一次尝试。圣克鲁斯侯爵夫人会让人想起大卫的雷卡米耶夫人，躺在一张古色古香的沙发上（图 137）。她手里拿着的希腊里拉琴，也让人想起乔舒亚·雷诺兹爵士在 18 世纪 70 年代画的那些女士，她们都扮成忒耳普西科瑞，即主司舞蹈和歌曲的缪斯女神。但侯爵夫人的头上戴有秋天的树叶，唤起了一种死亡的感觉，类似于阿尔巴女公爵的黑色形象。这两个女人似乎都在对观众说话：女公爵的手指带有指向性，脸上则带着挑衅的神情；侯爵夫人则斜倚在沙发上，身体微微扭转，身后是黑色笔触交织成的背景。这里存在着一种在戈雅后来所有艺术
223 作品中都隐含的感觉：光明从未完全驱散黑暗，却只是让黑暗变得更加混沌无彩而又清晰可见。在侯爵夫人那张容光焕发的脸庞背后，悄然弥漫着时间的流逝和生命的脆弱。

图 136
圣克鲁斯侯爵夫人肖像
1805 年
布上油彩
130cm × 210cm
普拉多博物馆，马德里

图 137
朱丽叶 · 雷卡米耶肖像
雅克-路易 · 大卫
1800 年
布上油彩
174cm × 244cm
卢浮宫博物馆，巴黎

作为视觉上的道具，乐器（以及歌手）激发了一系列作品的灵感，与圣克鲁斯侯爵夫人那幅讨人喜欢的肖像截然不同。约创作于 1801 年至 1805 年的《歌与舞》（*Song and dance*，图 138）描绘了一个形容怪异的女人唱着歌升向空中，而她身体下方的同伴似乎要摘下一个邪恶的面具。这一时期的其他速写和版画以声音、音乐和音乐家为主题，创作了类似的漫画。一幅画中有个盲人吉他手被公牛顶伤；另一幅画中，两个丑陋的修士大笑着摔倒在地；还有一幅画中，一个瘦骨嶙峋的女巫准备吃掉一个婴儿，而两个性别不明的古怪人像嘎嘎作响地敲打着手鼓，“开开心心站了起来”（根据戈雅的图释）。在所有这些图像中，艺术家都客观地勾勒出一种令人毛骨悚然的狂迷状态，这与圣安东尼-德拉-弗罗里达隐修院湿壁画中面对神迹的人群所展现出的神情如出一辙。

在 1808 年法国入侵直至随后半岛战争爆发之前那动荡不安的几年中，戈雅投身于创作各种稀奇古怪的画像：疯子、女巫、美女、奇形怪状的恶魔和食人族。暴力、怪诞人物和令人不安的场景，他对这类图像的喜爱超过了对社会评论的道德纠正或政治良知的表达，这通常被归因于他在启蒙运动之后沉迷于弱势群体的奇怪演变。畸形人和病人的形象也出现在他此时的画作中，展现出对社会悲观的认知。然而，戈雅对于潜伏在人类内心兽性的本质的探索，与欧洲其他国家早期浪漫主义艺术家的类似创作旨趣不谋而合。在他的《C 系列画册》（*Album C*）中有幅画题词为“这人亲戚众多，其中有些还算心智健全”，日期大约在 1803—1824 年（图 139），该作品描绘了这个被社会抛弃的疯子，身上裹着件皮毛，留着长长的指甲，眼看着就马上要变成一头野兽。威廉·布莱克在 1795 年创作过一张大型彩色版画，表现了《圣经》中被放逐的尼
226 布甲尼撒（图 140），像野兽那般生活在旷野中，戈雅的作品反映出一种类似的看法。两位艺术家都认为，这种非理性的暴力与他们所处的动荡社会息息相关，而且都为早期浪漫主义艺术提供了令人难忘的经典之作，这些作品也经常与之紧密相连。

19 世纪最初那几年里，在戈雅那些非委托创作的作品中，原始和疯狂的精神状态进一步困扰着他，消极的价值观和图像上的强烈对比在当时主导了他的审美取向。与两个马哈形成对比的是两个吃人的场景

图 138

歌与舞

约 1801—1805 年

墨汁和淡彩

23.5cm × 14.5cm

考陶尔德艺术学院，伦敦

图 139

这人亲戚众多，其中有些还
算心智健全

C 系列画册第 52 号作品

约 1803—1824 年

墨汁和淡彩

20cm × 14cm

普拉多博物馆，马德里

图 140
尼布甲尼撒
威廉 · 布莱克
1795 年
彩色版画，以蘸水笔和水
彩绘制
44.6cm × 62cm
泰特美术馆，伦敦

（图 141、图 142），被认为代表了两位耶稣会传教士加布里埃尔·拉勒芒
和让·德·布雷伯夫死亡的那一刻，他们于 1649 年在魁北克附近被易洛
魁印第安人折磨和杀害。在戈雅的第一幅画中（见图 141），躺在地上的
一顶黑帽子被认为是神父的帽子，但戈雅所画的食人者实际上并不是美洲
印第安土著，因为他们被描绘成面部和身体上长满毛发的样子，而在第二幅
画中，受害者的头被中间那个食人者十分显眼地举起，脸刮得干干净净，留
着长长的头发。画面中央的人像似乎没有性器官，仿佛戈雅在暗示食人者 227
生活在一种无性的纯真状态中。在第一幅画中戈雅笔下那个咧嘴笑的食人
者剥开了一具尸体，面带狂喜的笑容，他有一具古典主义的身体，这也许
让这个人物与后来的浪漫主义象征相联系，后者探索了古典主义——包括
食人在内的“原始”人类冲动——与现代英雄行为之间的关系。

在戈雅可能知道的早期插图中，例如 16 世纪西奥多·德·布赖
（1528—1598 年）的《美洲》（*América*）系列，有一幅详细的插图，其
主题是食人族如何对尸体开膛破肚，画中的野蛮人呈现以一种纯真的状
态，欧洲征服者的行为则被描绘得更为野蛮和残忍。当时的通俗文学、
绘画和版画都倾向于描写欧洲人和基督徒在某些灾难——如海难或战
争——后成为食人者的故事。然而，欧洲人的食人行为，尤其是作为性
满足的一部分，出现在了 18 世纪 90 年代最具争议性和颠覆性的流行小 228
说《淑女的眼泪》（*The New Justine or the Misfortunes of Virtue*）中。这部
小说由唐纳蒂安·阿尔丰斯·弗朗索瓦·德·萨德——也就是众所周
知的萨德侯爵——在巴士底狱写成，于 1791 年在荷兰和巴黎首次出版，
并经历多次重版，仅在随后十年里内就重版了六次。在这本书中，荒淫
无度的暴行都是由受过教育的法国贵族、恶棍、表面上受人尊敬的普通
男女甚至是本笃会修士所犯下的。戈雅虽不太可能直接接触到这些材
料，但他在这一时期所画的一些暴行场景确实与书中某些情节相吻合，
正如他的食人者似乎预示了后来浪漫主义诗人和画家的兴趣所在那样。

在拜伦勋爵的史诗讽刺诗《唐璜》（1819—1824 年出版）第二章中，他讲述了在一次海难中，饥饿的漂流者们抽签决定将谁吃掉的故事。这位以基督徒身份死去的受害者，他的血管被吸干了（“但他先亲吻了小小的十字架 / 然后伸出了颈和手腕”），第一个下嘴的便是那个在

图 141

食人者预备食用受害者

约 1805 年

板上油彩

32.8cm × 46.9cm

美术与考古博物馆，贝桑松

图 142

食人者注视人体残骸

约 1805 年

板上油彩

32.7cm × 47.2cm

美术与考古博物馆，贝桑松

饥渴中划开了血管的外科医生。

受过良好教育的欧洲基督徒与野蛮行为之间的这种联系，在19世纪早期成为富有创造力的艺术家感兴趣的话题。甚至画家们也被这个奇异的主题吸引。1819年，奥泰多尔·热里科（1791—1824年）在巴黎
229 展出了一幅画，画的是一场臭名昭著的海难，那是1816年沉没在印度洋的法国护卫舰“梅杜萨号”（图143）。据两位幸存者——船上的医生和工程师——所说，在饥饿的驱使下，木筏上的漂流者啃食了他们死去同伴的尸体。在他这张伟大画作的初步草图中，热里科对这一场景进行了生动的诠释。与这位年轻的法国天才不同，戈雅更有可能出于讽喻或讽刺的目的而采用食人意象，而不是像他过去对公开处决和谋杀犯的处理那样。也许正是因为他乐于尝试这种残酷的题材，他才以一位剖析人性中丑恶面的画家而闻名于世。

戈雅从皇家学院和大型宫廷委托项目中彻底抽身，这使他能够去寻找新的主题，并致力于自己的家庭事务。1805年，他的儿子哈维尔与阿拉贡一个富裕家庭联姻，戈雅为了纪念这一事件，制作了新娘和新郎（图144、图145）以及新娘家人的铜质圆形微型肖像。戈雅的妻子也被绘在一张小幅素描上，这是唯一一幅可以确切辨认出是她的肖像（图146）。

图143
梅杜萨之筏
奥泰多尔·热里科
1819年
布上油彩
491cm×716cm
卢浮宫博物馆，巴黎

图 144（左）
哈维尔·戈雅

1805 年
铜上油彩
直径 8cm
私人收藏

图 145（右）
古梅辛达·戈伊科切亚

1805 年
铜上油彩
直径 8cm
私人收藏

图 146
何塞法·巴耶乌夫人

1805 年
蘸水笔和黑色粉笔
11.4cm × 8.2cm
私人收藏

戈雅在经济上安稳且已退休的状态下得以放松，他能够为儿子儿媳提供一个属于他们自己的家。他如今可以随心所欲地创作了，他的大多数老对手——弗朗西斯科·巴耶乌和拉蒙·巴耶乌、路易斯·帕雷特——都去世了，他的儿子也安顿了下来。然而在戈雅职业生涯的这一阶段，国际形势有所恶化。戈多伊确保法国和西班牙结盟对抗葡萄牙，但实际上，他将西班牙送至拿破仑股掌之中。葡萄牙拒绝与拿破仑达成协议，后者便于 1807 年 10 月派军队占领该国。随着法国军队进入西班牙，怀疑戈多伊会在卡洛斯四世去世后阴谋篡夺王位的费尔南多王储向法国皇帝请求援助。此举的后果便是，到 1808 年，马德里陷于法国的统治。因此，戈多伊的不受欢迎程度达到了顶点，3 月，一群暴徒洗劫了他的府邸，卡洛斯四世和玛丽亚·路易莎被迫逊位。王储成为费尔南多七世，但拿破仑对西班牙另有打算。费尔南多和他的父母被召唤到与
230 法国交界的巴约讷。在那里，他也被迫退位。他和他的父母仍然是拿破仑的阶下囚，而法国皇帝用一个新的国王取代了波旁王朝，他自己的哥哥约瑟夫被宣布为西班牙国王约瑟夫一世。这一消息传到马德里，公众爆发激烈抗议，这场被西班牙人称为独立战争的冲突由此拉开序幕。

第七章 战争的灾难

战争与作为见证者的艺术家

1808 年 5 月 2 日，法国骑兵进入马德里镇压一场民众起义。愈演愈 233
烈的平民骚乱演变成了一系列暴动，西班牙人在街头与法国士兵交战，而驻扎在城外的西班牙军队却没有出面支持任何一方；拿破仑在西班牙的法军总司令若阿基姆·缪拉元帅公开感谢了这种默许式的支持。缪拉早在 3 月 25 日便到达西班牙首都，占据了有利的战略位置以平息 5 月 2 日的叛乱。他在拿破仑著名的土耳其卫队“马穆鲁克”（Mamelukes）96 名成员的协助之下完成这项任务。这一事件比其他任何事件都更能引发内战，在事件发生六年之后，戈雅以其为灵感创作了两幅气势恢宏的战争画：《1808 年 5 月 2 日》（见图 164）和《1808 年 5 月 3 日》（图 147 和图 165）。

这场错综复杂的战争涉及不同地区的冲突和游击队开展的行动，成为众多艺术家仔细观察和记录的对象。一些人跟随指挥官深入战场，另一些人则从新闻报道中跟进重大事件和行动。拿破仑的所有战役都有专业艺术家团队参与，他们根据拿破仑的艺术部长多米尼克-维旺·德农的指示和绘制的草图，对作战计划进行记录。最著名、最受欢迎的战斗场景出自大卫得意门生安托万·格罗男爵（1771—1835 年）之手，他为阿布基尔和金字塔等著名战役绘制的宏伟画作成为凡尔赛宫战争厅的主要展品。在英国，也有许多艺术家受雇以版画和绘画的形式记录拿破仑战争中的事件。甚至连伟大的风景艺术家 J. M. W. 透纳，也以画笔将特拉法尔加战役等著名战役永载艺术史册。这一时期描绘战争的画作流行于整个欧洲，几乎可以肯定的是，这些作品反映了对灾难主题和英雄
形象更深层次的关注，而这正是浪漫主义运动的核心所在。 234

西班牙的战争引发了另类的艺术反应，也对艺术史产生了深远影响，是这场战争独一无二之处。18 世纪在西班牙建立起的艺术学院培养了新一代的重要艺术人才，不少西班牙艺术学生前往巴黎，在拿破仑首席宫廷画家大卫的画室中完成他们的训练。就戈雅而言，到 1808 年，他作为本土大师级人物的地位已不可动摇，而他的独创性和革命性的技法也逐渐在为法国人所知。在战前那段时间，法国的制图师们就开始为旅游指南编绘西班牙的风景，而这些旅游指南也受到了越来越多法国观众的热情追捧。在 1808 年法国征战西班牙期间，这种对西班牙的

图 147（对页）
1808 年 5 月 3 日
图 165 局部

迷恋变得更加强烈，法国将军、公务员、士兵、作家和外交官们，纷纷从默默无闻的西班牙修道院、私人收藏、大教堂和公共建筑中掠夺当地的杰作。西班牙艺术成为后来几代法国艺术家——从德拉克洛瓦到爱德华·马奈（1832—1883 年）——的重要灵感来源。

戈雅在战争期间留下的活动记录很少。他可能在马德里度过了六年战火中的大部分时间，但在 1808 年，他到访了他的家乡福恩特托多司，并应何塞·帕拉福斯将军之邀前往萨拉戈萨，“考察这座城市的废墟，描绘人民的光荣事迹”，他在一封信中描述了他“对自己家乡城市的成就有着深切的个人参与”。据记载，他还为西班牙方面绘制了围城的官方画像，还捐赠画作以助力西班牙作战。

1809 年 5 月，戈雅已回到马德里，在那里篡位夺权的法国政府委托他为西班牙新国王约瑟夫·波拿巴绘制肖像。其中一幅名为《马德里城的寓言》（*Allegory of the City of Madrid*，图 148）的画作曾被挂在市政厅，被修改过大约六次。在约瑟夫逃离马德里后，这幅画被重新绘制并添上了赞颂 1812 年西班牙新宪法的题词，在约瑟夫归来后又改成了他本人的修复版肖像，在约瑟夫最终逃离后再一次出现了与那部宪法相关的内容，而在波旁王朝复辟后又加上了费尔南多七世的肖像，以
235 及两段再度致敬宪法的题词，最终还加上了一段关于 1808 年 5 月 2 日事件的题词。这些改动都是戈雅和后来的艺术家在 1810 年（戈雅完成作品之时）至 1872 年期间所做的。对一幅国家绘画进行如此改动，这一事实表明了 19 世纪西班牙政治变革的意识形态本质。

戈雅随后被约瑟夫国王授予勋章，甚至可能为法国人履行过一些行政职责。然而，他也用颜料、墨水和粉笔为他的西班牙同胞建立起一份视觉上的纪事，记录下他们与侵略者的斗争。对于这种令人困惑的政治矛盾，人们只能加以揣测。1814 年，他为曾邀请自己去萨拉戈萨的帕拉福斯将军画下一幅骑马肖像（图 149），后者已成为阿拉贡“议会”（Cortes）中充满革命精神的“统帅”，在法国占领马德里之后，“议会”是在地方上掌权的立法议会机构。帕拉福斯领导了一支反法抗议者军
236 队。在王室退位和西班牙军队驱逐入侵者失败之后，农民军队建成一个对抗法国人的军事堡垒，帕拉福斯和他在萨拉戈萨的支持者们成功地将

图 148
马德里城的寓言

1810 年
布上油彩
260cm × 195cm
市立博物馆，马德里

敌人阻挡了近一年时间。这一鼓舞人心的英勇之举激发了整个欧洲的公众想象力，尤其是在英国，西班牙的主要盟友正在那里加以动员。

1808 年 6 月，在西班牙瓦解后不到一个月，一个西班牙代表团抵达伦敦。他们的任务是敦促英国介入其中。一个月后，葡萄牙也派去一个类似的代表团。中将阿瑟·韦尔斯利爵士指挥一支被派往葡萄牙的部队。法国人被认为是不可战胜的。“这足以让人深思，”据记载，阿瑟爵士曾说道，“他们可能会击败我，但我不认为他们会在谋略上胜过我。”他当时年近 40，职业生涯起伏不定，但他在伊比利亚半岛的战役成为他 237
人生的转折点，为他带来了伯爵头衔、西班牙庄园、无价的艺术收藏、整个欧洲大陆的赞誉和大量的勋章。这也使他与戈雅有了短暂的接触。

这两个人直到 1812 年才见上面，但即将于 1814 年成为威灵顿公爵的韦尔斯利（他在 1809 年成为威灵顿子爵，1814 年成为威灵顿伯爵）

图 149
何塞·帕拉福斯将军肖像
1814 年
布上油彩
248cm × 224cm
普拉多博物馆，马德里

在公文和信件中记录下了战争的混乱本质，这和戈雅通过画作所呈现的画面，都聚焦于相似的认知上。两人都对西班牙游击队表达出深深的敬佩之情，而面对农村里当地居民所遭受的暴行，两人也都感到痛心并牢记在心。最重要的是，两人都认为战争真正的英雄都是那些无名之辈，他们大多来自英国和西班牙的下层阶级。英国军队由威灵顿在 1831 年所说的“社会渣滓”组成，他从西班牙发来的公文不断抱怨资金紧缺，军饷拖欠，以及装备尤其是弹药的短缺。“我已经走投无路了”，他在 1810 年写道，当时戈雅正开始用版画描绘类似情境下那些战士的绝望勇气。

这位艺术家在战争期间的真正成就在于，他逐步构建出一种关于农村所受灾难和其中所展现出的英雄主义的景象，这是很少有人能与之匹敌的。来自西班牙当代生活各社会阶层中的典型人物，构成了他前些年众多颇受欢迎的杰作主题——衣衫不整的马哈、身材壮实的工人和满脸皱纹的女巫——他们在戈雅的作品中以全新的形象重生，作为充满野性的西班牙的代表，与侵略者进行殊死搏斗。

到 1808 年 11 月，对法国的许多抵抗都以失败告终。然而，在一些地区，战斗仍在继续，特别是萨拉戈萨，成为西班牙反抗的象征。查尔斯·沃恩于 1809 年在伦敦出版了《萨拉戈萨围城记》(*Narrative of the Siege of Saragossa*)，这本小册子是为了帮助该市居民而出售的。在他的描述中，那些保卫家园、抵抗法军的民众“武器不全、纪律涣散”；但他也见到修士制造弹药桶，妇女和儿童自发组成救济小组，向炮台运送 238
物资和补给。当时资金格外紧张。正当 1809 年 7 月进入西班牙的韦尔斯利为他那支军饷过低的军队发怒时，帕拉福斯却陷入了近乎贫困的处境。根据沃恩的说法，这位英勇的阿拉贡将军为他整个军队总共准备了大约 2000 雷亚尔（按当时的货币计算，约为 21 英镑）。尽管如此，这些缺乏纪律的暴民却凭其勇气和凶猛几乎每天都在创造传奇，比如帕拉福斯的兄弟带领一支武装农民分队迎战了 8000 名法国步兵和 900 名骑兵。沃恩这本册子在伦敦重版了若干次，《泰晤士报》通过公众募捐筹集了大量资金来援助“西班牙爱国者”，而彼时的戈雅仍然留在被占领的马德里的画室里，开始蚀刻他最持久也最感人的系列版画。可能是通过他在版画上的创作活动，而不是大型公共绘画的策划和执行，使得这场战争的经历对戈雅的职业生涯产生了影响。

法国的外交官、公务员和军人纷纷涌入马德里，使这个城市成为一个更加国际化的开放之地，充满了新潮的影响和思想，战争形势下的困难和限制也带来意想不到的新自由。篡权的约瑟夫一世国王政府废除了宗教裁判所，这可能导致了更多样的文学作品出现。法国人还恢复了流行的斗牛运动，曼努埃尔·戈多伊曾在 1805 年将其视为野蛮、耗费钱财、“不开化”而加以禁止，马德里的斗牛场也得到了修复。对于戈雅许多开明的朋友和赞助人来说，法国人代表着文明的进步，甚至戈雅这个时期的肖像画似乎也反映了 19 世纪早期的法国风格。尼古拉·居伊

图 150（对页）
尼古拉·居伊将军肖像
1810 年
布上油彩
108cm × 84.7cm
弗吉尼亚美术馆，里士满

将军对戈雅为他画的肖像非常满意（图 150），于是委托艺术家也为他的小侄子画像。居伊的肖像画于 1810 年，他是一位法国英雄，于 1811 年获得了约瑟夫·波拿巴颁发的西班牙皇家勋章，戈雅本人也于同年获得了这一勋章。

戈雅在这一时期创作的版画，也就是现在被命名为《战争的灾难》（*The Disasters of War*）的作品，也许是有史以来关于战争最为直露、毫
240 不妥协的艺术记录。艺术家的灵感来自对农村游击战的分析，甚至包括那些肮脏而怪诞的场景，比如强奸、谋杀、肢解尸体、遗弃儿童，以及法国军队和西班牙对手所犯下的暴行等。这些版画构图简单，特别醒目。与官方的战争艺术家不同，戈雅没有义务去表现重大战役的宏大场面，反而在乡村社会所遭受的破坏和他第二故乡马德里所承受的苦难之中，他的艺术才能找到了创作灵感。

《战争的灾难》创作历时约六年，只给出了一个暗淡无望、令人存疑的结论，对于这个历经变化、遭受重创的战后国家，更接近于一种模棱两可、带怀疑态度的视角。每幅画都有一个标题，有时是对画面中发生之事的观察，戈雅偶尔也会加上一句寓意或是隽语。但是，与《狂想曲》里带有讽刺和诗意的标题完全不同，戈雅在这里的评论是简洁而又阴郁的。

不同于《狂想曲》那由艺术家浮夸时尚半身像构成的卷首插图（见图 90），《战争的灾难》的卷首插图所纪念的则是一个心烦意乱的中年男子形象，他穿着破旧不堪的衣服，跪在可能是一个洞穴或夜间的景象中（图 151）。这个人摆出圣人或隐士的姿势，有如圣方济各甚至圣伊西德
241 罗（见图 45），这都是戈雅年轻时画过的，他眼睛向上翻望着天空，但没有出现超凡的回应。只有标题“对未来的悲伤预感”将观众的注意力转移到了作品的主体部分。

在戈雅送给朋友的《战争的灾难》系列的校样上，艺术家抄录了自己所起的标题：《西班牙反对波拿巴血腥战争的致命后果和其他加强狂想曲》。这件作品未在戈雅生前出版，直到他去世多年后，马德里皇家学院才获得全套铜版画，并于 1863 年以“战争的灾难”为名出版了第一版。当时，通过西班牙贵族妇女欧仁妮·德·蒙蒂霍与法国皇帝拿破

图 151
对未来的悲伤预感
《战争的灾难》图版 1 号
约 1810—1815 年
蚀刻版画
17.5cm × 22cm

仑三世的婚姻，西班牙和法国建立起政治上的联系。在 19 世纪 60 年代风云变幻的世界中，拿破仑一世的侄子登上法国皇位，戈雅的原标题在政治上是不妥的，同时也晦涩难懂，它具体指的是过去的战争，而那已成为一场内战和对法国的防御行动。新标题在更普遍的意义上勾勒出战争的形象，而不是一种误导性的修饰，因为戈雅的版画唤起了人们对重大战争的一种集体想象，规避了可辨识的人物或可识别的战斗场景，也很少包含真实的地形背景。

《战争的灾难》是一部技术娴熟、自成一体的艺术作品，由总共 82 幅独立图像中的 80 幅组成（有两幅没有在第一版中发表），并由三大主题串联起来。其中第一个主题可能始于 1810 年左右，重点在于西班牙农村男女如何面对入侵，其灵感来自人们将尸体扔进乱葬岗的图像。这些版画包括战斗、处决和谋杀等事件。第二个主题转向以城市为背景，并以 1811—1812 年肆虐马德里的饥荒为中心。最后，直到 1815 年左右，戈雅展示了战争的结束，以及西班牙波旁王朝君主费尔南多七世（1814—1833 年在位）的复辟如何带来更大的灾难。

从卷首插图之后的图版 1 号开始，这些主题的循环将叙事划分为三个部分的视觉记录。图版 2 号至 47 号表现了游击战的早期阶段，以小
242 画幅描绘了对国家具有重大意义的事件，这一部分中最具英雄色彩和装

饰性的情节取自萨拉戈萨围城，纪念了西班牙妇女的英雄角色。在萨拉戈萨，查尔斯·沃恩留意到，妇女因其英勇事迹而受到钦佩。其中一位是玛丽亚·阿古斯丁，她作为女英雄获得了国际声誉，并通过绘画、版画和诗歌而名垂千古。1809 年，拜伦勋爵前往西班牙，在塞维利亚见到了她，她正在那里展示自己因为在萨拉戈萨老城墙上的战斗而获颁的奖章，当时她是去给炮兵部队成员送食物的。所有的人，包括女孩的爱人，全部都被杀死了，没有人再去保卫那个城市防御的缺口。女孩单枪匹马接管了炮台，直到援军抵达。许多肖像画和版画都描绘下了她的勇敢，但很少有图像比拜伦在《恰尔德·哈洛尔德游记》（*Childe Harolde's Pilgrimage*）第一章中的话更令人回味：“啊！若是你见识过她温柔的模样，/ 记得她那嘲笑煤黑面纱的乌黑眼珠，/ 聆听她那香闺中传出的婉转嗓音，/ 目睹她那令画家倾倒的飘飘长发，/ 她那天人之姿，远不止女性的娴穆，/ 那你很难相信萨拉戈萨的高塔之上 / 她在直面残暴时会现出蛇发女妖般的微笑。”还有许多其他阿拉贡的女英雄也在围城中表现出色，其中包括卡斯塔·阿尔瓦雷斯、贝妮塔·波托莱斯和弗朗西斯卡·阿蒂加。戈雅选择向所有这些女性致敬（图 152），突出了一个不知名女英雄的戏剧性一幕，她背对着观众，在行动的高潮前蓄势待发，即将发射出 26 磅的大炮。这张画作带有一种与生俱来的性张力，跳脱了当代英雄肖像的窠臼。

在这些版画中，大片的空白区域与人物形象形成强烈对比，并将注意力引至身份不明的侵略者和受害者，以及战斗之间的种种不适和沉闷。类似的技法也出现在其他记录这场战争的艺术家的素描作品中。一幅被认为由英国战争艺术家亨利·托马斯·阿尔肯（1785—1851 年）所作的水彩画是对第 10 龙骑兵团的赞美，画中的他们与马匹以及西班牙马夫一起驻扎在哥特式修道院或教堂的地窖之中，这突显出了战役中马匹的稀缺性，当时人的地位屈居于坐骑之下（图 153）。

“我看到许多人被吊在路边树上，除了对法国人的入侵表现出不友 244
好，我不知道他们有什么原因遭到处决……他们纵队在撤退时的路线可以通过他们焚烧村庄的烟雾来追踪。”威灵顿如是写道。其他英国军官也记录下了类似场景：“母亲们被吊了起来，孩子吊在她们身边，他们

图 152
何等勇气！

《战争的灾难》图版 7 号
约 1810—1815 年
蚀刻版画
17.5cm × 22cm

图 153
西班牙第 10 龙骑兵团
归于亨利 · 托马斯 · 阿尔肯名下

约 1812 年
水彩
22cm × 28cm
国家军事博物馆，伦敦

的身下燃起了火”。在战争时期，见证者的重要性变得尤为关键，因为
太多参与者永远不为人所知，而太多死者也永远无法辨认身份。尽管戈
雅的蚀刻版画在当时特别难以制作，这位艺术家被迫使用旧的蚀刻板
和劣质的材料，但他的方法是娴熟和创新的。这是在西班牙首次有人
使用“拉维法”（lavis）这一技术，也就是将酸直接刷在铜板上，而
不用清漆遮盖图案。像这样艺术上的决心可能是由一种愤怒感而推动
的。这些人物吸引了人们的注意，特别是那些在不明背景下表现暴行
和屠杀的作品。肢解过的尸体被置于树上，就像古典雕塑的怪异碎片
（图 154 和图 212），表明在构图上与戈雅 40 年前对“贝尔维德雷躯干”
（见图 16—18）和“法尔内塞的赫拉克勒斯”（见图 15）的习作有相似
之处。为了强调这种直观的恐怖感，戈雅在另一个表现一无所有、惊恐 245
无措的难民场景下写下了“我看到了这一幕”的字眼。这些版画的画稿
也揭露出画家在创作过程中付出的巨大努力，他经常为一幅画而要绘制
好几张成品草图。此时画布的严重短缺意味着他的绘画资源相当有限，
这也突出了其蚀刻技术的重要性。

创作出这部对于战争的半纪实性记录，让戈雅超越了曾经作为肖像画家和学院管理者的角色。在这些蚀刻版画的第二部分，即图版 48 号至

图 154
这更为不堪
《战争的灾难》图版 37 号
约 1810—1815 年
蚀刻版画和拉维法
15.7cm × 20.5cm

64 号中，城市的形象隐约可见。图版 55 号“最糟的是乞讨”，展示了另一位果敢的无名女子为一群饥饿的人送去食物（图 155）。她在外形上保留了自己的人性，而饥饿的人们似乎失去了他们的人性。戈雅在另一幅版画上写道，饥饿的人和饱食的人属于完全不同的种族，宽阔的空间弧线使人物变得更具有雕塑般的立体感，而这样的视角显得格外耐人寻味。垂死者的痛苦将这些人物提升到了超乎常人的境界，而那位充当调解者的慈善妇人、神父和处理尸体的壮实男子则肩负着怜悯和惩戒的重任。

246 游击队指挥官的身份在半岛上成为传奇，在战斗结束后仍然不朽。然而，当威灵顿在 7 月的萨拉曼卡战役中取得决定性胜利，于 1812 年 8 月 12 日进入马德里时，这些人中很少有人分享到了最伟大的胜利时刻。约瑟夫·波拿巴已出逃，城市获得解放，人们在狂热中走上街头，截然不同于四年前涌入城市街道袭击法国人的攒动人群。“我身处欣喜若狂的人群之中。”威灵顿写道。另一位英国军官威廉·纳皮尔少校写了一本相关的战争史，其中描述了人们如何包围住威灵顿。“他们簇拥着他的马，挂在他的马镫上，抚摸着他的衣服，或是扑倒在地，高声祝福他是西班牙的朋友。”就像在加冕典礼上一样，城里到处悬挂着旗帜和挂毯，钟声响动。演员和街头喜剧演员与游行队伍一起表演，男男女女亲

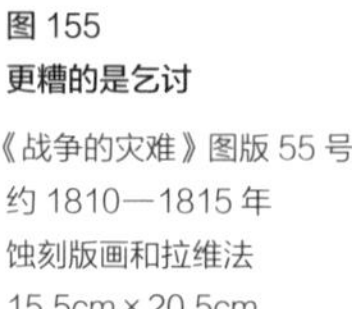

图 155
更糟的是乞讨
《战争的灾难》图版 55 号
约 1810—1815 年
蚀刻版画和拉维法
15.5cm × 20.5cm

吻士兵，还举行了一系列斗牛庆祝活动以纪念威灵顿。而仅仅几个月前，威灵顿还曾写道："英国军队已有近三个月没有得到军饷了。我们欠了骡夫近一年的工钱……我们在全国各地都欠着物资。"这支衣衫褴褛的军队现在被提升到了神的地位。英国艺术家威廉·希尔顿（1786—1839年）用鲜亮的色彩描绘了这一场景，栩栩如生的近乎古典主义风格的人物围绕在威灵顿身边，仿佛他是位罗马皇帝（图156）。但以更具个性的肖像画让这位公爵被人铭记的是戈雅。

英军对法国人加以追击，将他们赶回本土，在战争的最后几年和比利牛斯山脉的战役中，战争艺术家们在描绘重要战士方面表现出色。在匿名西班牙艺术家的描绘中，威灵顿化身为骑在烈马上的罗德里戈城公爵（图157）。威灵顿本人也让人为他在半岛战争中的所有军官分别画了头像画。戈雅最受公众赞誉的威灵顿形象，可想而知，是一幅骑马的肖像。威灵顿身穿蓝色的西班牙骑兵斗篷，其小巧紧凑的头部使他格外引

人注意，他在风雨交加的景致中骑着一匹高大的战马。这幅画和帕拉福
249 斯将军骑马的画像（见图 149）一样，代表了戈雅对大卫在 12 年前画的拿破仑骑马像（见图 125）最有力的一次挑战。威灵顿画像的色调是阴沉的，而且多年来变得更为暗淡，但这幅画像的法国风味并非巧合。X 光片显示，这个骑手的头曾属于一个法国人，可能是约瑟夫一世本人的头，这位篡夺了西班牙王位的君主在位期间，包括戈雅在内的许多西班牙艺术家都曾为他画像。尽管如此，戈雅的威灵顿骑马肖像在马德里皇家学院展出后，还是让公众和公爵都很满意。此时，威灵顿已被宣布为西班牙军队的“最高统帅”——多年前戈多伊曾拥有过这一称号。对比这两人的肖像画，可以看出戈雅如何改变自己的风格以适应每个人的个性。其中一幅绘于 1801 年（见图 64），描绘了戈多伊在战场上放松的场景，他下马阅读，副官在一旁恭敬陪同，缴获的军旗象征了他的胜利。1812 年大获全胜的公爵（图 158）则被表现为警惕、怀疑和孤独的模样，他的脸部和眼睛成为主要的关注焦点。朴素的场景布置，没有展示任何以缴获的军旗、囚犯或随从等形式的战果，创造出一个雷厉风行、独自运筹帷幄的形象。

一幅更著名的半身像也给人留下了类似的个人干劲的印象，这幅画同样创作于 1812 年，给戈雅带来了不小的麻烦（图 159）。威灵顿坚持要在西班牙北部的战役中带上这幅画，而这幅画在未干时就被装在了一个过于小的画框里。由此造成的损坏意味着一两年过后，他就把画寄回给戈雅修改。此外，要描绘出威灵顿在整个战役中所积累的奖章和荣誉，这给戈雅带来了一项艰巨的任务：艺术家试图大胆地匹配上它们的数量和类型，猩红的外套上密密麻麻涂满了修正的图案。然而最终，这幅肖像画上不论是奖章还是制服都出了错，戈雅随后将威灵顿画成了一只虚荣的孔雀（图 160）。威灵顿新获得的头衔，西班牙临时政府赐予他的格拉纳达附近庄园，以及他作为一个臭名昭著的好色之徒的名声，使他在马德里的声誉每况愈下。

251 虽然取得了最终的成功，但威灵顿在半岛后期的战役中却充满了惨烈的战斗和令人蒙羞的溃败，而 1813 年英军无意中摧毁了圣塞巴斯蒂安镇更是雪上加霜。这在西班牙媒体中激起了强烈的反英情绪，出现了

图 157

威灵顿公爵肖像

匿名

约 1813 年

彩色蚀刻和飞尘蚀刻

15.4cm × 10.4cm

市立博物馆，马德里

图 158

威灵顿公爵骑马像

1812 年

布上油彩

294cm × 240cm

威灵顿博物馆，阿普斯利邸宅，伦敦

论战性的文章和漫画。

尽管如此，就连费尔南多七世也被感动了，奖赏了这位英国指挥官。
在逃往法国途中，约瑟夫一世的行李搬运车掉落许多物品，威灵顿将其
找回，其中就有从西班牙收藏品中掠夺的画作，包括委拉斯凯兹和柯勒
乔（约 1489—1534 年）的作品。将军提出将画作归还西班牙王室，但
费尔南多慷慨地允许威灵顿保留这些画。然而到 1814 年战争结束时，
费尔南多即将重新掌权，西班牙对英国干预的感激之情已所剩无几，对
威灵顿的崇拜心理也在逐渐冷却。此时拿破仑被视为一个庞然大物，已
然征服了众多国家，似乎是一股不可阻挡的力量，被英国人和西班牙人
隐喻地比作一尊极具震撼力的巨像。威灵顿连同盟军最终在 1815 年滑
铁卢战役中击败了拿破仑，但在西班牙战争期间，欧洲人对拿破仑的印 252
象仍是超人的力量。在 1811 年发表于意大利的一幅版画中（图 161），
他被表现为世界上最伟大古典奇迹之一的罗德岛巨像，俯视着西班牙军

图 159（对页）
威灵顿公爵
1812—1814 年
布上油彩
64.3cm × 52.4cm
英国国家美术馆，伦敦

图 160
虚荣的孔雀
1812—1814 年
墨水淡染
23cm × 33cm
普拉多博物馆，马德里

图 161
1810 年的西班牙，巨人
巴尔托洛梅奥 · 皮内利
1811 年
根据 F. 波马雷斯作品制作的版画
14.4cm × 24.6cm

图 162（对页）
巨人
约 1812—1816 年
布上油彩
116cm × 105cm
普拉多博物馆，马德里

队，而西班牙军队唯一的盟友是英国。戈雅在数年后也画了一幅类似的作品（图 162）。

面对战火中的一片焦土，戈雅表现出的洞察力与几位西班牙同行不谋而合，尽管他们风格迥异，但都在他们对平民苦难形象的传统艺术表现形式再现中引入了些许残酷的现实主义。1818 年，何塞 · 阿帕里西奥 · 因格拉达（1770—1838 年）——曾在大卫的画室中习得技法的新古典主义画家——以几乎可以与之媲美的人道主义精神描绘了 1811 年马德里饥荒（图 163）。然而，戈雅的版画，连同威灵顿的公文、罗伯特 · 骚塞和纳皮尔所写的历史以及拜伦《恰尔德 · 哈洛尔德游记》中的段落一道，都被视为最有血有肉、最令人难忘的描述。从戈雅这些较小尺幅的画作中诞生了现代意义上描绘战争的艺术表现形式，这一艺术成就只有在当时伟大的文学作品方能与之相提并论。同样引人注目的是一个新角色的出现，即艺术见证者，他们开始记录那些通常未被记录的东西。

254 战争期间，西班牙爱国者在加的斯成立了一个议会。在这里，人们对现代西班牙的状态进行了分析和激辩，加的斯的大多数议员都渴望进行自由主义改革。1812 年，西班牙起草了一部新的自由主义宪法。同年，戈雅的妻子去世，戈雅与儿子哈维尔分割了财产，哈维尔获

得了父亲收藏的所有画作。大多数作品的估价都很低，可能是因为战争，画作当时不可能以高价出售，还有一部分可能是为了避免法国人的繁重课税。尽管人们对新宪法持乐观态度，并对战争的结束感到欢欣鼓舞，但西班牙国家政府的恢复也导致了猛烈的报复，戈雅被迫向当局解释自己许多行为的正当性。1814 年 11 月，邮政总局局长费尔南多·德·拉·塞尔纳汇报了在法国占领期间所有受雇于王室之人的政治
255 行为。戈雅被描述为该国“最杰出的美术教授之一”。

从敌人进入首都开始，他就把自己关在房子和画室里，埋首于绘画和雕版画，不再见他过去打过交道的大多数人，这不仅是因为他丧失听力而造成的困难，还因为他宣称对敌人的仇恨……针对阿拉贡的入侵和萨拉戈萨（他的出生地）的破坏，他对背后的起因进

图 163
马德里饥荒
何塞·阿帕里西奥·因格拉达
1818 年
布上油彩
315cm × 437cm
普拉多博物馆，马德里

行了宣传，希望用绘画来纪念这些恐怖事件。

根据这份报告，戈雅曾希望逃离这个国家，但因警察威胁要没收他所有私人财产而未能如愿，他现在的处境十分窘迫，因为他拒绝从法国人那里领取工资。据他所说，唯有依靠出售自己的珠宝他才得以生存。

1814 年，戈雅向临时政府请愿，声称战争使他倾家荡产，因此尽管他希望画下“我们反对欧洲暴君的光荣起义”，但他需要经济上的支持。他在绘制《1808 年 5 月 2 日》（图 164）和《1808 年 5 月 3 日》（图 165）时，每月都收到了少量津贴。在战后日益压抑、彼此非难的气氛中，他关于画作资助的请愿似乎是在为自己辩护，但已完成的作品恰恰揭示出艺术家对这些主题怀有何等炽热的情感。

1808 年 5 月半岛战争的爆发在西班牙被认为是非常值得一画的。早在 1808 年 11 月，也就是仅仅六个月之后，马德里皇家学院一位业外荣誉成员在一次讲话中提出自掏腰包 20 个多布隆[①]作为首付，向公众征集纪念普通马德里市民英勇行为的艺术作品。许多为纪念这一时期的英雄事迹而创作的优秀作品，一直到法国人被赶出西班牙、1814 年费尔南多七世复辟之后才问世。费尔南多本人也对以艺术形式回应这场战争的创作活动给予了支持。1814 年 11 月，他重新开放了皇家学院，并发表了一段讲话，鼓励艺术家们开始建造纪念碑、修复被战争损坏的建筑，
戈雅的同事们则致力于创作各种画像，以纪念 1808 年的灾难性骚乱。 260
例如，托马斯·洛佩斯·恩吉达诺斯就制作了一系列版画，展示了 1808 年 5 月 2 日和 3 日发生在首都的事件，以视觉形式再现了主要的交战过程和被人们记录下的英雄行为（图 166）。类似的题材在西班牙持续产出了近半个世纪。

关于 1808 年 5 月在马德里发生的事件，最流行的表述似乎来自目击者的描述，讲的是试图帮助两名西班牙炮兵军官道伊斯和贝拉尔德的男男女女。这两名勇敢的士兵曾在蒙特莱昂公园抵抗法国人，直到他们惨遭杀害。两人的雕像仍然矗立在现代马德里，整个 19 世纪都有描绘他们死亡的绘画和版画。曼努埃尔·卡斯特利亚诺的巨幅学院派作品《道伊斯之死》（*The Death of Daoiz*，图 167）展示了那次战斗的高潮，

①旧时西班牙金币。——译注

图 164
1808 年 5 月 2 日

1814 年
布上油彩
266cm×345cm
普拉多博物馆，马德里

图 165
1808 年 5 月 3 日

1814 年
布上油彩
226cm × 345cm
普拉多博物馆，马德里

图 166
5 月 2 日的马德里
托马斯 · 洛佩斯 · 恩吉达诺斯
约 1813 年
蚀刻版画、干刻法、飞尘蚀刻法
34.6cm × 42.1cm

图 167
道伊斯之死
曼努埃尔 · 卡斯特利亚诺
1862 年
布上油彩
299cm × 390cm
市立博物馆，马德里

但实际上是在 54 年后的 1862 年所画的。在战事发生数年之后，戈雅也纪念了这两个标志着战争爆发的历史性日期。卡斯特利亚诺对相隔已久的战争的描绘必然是根据各种记载和叙述来构建的，和他一样，戈雅也一定斟酌过用哪种英雄主义的纪念形式来让那些牺牲者名留史册。不同于他的《战争的灾难》在本质上是个人化的图像，他的大型战争画是公开展示的作品，在这些作品中，戏剧性的姿态、明亮的色彩和巨大而醒 261
目的人物成为表现爱国主义自我牺牲的关键。

到了 1814 年，戈雅的画艺似乎已是登峰造极，特别应对了表现当代历史大型戏剧性作品的挑战。然而，与恩吉达诺斯不同的是，并且也完全有别于曼努埃尔·卡斯特利亚诺等未来大师，他的创作方式中避免了对背景和人物进行纪实性的刻画与界定。这两幅画中的第一幅，以 1808 年 5 月 2 日马德里人民对法国人发起进攻作为主要题材，用粉色、橙色、蓝色、灰色和棕色绘制。虽然对于这样一个充满野蛮暴力的主题而言，这些类似于粉蜡笔色调的色彩好像略显奇怪，但《1808 年 5 月 2 日》的效果有赖于对背景的刻意模糊和对西班牙典型的描绘，而不是像戈雅在《战争的灾难》中那样对可识别的人物进行刻画。

也许是因为戈雅此时特别关注用黑白版画来进行自己对战争的记 262
录，所以版画的影响也特别体现在这两幅画中。这种影响不仅来自戈雅本人雕刻的版画，还来自战争期间发行的大量流行传单和政治海报。与欧洲其他地区一样，受拿破仑战争启发的流行视觉图像都特别有创造力。在《1808 年 5 月 2 日》和它的双子作《1808 年 5 月 3 日》中都大量运用了略微扁平化的透视手法和柔和的色彩，也坚持营造了一种不受官方学术历史绘画影响、更质朴也更有活力的图像效果，这也许是致敬了那些设计了转瞬即逝却极具视觉冲击的论战性作品的人们。

这类图像中有一幅是彩色版画，用斗牛来表达战争中的政治分歧（图 168）。这幅漫画 1811 年发表于马德里，由一位匿名艺术家所作，将法国将军表现为公牛，西班牙游击队队长表现为斗牛士。每一个斗牛招式或假动作的设定都与主要战役相呼应。战争漫画家在此处采用了一系列象征符号，人类和动物在超现实的展示中相互模仿。戈雅的《1808 年 5 月 2 日》不是一个寓言故事，但他描绘人类和动物身体的方式，例如假人般的马穆鲁克在马鞍上摇摇欲坠，为这个场景注入了原始的力量感。马匹后躯周围的绘画区域也像公牛一样，预见到了现代斗牛海报的
263 形式，画面使这一重要时刻永久保留下来，汲取了暴力运动的视觉语言，将其转化为关于战争与解放的杰作。

《1808 年 5 月 2 日》是第一幅描绘平民街头抗议的重要现代画作，这个主题对法国艺术家来说至关重要，在 19 世纪动荡的政治历史中，他们自己也确立了将抗议画作为当代历史新纪事的必要性。欧仁·德拉克洛瓦在其不朽名作《自由引导人民》（*Liberty Leading the People*，图 169）中创造了一个精雕细琢的现代寓言，该作品描绘了 1830 年革命期间在巴黎的起义。戈雅的这件作品创作于上一代，拥有柔和的色彩，也有挣扎中的人和动物，他这个场景在赋予了众抗议活动的力量一种伟大艺术所具有的光辉特质。而描绘过民间暴动的 19 世纪法国艺术家——德拉克洛瓦、古斯塔夫·库尔贝（1819—1877 年）、奥诺雷·杜米埃（1808—1879 年）和马奈——都以戈雅作为创作的出发点，这绝非巧合。

其姊妹画《1808 年 5 月 3 日》甚至变得更加有名，在历史书封面上随处可见，还出现在邮票和明信片上。它被用来当作戈雅艺术以及西班牙革命英雄主义精神的缩影。这幅暴力而又感人的画面描绘了 1808 年 5 月 3 日，也就是起义的第二天，公开处决叛乱分子的场景。在激烈的巷战中似乎是西班牙人一时占了上风，而相比之下，法国人为了报复起义而对平民进行的这场屠杀，则被涂上了最醒目的色彩。此处在背景中暗

图 168
独立战争的寓言
匿名
1811 年
彩色版画，飞尘蚀刻法
20.1cm × 30.7cm
市立博物馆，马德里

图 169
自由引导人民
欧仁 · 德拉克洛瓦
1830 年
布上油彩
260cm × 325cm
卢浮宫博物馆，巴黎

淡的黑色、灰色和棕色映衬下，白色、金色和猩红色显得熠熠生辉，这些注定殒命的人将被永远铭记，5 月 2 日的街头斗士们慨然赴死。有一两个人是可以辨认出的：那具横陈在尚活着的受刑者下方的尸体，一个俯卧着的男性人像，头发因被鲜血浸透而缠结在一起，头骨碎裂，可以辨认出他正是在前一幅画右侧前景中那个手持匕首刺伤马的英雄。这两幅画的“事件前后”呈现与戈雅在《战争的灾难》中的计划相一致，其中单幅版画之间经常有所关联，就像一部展现出一系列战斗的新闻片。

大约 50 年后，马奈选择以戈雅的《1808 年 5 月 3 日》为艺术起点， 265
画下了对墨西哥皇帝马西米连诺的处决（图 170）。戈雅那极为简洁的构图源自人物的姿态动作，可能也借鉴了其他当时的通俗版画，侧重于受刑者和刽子手之间的对峙。身穿白衬衫的男子往上翻动着眼珠，伸出的手掌上有类似深色圣痕的印记，再加上他的姿势，便使他与十字架上的基督形象联系了起来。此外，与其他受刑者和刽子手相比，这个男人的体型稍显肿胀，这使他成为巨像那神圣、具有牺牲意味的翻版（见图 162）。

戈雅这两幅画的命运被蒙上了一层神秘面纱。最近有人提出，戈

图 170
处决马西米连诺皇帝
爱德华 · 马奈
1867 年
布上油彩
252cm × 305cm
美术馆，曼海姆

雅又创作了两幅伟大的战争画，这四幅画作都被展示在一个彰显胜利的金字塔或拱门上，那是为了庆祝战争结束和费尔南多七世回到首都而树立起来的。但在马德里皇家学院，战后出现的最重要的绘画纪念品并非出于戈雅之手。一幅朴素动人的新古典主义绘画来自另一位艺术家的画室，他是曾拜在大卫门下的何塞 · 德 · 马德拉索–阿古多（1781—1859 年）。他的《卢西塔尼亚领袖维里亚图斯之死》（*Death of Viriathus, Leader of the Lusitanians*，图 171）是 1806 年至 1807 年在意大利时绘制的，1817 年马德拉索回国后这幅画被带到了马德里。马德拉索选择以公元前 2 世纪一位游击队将军维里亚图斯的命运为主题，在成功抵御罗马军队强大兵力、保卫住伊比利亚半岛后，他被自己的仆人出卖杀害，马德拉索画下了维里亚图斯被发现死于帐篷中的那一刻。这幅画于 1818 年在马德里展出，引发了深刻的共鸣。戈雅的《战争的灾难》使整个游击战士群体而非任何具体领袖获得不朽，在《1808 年 5 月 3 日》中则创造了一个近似于西班牙普通人形象的英雄。然而，对于像马德拉索这样的教条主义艺术家来说，对故去的西班牙英雄在画像上的致敬只能以古典悲剧的方式来表达。在他的画中，变节和背叛主题的意义具有独特的政治意义。与马德拉索同时代的人几乎可以肯定会将这幅画解读为对所有外国入侵者的视觉攻击，特别是对支持他们的西班牙人的攻击。

当戈雅仍然是主要宫廷艺术家之时，他也见证了马德拉索这位后起 266
之秀在费尔南多宫廷中的崛起。马德拉索从西班牙历史中找回了维里亚图斯的主题，将其转变为西班牙新时代的重要杰作，他本人可能被视为费尔南多统治和新时代专制主义的真正艺术代表。戈雅此时年近古稀，苍老的他已无法承受为新国王提供诸多艺术作品的压力，但即使是他所绘的君主肖像，论其独创性也已逊色于在费尔南多父母的肖像中的表现。波旁王朝的复辟引起了民族主义的爆发，公民自由的削弱和对政治反对派的迫害都有所加剧。新国王在农民和地主中颇受欢迎，同时也受到了知识分子的反感，虽然戈雅的教育、经验和品味使他超越了自己的社会出身，他可能会赞扬费尔南多对斗牛的赞助，这毕竟是他最喜欢的娱乐活动（图 172），但他也会对国王恢复宗教裁判所、镇压自由主义反

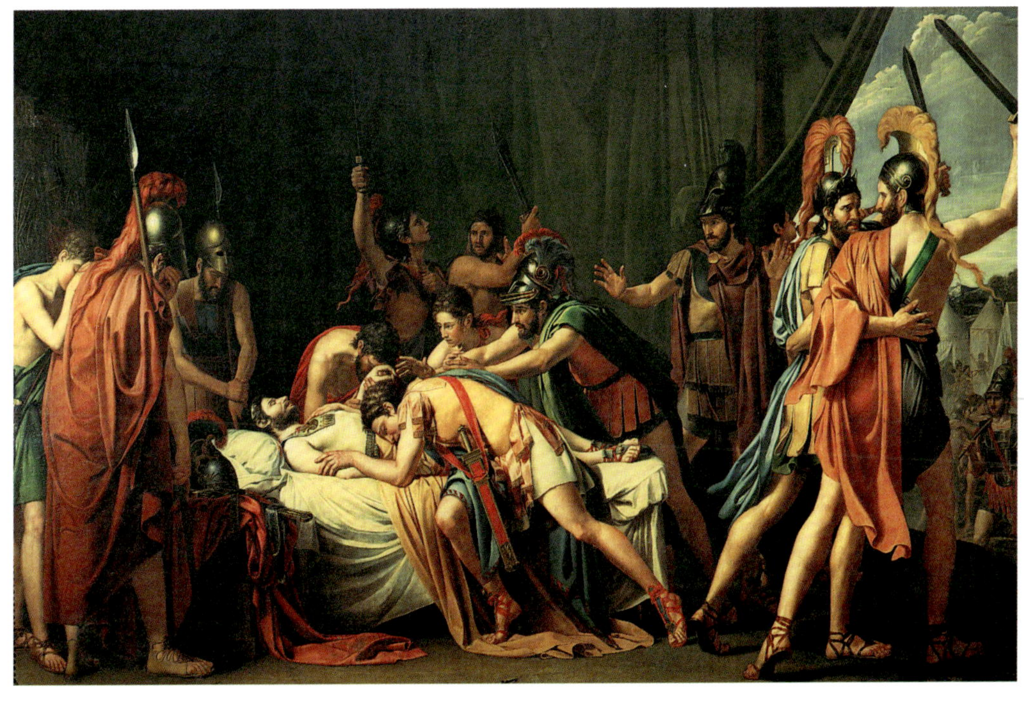

图 171
卢西塔尼亚领袖维里亚图斯之死
何塞·德·马德拉索-阿古多
约 1806—1807 年
布上油彩
307cm × 462cm
普拉多博物馆，马德里

对派，尤其是立即推翻自由主义宪法的方式感到不安。

267 这段政治自由恶化的时期激发了《战争的灾难》的最后部分。版画的第三部分也就是最后一部分，即图版第65号至80号，被戈雅称为“加强狂想曲”（Capricho senfáticos）。这一神秘术语的真正含义很难定义。显然，它对艺术家有着深远的个人意义。这些图像拒绝了战争和饥荒主题中严酷的现实主义，而转向了幻想，包括人类和动物形式的怪诞组合。野兽和人、怪物和畸形人出现在复杂的政治寓言中，又或作为黑暗的象征，如长着人脸的吸血蝙蝠以尸体为食。

“加强狂想曲”是一部针对当代许多重大问题的讽刺作品，并借鉴了一位默默无闻的意大利诗人詹巴蒂斯塔·卡斯蒂。就像乔治·奥威尔在《动物农场》（1945年）中用农场中的动物来记录俄国革命那样，19世纪的卡斯蒂在《会说话的动物》（‘The Talking Animals’）一诗中也描绘了一个国家的政治操纵，其中动物代表了主要派系。戈雅将西班牙自由主义者拟人为一匹“善于捍卫自我”的白马（图173），对于19世纪其他受到压迫性政治制度威胁的艺术家和作家而言，这种隐蔽的政治讽刺方法成为一道理论避难所。在战后的西班牙，尤其是在1815年实

268

图 173
他善于捍卫自我
《战争的灾难》图版 78 号
约 1815 年
蚀刻版画
17.5cm × 22cm

行新闻审查制度之后，政治话语的隐晦曲折与外国游客的言论自由形成了对比。查尔斯·沃恩在 1814 年描述道，他看到对 1812 年宪法的自由派支持者被判处死刑的情景，还目睹了一个人被带出去处死之际判决被改为赦免。1816 年，公开处决和监禁的情况有所增加，1817 年，一位研究西班牙文学的年轻美国学生查尔斯·蒂克纳记录了他对战后西班牙的印象："国王是个粗俗的恶棍。腐败已经变得如此臭名昭著，如此厚颜无耻，甚至披上了法律和正义的外衣。"

戈雅在该系列中最铿锵有力的版画与他早期对战争的描绘有着相同的普适性。难以捉摸的寓言式和政治性暗指使《战争的灾难》中这一部分显得如此晦涩难懂，但在《真理已死》（*Truth has died*，图 174）这幅版画中却并非如此。标题暗指 1814 年 5 月发生在马德里的事件，当时王室出具法令搁置了 1812 年的自由主义宪法，一尊自由女神像被公开焚烧。然而，也有另一层隐含的意义。对于一个艺术家来说，要想在这样的社会中生存下去，真理已不再适合。20 多年前，当戈雅在皇家学院

图 174
真理已死
《战争的灾难》图版 79 号
约 1815 年
蚀刻版画
17.5cm × 22cm

抨击规则的时候，他也宣布了他对真理的艺术献身。在一个充满压抑与迫害的世界中，艺术真理并非通过直白的画面来呈现，而是在符号的模式中寻求庇护。

这位艺术家一定是在某种隐秘状态下创作了他的“加强狂想曲”，在完成《灾难》之后，他便将其交给儿子保管。在新政府的统治下，戈雅已经饱受折磨（例如他的品行在新的政治“净化”法案下受到严格审查，这也导致塞尔纳的汇报；由于必须对自己在占领期间为法国人履行的专业职责做出解释，他不断受到滋扰，时不时缺乏工资来源，并抗议声称战争毁了他），他被迫面对战后大清洗的强烈反应。1814 年 11 月，宗教裁判所没收了《裸体的马哈》和《着衣的马哈》（见图 132、图 133）。
270 1808 年曼努埃尔·戈多伊倒台后，他的绘画收藏遭到没收。一个名叫弗雷德里克·基耶的法国人对这些藏品进行了编目，并将这两幅戈雅画逐一列出，但在 1814 年法国战败后，这些藏品散落四处，而这两幅马哈画就被认为出自那些“忙于创作有伤风化且有损公共利益的作品”的艺术家们之手。1815 年 1 月，戈雅被指控为“在床上作马哈打扮的女人”的作者，3 月 16 日，他被勒令在宗教法庭的审判席上解释他为什么要画这些作品以及是谁委托他画的。

宗教裁判所想必不可能不知道这些画来自曼努埃尔 · 戈多伊的收藏。戈多伊仍然活着并流亡在外，他已经成为一切腐败、堕落和欺诈的代名词，并与战前的卡洛斯四世政权息息相关，尽管他是最后一位曾试图改革的“开明”首相。戈雅早先与戈多伊的关系在新形势下是危险的，正如他作为一个曾为法国人履行过行政职责的艺术家那样。面对费尔南多的暴政，他通过将不久前恢复的宗教裁判所描绘为权力引擎而体现了自己的态度。在他生命的最后时期，无论是作为绘图师还是画家，战后西班牙的这一问题以及其他弊端都将成为他作品中的核心主题。

第八章　战后的余波

和平及艺术隐退

制定了 1812 年自由主义宪法的加的斯议会认为，这场战争是反对旧式传统法律暴政的革命。然而，到战争结束时，许多西班牙人认为回归专制君主制和宗教裁判所是恢复西班牙爱国主义价值观的一种手段，这些价值观在战前为“开明”的外国影响所削弱。因此，加的斯议会的理想变得名誉扫地，自由主义宪法此前已被约瑟夫国王否决，如今也在 1814 年被费尔南多七世统治下新复辟的波旁王朝所废除。可以说，加的斯议会之所以招致这样的反感，是因为它对教会，特别是对宗教裁判所的宗教法庭提出了批评。一本名为《宗教裁判所法庭》（*The Tribunal of the Inquisition*）的小册子，据说是议会里一名议员所作，它对宗教裁判所发表了特别强烈的谴责，于是一群持赞同意见的英国人在 1813 年将其翻译出来，还将副本寄给了英国的地中海总司令爱德华·珀柳爵士。他们写道，这本小册子反映了“文学自由的新颖性，[它] 鼓励人们讨论许多政治上的重要话题，而这些话题迄今都为西班牙立法机构所禁止”。文中回顾道，13 世纪是一个“黑暗、无知和错误”的时期，并描述了“可怕的事件，在这些事件中，教会和国家……向世界提供了一个最具破坏性的革命奇观”。宗教裁判所的宗教法庭被视为西班牙经济崩溃和人民悲惨生活的象征，将这个国家因当代“欧洲暴君入侵”而遭受的苦难与宗教裁判所权力鼎盛时期的情景相提并论。 272

图 175（对页）
沙丁鱼的葬礼
图 177 局部

戈雅可能对这种类型的论战很熟悉，虽然他仍然担任战后波旁王朝的首席画家，但他此时的态度已发生了转化。他觉得自己可能已经被形势压迫到足以试图去挑战政治寓言，他创作了一系列图画，描绘宗教
裁判所采用过的各种酷刑和对自由派少数群体的迫害，以及关注人类的 274
非理性行为。从青年到老年，他为西班牙的每一位统治者效力过：从卡洛斯三世到篡夺王位的法国人约瑟夫一世，以及复辟的费尔南多七世政权，还有从弗洛里达夫兰卡和霍维亚诺斯到曼努埃尔·戈多伊的国务大臣们。在此期间，他一直表现得非常专业，不受政治教条的影响；但战后在绘画上的挑战，以及费尔南多七世统治时期的暴力政治对抗，似乎给他的作品注入了忧郁、讽刺和令人厌恶的主题，并且更致力于寓言、隐晦和神话。

尽管自《被绞死的人》（见图 46—48）以来，戈雅一直在油画和速 275

写中表现想象中的处决、酷刑和监禁的场景，但西班牙局势的变化给他的悲观看法带来了新的动力。对宗教法庭历史上受害者的研究似乎间接评论了当代专制镇压的暴力。在那本由议员所作、曾给英国人留下深刻印象的小册子里，他们也从描述中发现了明显的相似之处。

> 一个吊在天花板上的滑轮，被一根粗大的绳子穿过，这是该名不幸受害者看到的第一个景象。看守们给他套上枷锁，在他的脚踝上绑上重达 100 磅的铁块；然后他们把他的手臂往上扳到肩膀上，用一根绳索系紧：他们把绳索拴在他的手腕上，把他从地上拽起后，再让他突然坠落，如此重复十二次，力道之大，即使最强壮的身体也会被扯得关节脱臼。

戈雅在绘于战后的一本画册中，他描绘了一个男人如何遭到类似方式的折磨（图 176）。这个人被滑轮拖拽起来，双手被绑在背后。许多与之相似的图画描绘了人们如何被捆绑封锁在手足枷中，或是被固定在木架和拉肢刑具上，扭曲成不可能的形状。有时，这些画还提到了当代的酷刑或惩罚事件，并附有简洁的说明：“因为是自由主义者，就最好去死，多么残忍，因为发现了地球的运转规律，因为嫁给了自己的心仪之人，因为说一种不同的语言，因为是犹太人。”这系列素描带有一种浑然天成的丰富内涵和线条上的优雅美感。这些素描通过节制地运用深褐色墨水演染，也采用了最少量的底稿勾勒，也许原本是为了制作成另一个可用于版画的图像系列。其潜在主题形象地表现出政治和种族局外人的困境。不同于戈雅对那些离经叛道者——例如罪犯、酒鬼或妓女——的研究，那些人因为自己的行为而与大众隔离开，这些受害者则是出于为更深层、更内在、更非自愿的原因而陷入悲痛。

人们不禁想把这些图画与戈雅为险恶人群所作的画相提并论。《沙丁鱼的葬礼》（*The Burial of the Sardine*，图 175 和图 177）是艺术家战后时期开始创作的众多板面油画之一，这些画分析了处于集体歇斯底
276 里影响下的人们。这个狂欢节场景的灵感来自每年 2 月在马德里庆祝的真实节日，在为期三天的舞蹈、化装舞会和疯狂行径中，人们可以

图 176
对一个男人的折磨
F 系列画册第 56 号作品
约 1815 年
褐色淡染
20.5cm × 14.3cm

穿上丑角的服装或扮演成摩尔人，戴上动物面具，在街上嬉闹，与路人搭讪。

传统的 18 世纪化装舞会场景，其中不少被詹多梅尼科·蒂耶波洛、帕雷特甚至荷加斯绘制成了流行画像，而在戈雅笔下则被改造成了一群邪恶的超现实舞者，他们的雀跃狂欢让人联想到食人族的原始能量（见图 141、图 142）。该系列的另两幅板面画作《自笞者的行进》（*The Procession of the Flagellants*）和《疯人院》（*The Madhouse*）也提炼了类似的活力，画中的精神病患者被关在一个拱形的室内，颇像一个废弃的教堂地下室，不同类型的疯病通过使用不同的服装和头饰一一列出。印第

安酋长、伟大将军、宗教狂人和半裸圣人，都像一出怪异戏剧中的合唱团那样被呈现出来。最后，该系列作品的视角发生了变化，《宗教裁判所场景》（*Inquisition Scene*，图 178）中的夜间审判表现出一种更为真实的险恶感。

这些木板画是戈雅最经久不衰的一批小型作品：在艺术家去世后的 19 世纪，它们被广泛复制，始终作为战后西班牙的象征。它们还与戈雅著名的人群场景有关，这使得一些传记作者将这位艺术家视为精英主义者，说起他对工人阶级和农村人口的嘲笑，只有他对暴力的痴迷才能与之相匹配。类似的人物构图安排也出现在他战后对斗牛的描绘中，其中主要表演者再次面对四分五裂的、往往是心怀恶意的人群，展现了英雄主义、狂野的动作和惨烈的死亡场景。

另一本文学政治论著《面包与公牛》（*Bread and Bulls*，1813 年也被翻译成英文）可以追溯到 1793—1796 年，曾被认为由霍维亚诺斯所写，他对斗牛的批评态度与戈多伊的一样众所周知，后者于 1805 年禁止了这项运动。今天，这篇讽刺论文被认为是作家莱昂・德・阿罗亚尔的作品，他描述了优雅的希腊人是如何发明悲剧的，“为的是根除灵魂中恐 281
惧和惊恐这样不高尚的情感，而文雅的西班牙人则发明了斗牛表演，在那里真实发生的行为甚至比希腊人所虚构的那些更可怕”。斗牛场周围的人群被描述为“男男女女蜂屯蚁聚，毫无保留地挤作一堆：酒馆老板和大公；理发师和公爵；交际花和良家妇；普通教徒和神职人员”，观看斗牛的观众则被比作宗教节日里迷信的乌合之众。1801 年，随着斗牛士佩佩・伊略（原名佩皮略・德尔加多）在马德里斗牛场内的死亡，19 世纪初的西班牙官方明确表示不赞成斗牛活动，但这项运动的禁令在 1808 年被推翻，新国王费尔南多为讨好民众而恢复了这项运动。流亡在外的曼努埃尔・戈多伊对国家回归嗜血原始的仪式感到悲哀，特别是在费尔南多七世关闭了大学，却在塞维利亚创办了一所斗牛学校之后。

戈雅的第三套版画系列杰作于 1816 年出版，名为《斗牛的艺术》（*La Tauromaquia*），于 1816 年 10 月 28 日在《马德里日报》上刊登广告，这是一部由戈雅设计和雕刻的版画集，描绘了斗牛的历史和主要动作。艺术家的专业知识来自他年轻时经常去萨拉戈萨的斗牛场，他还在马德

图 177（对页）
沙丁鱼的葬礼
约 1816 年
板上油彩
82.5cm × 62cm
圣费尔南多皇家学院，马德里

图 178（下页）
宗教裁判所场景
约 1815—1819 年
板上油彩
46cm × 73cm
圣费尔南多皇家学院，马德里

468

图 179（对页上）
勇敢的摩尔人加祖尔最先用长矛刺中公牛
《斗牛的艺术》图版第 5 号
约 1815—1816 年
蚀刻版画和飞尘蚀刻
25cm × 35cm

图 180（对页下）
佩皮略·德尔加多之死
《斗牛的艺术》图版 33 号
1815—1816 年
蚀刻版画和飞尘蚀刻
25cm × 35cm

里见到了最有名的斗牛士们，包括科斯蒂利亚雷斯、佩德罗·罗梅罗和何塞·罗梅罗，以及佩佩·伊略本人。在先后为罗梅罗兄弟画过肖像后，戈雅一定研究过这项运动的大量版画和插图。最著名的作品由安东尼奥·卡尼塞罗（1748—1814 年）创作，他在 18 世纪 80 年代设计了一套版画，其中一些是手工上色的（见图 172）。卡尼塞罗于 1814 年去世，但他的斗牛版画仍然是经典之作，而且可能比戈雅的《斗牛的艺术》更受大众欢迎。戈雅运用自己的雕版技法来挑战卡尼塞罗的成就，他设计了一个宽阔的竞技场，里面有各种不同的斗牛方式：骑马、步行，以及斗牛士骑在牛背上的时刻。在其中一个部分，戈雅展示了古代摩尔人是如何将这项运动引入西班牙的，采用了一种刻意为之的"古风式"原始主义风格进行创作，那些图案仿佛是从古代瓶画中借鉴而来的。

282 所有这些版画的视角均为广角且具有戏剧性，特别是在图版 5 号（图 179）中，一个摩尔人用长矛刺中了一头公牛。斗牛士面对公牛时的孤立状态在 18 世纪的斗牛士版画中得到了体现，而在描绘马德里斗牛场上佩佩·伊略的致命伤（图 180）时，如雕塑般的轮廓勾勒出了注定丧命的斗牛士的小腿和大腿，这些腿部线条在昏暗的背景衬托下格外突出。垂死的斗牛士其姿势让人想起《战争的灾难》中雕像一般的尸体。

虽然《斗牛的艺术》没有取得商业上的成功，但戈雅在重新创作肖像画和宗教艺术以及履行宫廷职能之外，显然还在继续将精力投入到对原创版画设计作品的创作中。在购买了大量优质铜板后，他开始创作自己最后也最神秘的个人蚀刻系列作品。这些被称为《异类》（*Disparates*）或《箴言》（*Proverbios*）的作品让许多人感到无从解释。它们比《狂想曲》更费解、更神秘，比《战争的灾难》中的"加强狂想曲"更抽象，
283 在 19 世纪的艺术中几乎没有先例，也找不到任何与之相似的作品，不过可能与艺术家对狂欢节主题的兴趣有关，他在个人的素描和油画作品中经常探讨这些主题。这些奇异杰作画作的铜板被装在一个盒子里，直到戈雅去世，才由他的继承人在 19 世纪后期出售。与《战争的灾难》一样，这些作品在艺术家生前没有被印制出来，其设定和主题也让大多数戈雅的传记作者感到困惑。最近，人们发现这些作品与文学小说和时事有密切关联，戈雅喜欢设计奇形怪状的群像和狂野的行为，这些作品

狂欢节般的特质则让戈雅得以恣意发挥。现代学者将一幅画比作乔纳森·斯威夫特的《格列佛游记》(*Gulliver's Travels*, 1726 年)中一个场景，这本书在西班牙广为人知。另一幅画显示了一群妇女将两个假人或木偶在布中来回抛掷，并被命名为《妇女的愚行》(图 181、图 182)。理解这些图像的线索可能在于戈雅为这批版画绘制的许多草图，大部分
284 是用红色粉笔和淡红色淡彩颜料所画，后者因看起来像血被称为“血红色”(Sanguine)。这种媒材的柔和性给人以即兴创作的印象，这种方法通过层层涂抹淡彩颜料来塑造形状和阴影，最终决定作品的整体形态。偶尔，戈雅似乎像一个现代抽象艺术家一样作画，支配绘画媒材并利用其自然特性。

戈雅在技法上对想象力自由的迷恋与许多艺术家的创作方法相吻合，他们都设计出了类似的方法。人们看到透纳把水彩画颜料倒在一张纸上，然后不停擦拭，直到呈现出图像来；布莱克把他奇怪的图像归因

图 181
《妇女的愚行》草图
约 1815 年—1819 年
红色粉笔和血红涂料
23.2cm × 33.2cm
普拉多博物馆，马德里

于强烈的内在幻象，这种幻象对图案起了决定作用；约翰·康斯太勃尔（1776—1837年）在处理自然风景时看似走写实路线的，但他还是通过深刻的情感介入来感知和诠释他所画风景。对其他创作天才来说，诗歌形象或音乐主题的潜力强调了即兴创作的主要作用。塞缪尔·泰勒·柯勒律治吸食鸦片的经历导致他在梦境中创作了诗歌《忽必烈汗》（*Kubla Khan*，1816年），这是最常被引用的极端例子。正如贝多芬向达姆施塔特宫廷管弦乐队中一位小提琴手讲述的那样，他也认为他富于创造性的作曲模式取决于经由外部激发的强大心理过程，这种非凡的能力通过对一个原始主题进行几乎无限的变化而得以自我重现：

> 这一基本理念从未离开过我；它在不断涌现并发展。我所听到和看到的是一个完整的画面，就像在一个模子里，剩下的任务就是把它记录下来……我不知道灵感从哪里来，是不请自来的吧，不论

图 182
妇女的愚行
约1816—1823年
飞尘蚀刻法制作的蚀刻版画
24cm × 35cm

> 是间接地还是直接地。我可以把它们抓在手里——在户外，在树林里，在散步时，在半夜，在清晨，那种情绪暗示正如诗人将其转化为文字，而我是将其转化为音符。

作为对贝多芬声明的一个推论，我们可以认为，作曲家的创作系统，以其碎片化的视觉启示，以及对事物另一种秩序的隐约窥见和暗示，与美术家的方法相似，他们的创作都是基于从某个想法中诞生而来的画面。
285 在高度浪漫主义时期，想象力本身被赋予了特定的意义。济慈写道："想象力可以被喻为亚当的梦。他一觉醒来发现它是真的。"戈雅厚厚的素描作品集，充斥着大段对外部世界进行内心转化后的片段记录，正如贝多芬在他的笔记本中以文字而非音符记录下自己的想法。戈雅最初的想法几乎都是用粉笔、墨水或水彩涂料进行直截了当的表达，而后再被调整、转化为成品版画或油画。素描本和笔记本在戈雅的艺术方法中至关重要，这表明他和贝多芬一样，从未放弃过最初的想法。戴着兜帽的身影、年轻和年迈的妇人、女巫、吞噬的怪物、怪诞的欢腾人群，一直萦绕着他的想象力，直到他生命的尽头。

《异类》里那些图画的轻柔中带有一种涟漪般的质感：这种倾向于柔和、令人回味的素描，可能是戈雅在晚年被石版画这种新媒介吸引的原因。这种版画是用一块石板或其他合适的材料制作的，在上面用油性蜡笔画出图案，印刷油墨便附着在上面。绘图师巴尔托洛梅奥·苏雷达（1769—约 1850 年）向他传授了这种技术，戈雅曾在 1804—1806 年期间为他画过肖像。他最早的石版画之一（约 1819—1822 年）是关于一个年轻女子为一群男孩朗读的习作。起初，这个场景似乎是一个舒适的家庭内景。然后，当女孩同伴们那特有的畸形头像从画面的暗部中浮现出来时，那种熟悉的迷失感便油然而生（图 183）。

戈雅是第一个试验这种技术的欧洲主要艺术家，他从中发展出雕刻版画所无法达成的更为自发的效果，满足了在《异类》中采用的即兴绘画风格的喜好。这些印刷图像残缺不全却又带有预示性，似乎完全是经过精心设计的。随着戈雅迈向老年，加之西班牙政治生活那暴力和不可预测的本质，可能都是促成了他在创作中愈发内省。他仍然接受公共委

图 183
女子朗读
约 1819—1822 年
石版画
11.5cm × 12.5cm

托项目，并在 1817 年凭借为塞维利亚大教堂所作的祭坛装饰品而赢得
了赞誉和一大笔费用。但他对基于涂鸦、污迹和水彩积渍所构成的私人
化意象和创作技法很是执着，这似乎已成为他创作活力的主要源泉。留 286
存下的东西往往支离破碎、互不连贯。“愚行”“狂想”，甚至他最喜欢
的术语“匠心创意”，或许都意味着一系列深刻的美学实验。

在弗里德里希·冯·施莱格尔的《哲学片段》（*Philosophical Fragments*）
一书中，这位伟大的德国浪漫主义运动哲学家阐明了反讽的概念与“片
段”本质之间的关系。他还写道，碎片化而又隽永的潜力是创造力的真
正本质：“浪漫主义的那种诗歌仍然处于发展演变的状态；事实上，这
才是它真正的本质；它应该永远处于发展演变中，而永远不会臻于完
美。”戈雅的视觉片段可以被看作是一种类似的诗歌创作。他明白，未完
成的或模糊变化的形式所具备的那种潜力，恰是视觉力量的来源，这种想 287
法贯穿于他后期的大量作品，最终将其与欧洲浪漫主义联系起来。这里存

在着一种对半成品或未完成作品的迷恋，还有迷恋损毁之物或粗糙的“自然本真”之物，甚至是迷恋自然界中混沌的解体感，这些都可以被艺术家眼中瞬息消逝的清晰视觉所定格，这暗示着做梦之人的内心世界。戈雅的“理性沉睡”曾创造一种肉眼无法见到之物的景象；依靠熟悉和不熟悉的混合意象，从而用墨水或粉笔创造出那些小型的场景，里面充满着遥远而奇怪的事件和人物。飞尘蚀刻、拉维法、淡水彩画和石版画所具有的生动表现形式，不仅激发了戈雅的创作灵感，也驱使他在生命的最后阶段使其艺术表现力达到了全新而非凡的高度。他在艺术上的成熟度不仅使他与浪漫主义联系在一起，也预示着 20 世纪艺术家所享有的自由。

70 多岁的时候，这位艺术家终于决定离开马德里。有一份日期为 1818 年的合同，是为他购买一栋绅士的乡间别墅而起草的，这栋别墅被称为“乡屋”(quinta)。别墅位于马德里西部的乡村深处，在 1819 年戈雅入住时草拟的一份较长合同中有这样的描述：“一座用土坯砖建造的乡间住所，两栋低矮的建筑拥有不同的内部分区，还有一个院子和两个储藏阁楼。”根据记录，这是一处宽敞的住宅，有农田和一个半正式的花园，带有一个小喷泉，周围被树木环绕。由查尔斯·伊里亚特撰写并于 1867 年出版的戈雅传记是艺术家身后最早的全面传记之一，在该书中发表了戈雅故居的木刻插图（图 184）。

就是在这所被称为“聋人之屋”(Quinta del Sordo) 的房子里，戈雅创作了他的“黑色绘画”，这些是在 1820—1823 年间直接画在两个大房间石膏墙上的油彩壁画。虽然这些神秘的作品在艺术家生前鲜为人知，但已经成为戈雅生活和艺术最为绝妙的视觉隐喻。

正如与之有些相似的《异类》，这些杰作是相当神秘的。戈雅会对自己的房子进行如此精心的装饰，在年近八旬、健康状况不佳的情况
288 下，完成这项主动承担的浩大工程，其原因不得而知。当他为圣安东尼-德拉-弗罗里达隐修院的穹顶绘制壁画时，他至少还有一个助手。而在他自己的屋子里，他却没有任何人，或许除了他儿子。哈维尔·戈雅的绘画生涯也很神秘，基本没留下记录，尽管他可能在他父亲那屋子的楼上房间里画过一个女巫的场景，后来这个场景消失了。哈维尔在谈到他的父亲时写道：“他特别偏爱放在家中的画，因为他可以随心所欲地

图 184
聋人之屋的素描
圣-埃尔姆 · 戈蒂埃
1867 年《艺术》（*L'Art*）第 2 期查尔斯 · 伊里亚特在文中发表的钢笔画

画这些画。这样一来，他就会用调色刀而不是画笔来画其中一些画。这些画一直是他特别喜爱的，他每天都要看看。”哈维尔提到的“他放在家中的画”可能是指架上绘画，也可能是壁画。同样难以确定的是，这些壁画在最初完成时究竟是什么样子的，以及谁可能看到过它们。甚至就连它们最初的颜色，也可能与今天挂在马德里普拉多博物馆那 14 幅画中紫黑、靛蓝和焦黄的色调并不完全一致。

1819 年，戈雅病倒了，根据他自己的证词，他的医生阿列塔及时有
效的治疗挽救了他的生命，在一幅画于 1820 年具有纪念意义的双人肖像
画中，阿列塔整洁、温和的形象在气场上盖过了戈雅（图 185）。这幅真人
大小的作品也极具野心，也许是为了显示疾病和年老并没有削弱戈雅艺术
眼光的独创性。题词体现了对医生的溢美之词，并解释说这幅画是表达病
人感激之情的礼物。画中的阿列塔以工作中的医务人员形象示人，身着绿
色服装，这是象征着希望的颜色。他在一个黑暗的室内照料着戈雅。在背 290
景中，三个头颅从黑暗中浮现出来，几乎要将前景中的两人吞没。左边的
一个头像看起来像是医生的另一幅侧面画像，头颈处被截断了，这表明它
可能是一幅绘画素描。这幅肖像本身至少被戈雅的助手阿森西奥 · 胡利亚
（见图 122）临摹过一次，他曾协助绘制圣安东尼-德拉-弗罗里达隐修院
的壁画。这幅作品是这位年迈艺术家成熟风格的一次深刻进步。

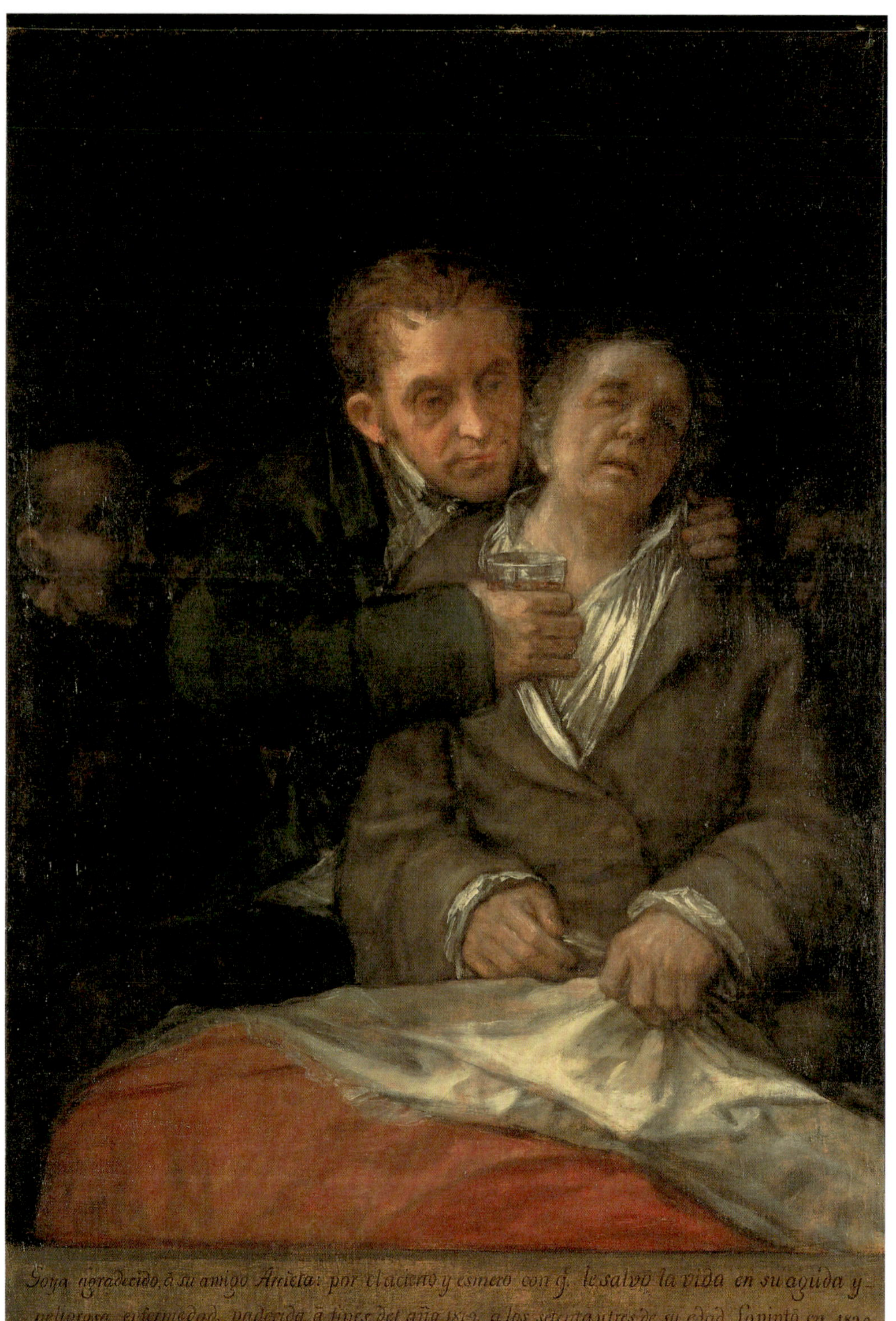
Goya agradecido, á su amigo Arrieta: por el acierto y esmero con q. le salvó la vida en su aguda y-
peligrosa enfermedad, padecida á fines del año 1819. a los setenta y tres de su edad. Lo pintó en 1820.

图 185（对页）
与阿列塔医生的自画像
1820 年
布上油彩
117cm × 79cm
明尼阿波利斯美术馆

这幅肖像画应该是在戈雅住在“乡屋”期间完成的，那时他已经开始绘制他的壁画。至于阿列塔肖像画中的背景是否显示了戈雅被照料的那个房间墙壁上的一些草图，则是另一个谜。在这幅画中，戈雅将自己描绘成一个生病的老人，而年老、体弱和死亡的主题是这些画之间唯一可识别出的联系。

戈雅死后过了很久，壁画遭到大面积损坏，主要是由于水渗入了墙壁的土坯砖。土坯砖（adobe）是一种多孔黏土砖，是西班牙人在 16 世纪从墨西哥和秘鲁引进的一种技术。作为墙绘的基础，这种特殊类型的砖块再合适不过了。19 世纪 60 年代，戈雅的画作被拍成照片，从这些照片和几年后拍摄的一些照片中，可以看到水渍如何扭曲了一部分图像，并抹去了另一部分图像。到了 19 世纪 70 年代，当这所房子属于德国人厄兰格男爵时，将壁画转移到画布上的技术已相当先进，为了保存戈雅的这些杰作，人们将壁画从墙上移走。在这项艰巨的工作结束后，西班牙历史画家马丁内斯·库韦利斯（1845—1914 年）对其进行了大量的修复工作。

最近的学术研究梳理出大量新信息，使历史学家能够推测戈雅画作的原始状态。有一两幅作品是在 19 世纪被制成了雕版画，而现存的版画证实，在重现主要构图和恢复戈雅原作的整体风貌方面，进行修复工
作的库韦利斯取得了近乎奇迹般的成就值得嘉许，但他还是不得不重新 291
绘制一些细节。也有人怀疑，这些修复工作可能反映出当代对戈雅艺术的偏见。

关于在哪些房间绘图，用怎样的题材、色彩和风格，都是戈雅自己的选择。自从他在 1792—1793 年生病后写下那封信，他就一直坚持自己的决定，绘制未经委托的作品，以这种方式获得艺术自由。他早期的自由创作是小型的架上绘画、蚀刻版画或素描，而在购入拥有两个宽敞主室的“乡屋”后，戈雅有机会在更大范围内拓展个人艺术的表现范畴。无论是在楼上和楼下的房间里，图画的主题都将曾在《狂想曲》和《异类》中出现过的绘画执念具象化了。这批壁画的效果想必极为震撼，足以让原有的装饰黯然失色，这些装饰显然主要由 18 世纪的墙纸组成。这些作品的质地本就厚重而易碎，细节是用画笔或调色刀沾上厚厚的颜料点涂创作的。每幅画可能都设计成从特定的距离进行观赏。

图 186（对页）
农神噬子
1820—1823 年
布上油彩（由石膏画转至布上）
146cm × 83cm
普拉多博物馆，马德里

1834 年发表在《如画杂志》（*Le Magasin Pittoresque*）上的一篇匿名文章声称，戈雅“将混合的颜料扔进一个锅里，然后猛地扔到一堵刷成白色的大墙上”。这种解释可能是基于道听途说，但也可能来自戈雅为其奇怪装饰所采用的方法。这两个房间显然只有一到两扇窗户，而有限的光源似乎是观赏这些绘画时一个不可或缺的要素。至于戈雅是否戴着《画室中的自画像》中出现过的那种带烛台的帽子（见图 82），并没有记录。但颜料的厚度表明，这些人物和场景不仅通过窗户的自然光——最近有人提出，画中光源正是利用了这种自然光——而且在人造光线下也可能显得栩栩如生。

参观者在进入一楼的主要房间后，会在房间的尽头看到一扇门，门的两侧各有一幅壁画。左边那幅上面的是犹滴，这位美丽而虔诚的以
292 色列寡妇，在亚述将军荷罗弗尼进攻犹太地区后砍下了他的头。《旧约全书》中的犹滴书为许多画家提供了一个戏剧性的女英雄形象，她的勇气使她从无情的侵略者手中拯救了她的国家。犹滴和在半岛战争中英勇作战的西班牙女英雄之间的相似之处，可能吸引了戈雅对这一主题的关注，而犹滴的象征意义——以美德抵御肉欲——则与门另一边的画作形成了鲜明的对比，那幅画上画的是农神萨杜恩，他是作为时间的化身（图 186）。在被大地母亲警告他的一个孩子会篡夺他的地位后，萨杜恩咬掉了孩子们的头。他那翻着白眼、长满胡须的脸可能来自戈雅意大利笔记本中的一幅画（见图 22）。他的下肢部分严重受损，以至于很难解释画面的真正意义，但从早期的照片来看，萨杜恩的性欲似乎也被唤起了（他的勃起要么是从墙壁转移到画布的过程中剥落了，要么因为太过淫秽而被修复者移除）。因此，戈雅最初可能将他同时描绘成生命的剥夺者和赋予者，而这两幅画之间的门也许带有讽刺意味，暗指一条通往冥界的通道，那两个受害者或许会从中经过。

类似的讽刺也出现在其他壁画中。在一楼的房间里，长长的横板上画着一群人，他们那滚动的眼珠、尖锐的五官和笨重的身体，都让人想起戈雅版画中的人物。出现了一个盲人吉他手，他带领着一队蠢笨的农村青年，这些人后来被解释为前往圣伊西德罗墓的狂欢者。对这些图像的解读有不少是推测性的，正如《战争的灾难》拥有一个在画家死后才

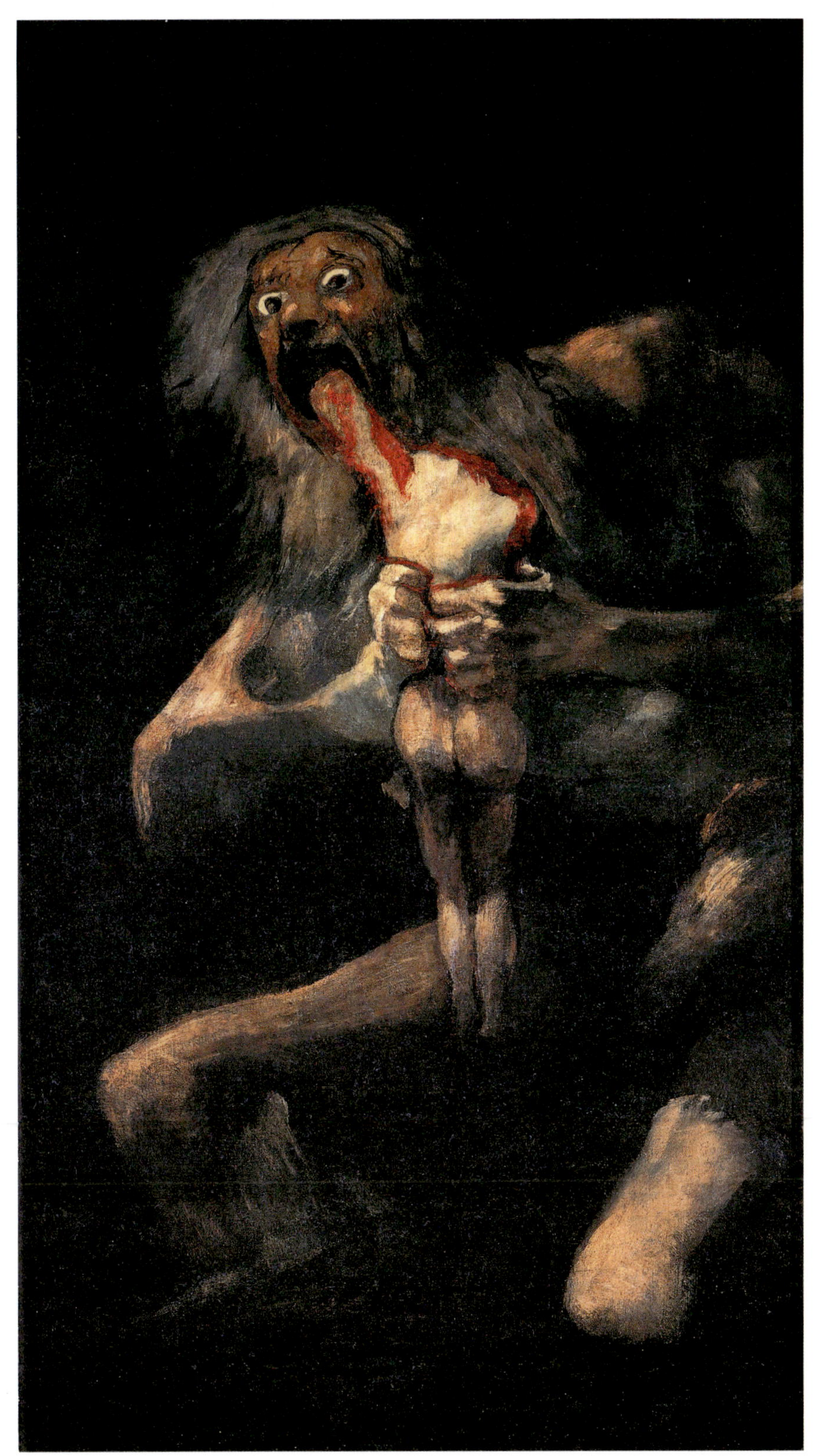

被赋予的标题，“黑色绘画”的主题也是后来被戈雅的遗嘱执行者和评论家们假定出来的。

在楼下的房间里，盲人歌手站在一群农村女巫的对面，她们眼睛很大，鼻子突起，崇拜着“伟大的公山羊”，这个人物让人想起戈雅为奥苏纳公爵夫人画的山羊（见图 99）。一个迷人的马哈穿戴着黑色的衣
294 裙和披肩，手拿一个暖手筒，使这个场景更加完整。在 19 世纪，这个房间可能被用作餐厅，而据另一种说法，这里还会举行音乐舞会。在犹滴、萨杜恩、女巫和盲人歌手旁边，两个瘦骨嶙峋的老人占据了入口上方的嵌面板，他们正试图喝汤，入口门边有个大胡子老人拄着一根拐杖，另一个人在他耳边喊叫。这个细节既体现了房子的名字，也体现了房子主人和画像作者的残疾。在入口的对面是一个女孩的画像，她倚在一处精致的栏杆上（图 187），让人联想到围绕着一个昂贵坟墓的栏杆。这个女孩被认为是戈雅的年轻管家莱奥卡蒂娅·韦斯，艺术家与她一起生活了几年。虽然她没有留下已知的肖像，但她与戈雅的友谊可能

图 187
莱奥卡蒂娅
1820—1823 年
布上油彩（由石膏画转绘）
147cm × 132cm
普拉多博物馆，马德里

也激发了一幅早期的架上绘画，画的是一个相像的女孩在读一封信（图188）。这幅画中明显厚重的颜料和人像上的深色，以及不远处洗衣妇的形象，使这幅画成为戈雅在战时或战后不久所画的那些轻浮而色情的“狂想曲”之一。壁画中的女孩看起来正在服丧，颇像1797年那幅阿尔巴女公爵的画像（见图119）。

楼上的房间里有另一系列的图像，其含义也难以捉摸：一个男人在 297
自慰并被两个年轻的看客嘲笑，一群人围聚在一本书或一张纸边，三三两两的男人执着棍棒打架，两个飞行的人影被一个士兵射杀，还有一只狗显然正溺在沙子里。一张尺幅巨大的画作（图189）让人回想起戈雅在18世纪90年代首次开始构思的纺纱女工或命运女神的主题。现在，这些已成为古典的“命运三女神”：被认为是主宰人类命运的神灵。拉克西斯在测量人的生命之线，手持纺锤，克罗托在纺着生命之线，而阿特洛波斯正握着她张开的剪刀，准备在死亡降临那一刻剪断生命之线。

这些壁画虽给人留下戈雅是一个病态幻想家的印象，这一形象也被后来关于这位艺术家的小说、戏剧、电影和诗歌欣然认可，但这样的神话题材以及优雅之美和怪诞之丑的对比，在这些壁画最初绘制时就一定为这些房间赋予了非凡的光彩和堂皇。男人和女人之间的对抗，以及老年和死亡的主题，可能会在艺术家漫长的职业生涯中敲响一个适当的终结音符。然而，如果说戈雅起初考虑由这些古怪图像陪伴他在农村退休，那么他很快就改变了主意。“黑色绘画”的完成迎来了戈雅艺术生涯的另一个革新时期，而要完成这样一个相对重要的作品系列，其间不辞辛劳的努力一定意味着艺术家就他的年龄而言是非常健康的。1823年，这些画作想必已经完成，而戈雅也已达77岁高龄，他起草了一份赠予契约，将房产、土地和物品都转让给他的孙子马里亚诺·戈雅。文件中列出了艺术家对房子所做的修缮项目。其中包括对面向花园一侧房屋的扩建、为常驻园丁建造的一间房屋、一口水井、一套新的排水系统、栅栏和葡萄园，庄园的面积已经扩大到约10.1公顷。戈雅在晚年对园艺的痴迷似乎也大大提升了这处房产的价值。尽管这份文件中包含了大量信息，但并未提及戈雅的壁画。

当马里亚诺·戈雅最终于1859年卖掉这所房子时，他被祖父身后 298

遗留于世的声誉所打动，委托他人对这些画作做了数次评估。在那之前，他和父亲哈维尔对画作所在的房间几乎没有进行过任何改造。然而，到了 1854 年，这些画作被收录在一本马德里旅游指南中，几年后，戈雅的一位法国传记作者提到，这些乡间别墅画作是“展现当地风俗的场景”。如果戈雅一直留在西班牙直到生命的尽头，如果他的国家随后没有出现那么暴力、动荡的历史，那么这些画作可能会以印刷品的形式被记录下其最初的模样。然而，尽管后来遭到破坏，萨杜恩吞噬其子的图像（见图 186）已经成为戈雅成熟艺术的代表，“黑色绘画”的早期批评家在评价戈雅那独特的天赋时还用这幅画表明了他们的道德立场。他是疯了、道德败坏了，还是实际上只是在恶作剧？像“黑色绘画”这样的画作究竟能否被视为艺术作品？戈雅渴望在自己的私人艺术中描绘出那些默默无闻的失败、残缺、疯狂和残忍的暴行，以及漂亮的姑娘、风景和静物，这可以被看作是一个私人画廊，充斥着辛辣、讽刺，有时甚至是不必要的残酷，剖析了病态想象带来的恐怖，“黑色绘画”已被视为戈雅所创作的最严厉、最大胆的作品。

他生命中的最后四年里，一方面政治变革频仍而打乱了其生活，另一方面他创作了许多新的杰作。一场自由派政变暂时结束了费尔南多七

图 188（对页）
信件
约 1812—1814 年
布上油彩
181cm × 122cm
美术馆，里尔

图 189
命运女神
1820—1823 年
布上油彩（由灰泥画转绘）
123cm × 266cm
普拉多博物馆，马德里

世的暴政，但国王在1823年复辟。1824年初，当政治异见者遭到报复时，戈雅似乎就躲了起来。5月的大赦令使戈雅得以向费尔南多提出访问法国的申请。得到允许后，戈雅径直前往波尔多，在那里他受到了流亡的自由派朋友的欢迎。然而，戈雅还继续从西班牙国王那里领取养老金。1824年夏天，他去了巴黎。在这个时候，他遇到了一位名为华金・马里亚・费雷尔的银行家，他将为戈雅如何在法国销售石版画提供建议。在西班牙内政部的要求下，他似乎一直受到秘密警察的监视，但这并未带来任何不祥的后果。1824—1825年的冬天，他与莱奥卡蒂娅・韦斯以及
299 她女儿罗萨里奥在波尔多定居，直到1828年去世。虽然莱奥卡蒂娅・韦斯已婚，但她似乎在戈雅妻子去世一段时间之后便与丈夫分居了。罗萨里奥出生于1814年，后来成了一名画家，戈雅显然收养了这个孩子，他在1821年表示她应该被“当作自己的女儿”对待。人们普遍认为罗萨里奥・韦斯实际上是戈雅的亲生骨肉，尽管她被登记为她母亲的丈夫伊西多罗・韦斯的合法女儿，后者是一名带有德国血统的商人。

戈雅的最后一批也是最耐人寻味且最具装饰性的作品，表明了他后期艺术实验中大胆创新的特质。在首次旅居法国期间，戈雅创作了一系列象牙材质的微型画。微型画的传统题材是肖像画，而这些小巧精致的作品在风格和题材上都与“黑色绘画”有关。18世纪最伟大的微型画家、英国艺术家理查德・科斯韦（1742—1821年）去世之后，这种媒介的受欢迎程度有所下降，戈雅肯定是最后一批尝试这种高超绘画技能的主要艺术家之一。

18世纪的微型画家曾在象牙上用水彩作画，还实现了半透明的效果。戈雅的做法是将象牙涂黑，然后去掉表面部分黑色，再加上一点水彩淡染，这样画面就会出现明暗相间的效果。他写道：“去年冬天，我在象牙上作画，已收藏了近40幅习作，但它们是我以前从未见过的原创微型画。”这种对原创性的强调是其独特之处。漆黑的背景和从黑暗中浮现的雕塑般形体创造了坚实的肉体区域。人像在构图中占主导地位。尽管尺寸很小，但这些画迸发出勃勃生机，因此它们与“聋人屋”的壁画形成了一种艺术上的对立。

戈雅也许认为“黑色绘画”同样饱含他最具个人特色的原创意识。

它们不论从色彩、主题还是背景来说，都不曾对装饰宏伟建筑的传统艺
术有过任何迎合之举。但正式的公共装饰传统似乎与“黑色绘画”毫不
相干。蒂耶波洛曾装饰宫殿，戈雅也曾装饰宫殿。包括鲁本斯在内的早 300
期艺术家也曾画过他们自己的房子，但戈雅家中的壁画也许通常更是与
大型私人室内委托项目有关，这些委托多是为了彰显主人的身份地位。
19 世纪初，他为位于马德里市中心的曼努埃尔·戈多伊宫殿绘制了寓言
题材的壁画，艺术家和赞助人都认为，这些作品是对这位首相在艺术、
科学、商业和农业方面个人抱负的象征性赞美。若干年之后，戈雅为他
自己的家庭住宅赋予了类似的个人地位感。

这些微型画也可能是对公认传统的颠覆，这是经常用于委托肖像画
的一种方法。在他儿子的婚礼上，戈雅就已经用微型肖像纪念过自己的
家人（见图 144、图 145），他又回归到这种技术上，创作出更多的私人寓
言。和壁画一样，这些微型画也很难用 19 世纪早期绘画的流行趋势来理
解。其中有一幅是马哈和塞莱斯蒂娜（图 190），有人认为这实际上是幅
自画像；圣经主题的苏珊娜与长老；一个从狗身上拣跳蚤的人；一个吓 301

图 190
马哈和塞莱斯蒂娜
1824—1825 年
不规则象牙片上的炭黑和水彩
5.4cm × 5.4cm
私人收藏

唬老妇人的修士；一群调皮捣蛋、怪模怪样的孩子；以及一个吃韭菜的男人。它们都源自戈雅在其30多年职业生涯中对想象力孜孜不倦的执着。

戈雅虽在1825年罹患重病，但仍坚持作画。更重要的是，他继续产出大量素描，这表明他的想象力依然是如此丰富和活跃。此时，他也在努力创作石版画，画的主要是斗牛场景（图191）。在一群强悍又充满活力的观众面前，一群凶狠的斗牛士与矮壮的小公牛展开较量，尽管如今在表现斗牛的时候，他已经脱离了《斗牛的艺术》中那种精准细腻，但在这幅奇怪的《西班牙娱乐》（*Spanish Entertainment*）中表现的抽象化仍然透露出一种民族主义的感觉，如果标题不单单只是在讽刺的话。

1826年，戈雅到访马德里，请求允许他退休。他的工资被转换成5万雷亚尔（按当时货币计算约为500英镑）的养老金，使他的晚年生活得以相对舒适。他最后的绘画和蚀刻作品又着迷似的回到了早期的主
302 题，夹杂着一两个新主题：穿着溜冰鞋的人；被处以极刑的人；断头台的素描，奇怪的交通工具，比如狗拉着一个坐在手推车上的人，戈雅记录说他在巴黎见过那人，还有一个老人在秋千上对自己微笑。在他的最后一幅自画像中，他剃干净了胡子，戴着帽子（图192）。

此时在法国举办的盛大浪漫主义沙龙展览，安格尔和德拉克洛瓦之

图191
西班牙娱乐
1825年
石版画
30cm × 41cm

间的美学竞争，关乎风格和主题的辩论，这一切似乎都与戈雅擦肩而过。他最后的作品被说成是“草率之作”，他的朋友在写到他的时候似乎颇为厌倦，他的风格在法国主要是通过盗版的《狂想曲》而为大众所知。他的壁画则被遗忘在角落中蒙尘，他的《战争的灾难》也不为人所见。

这位艺术家最后的岁月彰显出他实在是个天才，他在晚年取得的成就许多人穷其一生也难以企及。当他的青年时代围绕着对成功的奋斗，他的晚年时光则似乎完全是一段漫长的自证时期。在他去世前不久，他被描述为一位“哲学画家”。人们很难给戈雅的艺术对应上某一确切的
哲学体系，但其画中隐含的矛盾，以及他在探索现实和幻想间的对立主 304
题中表现出的乐趣，都让他从恣心所欲、不同凡响的想象力中创造出一个独特的形而上的世界。

1795—1812 年，意大利雕塑家卡耶塔诺・梅尔基（1747—1823 年）在西班牙工作。现在人们对他的印象主要是他在西班牙逗留期间为戈雅制作的一尊青铜头像（图 193）。这个头像为戈雅家族所有，并由戈雅的孙子马里亚诺于 1856 年赠送给了圣费尔南多皇家学院。戈雅的头猛地转向一侧，眉毛在深邃的眼窝上方突起，头发卷曲不羁，表现出天才的活力。17 世纪委拉斯凯兹和伦勃朗的自画像，以及 18 世纪梅伦德斯的自画像，也都体现出同样的理念。18 世纪荷加斯、雷诺兹和夏尔丹的自画像探索了对智慧力量的凝练表达，而到了 19 世纪后期，这已经发展成为一种浪漫主义风尚，意在召唤神秘的创作气质。戈雅是极力推崇艺术视觉个性的倡导者，他本人也成为这一转变的象征。

图 192
78 岁的自画像
1824 年
钢笔和褐色墨水
8.1cm × 7cm
普拉多博物馆，马德里

图 193

戈雅头像

卡耶塔诺 · 梅尔基

约 1800—1810 年

青铜

高 45cm

圣费尔南多皇家学院，

马德里

第九章 后世的致敬

戈雅的遗产与西班牙的传统

Lopez a mi Amigo Goya

戈雅身后的名望在19世纪逐步壮大并延续至20世纪，这一历程本 307
身就是项引人入胜的课题。戈雅家族的精明谋划以及西班牙和法国评论家为戈雅立起的神话，促使人们对这位艺术家的作品产生日益浓厚的兴趣。然而，戈雅的作品在19世纪的拍卖会上还相对少见，而且直到他去世大约70年后才有了一次大型回顾展，这也为他的职业生涯营造了一定的神秘感。尤为重要的是，论及后人何以懂得品鉴这位特立独行的西班牙大师，是来自几个欧洲国家的艺术家起到了推波助澜的作用。德拉克洛瓦、马奈、杜米埃和挪威画家爱德华·蒙克（1863—1944年）都对戈雅艺术的各方各面进行了深入研究。如果没有保罗·塞尚（1839—1906年）、保罗·克利（1879—1940年）、巴勃罗·毕加索（1881—1973年）、弗朗西斯·培根（1909—1992年）和乔治·格罗斯（1893—1959年）等现代大师对戈雅画作的致敬，单凭戈雅死后一个世纪内画室屈指可数的作品展览，后世学者和作家对他的大部分兴趣可能早已被扼杀。戈雅死后，他的艺术仍备受推崇，另一重原因则部分来自一些政治因素。

至于画家本人，他人生中最后四年主要是在波尔多度过的，周围有许多杰出的西班牙流亡者。对他们而言，他象征着西班牙自由主义那无法被扑灭的精神，这种自由主义在半岛战争后遭致费尔南多七世的无情迫害。画家于1828年4月16日去世，葬于波尔多的大沙特勒斯（Grande Chartreuse）公墓。他的坟墓坐落于穆吉罗家族的墓园中，这彰显了穆吉罗伯爵胡安·包蒂斯塔对他长久以来的友谊和钦佩之情，为其所作的肖像成为画家最后的杰作之一（图195）。戈雅是通过儿子的婚姻而与穆吉罗攀上了亲，他显然很珍惜这段晚年间的主要人脉，画像上的题词
既提到了他与画中人的友谊，也提到了他自己的年龄，那是在1827年5 308
月，彼时的他81岁。鉴于他在1825年曾身患重病，这确实是件值得自我庆贺的事。他写道：“我什么都缺，就是不缺意志。”然而，为穆吉罗作的肖像画丝毫没有显示出戈雅在技巧上的任何退步。

戈雅被埋葬在另一位杰出的难民身边，他就是哈维尔·戈雅的岳父堂·马丁·米格尔·戈伊克谢亚。在画家病榻前站着的是安东尼奥·布鲁加达（1804—1863年），作为一名年轻的艺术学生以及政治流亡者，

图194（对页）
戈雅肖像
维森特·洛佩兹-波塔纳
1826年
布上油彩
93cm × 75cm
普拉多博物馆，马德里

Dn. Juan de Muguiro, por
su amigo Goya, á los
81. años, en Burdeos,
Mayo de 1827.

图 195（对页）
穆吉罗伯爵胡安·包蒂斯塔肖像
1827 年
布上油彩
102cm×85cm
普拉多博物馆，马德里

他注定将成为西班牙浪漫主义风景画家中最具吸引力且最有才华的一个。就这样，戈雅在西班牙自由主义代表的陪伴下度过了他最后的几个月。当费尔南多七世于 1833 年去世后，这些流亡者中的许多人回到了祖国。在 19 世纪更为开明的——尽管是暂时的——民主统治时期，正是由于这批人的存在，关于这位西班牙艺术泰斗的记忆才得以在西班牙延续。

在战后的马德里世界，戈雅或许给世人的印象是一个遗世独立的天才，但他神秘莫测的影响力从未被遗忘。在他同时代人的记述中，从称戈雅正“安享晚年”的王室收藏目录中，以及在戈雅去世前两年维森特·洛佩兹–波塔纳为他画的极富感染力的肖像中，都可以看出人们对戈雅日益增长的国际声誉感到骄傲（图 194）。维森特·洛佩兹本人也拥有戈雅的作品，而另一位费尔南多宫廷中重要的新古典主义天才何塞·德·马德拉索–阿古多同样如此，他购买了《狂想曲》和《斗牛的艺术》的复制品。当安东尼奥·布鲁加达回到西班牙时，他被邀请为艺术家留在“聋人屋”的现存作品起草一份清单。其中列出了不少画家最具个人风格也最经久不衰的作品，当哈维尔和马里亚诺·戈雅开始出售家族藏品时，这些作品变得很是畅销。现存于马德里圣费尔南多皇家学院的四幅画出现在布鲁加达的清单上：《沙丁鱼的葬礼》（见图 177）、《自笞者的行进》、《宗教裁判所场景》（见图 178）和后期的《疯人院》。这些作品是杰出的鉴赏家曼努埃尔·加西亚·德·拉·普拉达自哈维尔·戈雅处购得，他那张由马德拉索所作的肖像画（图 196）表明戈雅 309
的风格深入西班牙肖像画传统的程度之深。然而，戈雅在西班牙的影响力有限，因为他的作品很少出现在公众视野中。马德里的普拉多博物馆于 1819 年首次作为欧洲主要博物馆开放，成为西班牙艺术的一座纪念碑，展示了出类拔萃的王室收藏。在 19 世纪的大部分时间里，只展出了三幅戈雅的画作：卡洛斯四世和王后玛丽亚·路易莎的两幅马术肖像（见图 127、图 128），以及一幅骑马斗牛士的小尺幅画像。然而，完整的收藏清单显示，戈雅的大量作品都在储备藏品中。这里面包括历史 311
和宗教画像、挂毯底图、卡洛斯四世和玛丽亚·路易莎家族的出色群像（见图 129），以及《1808 年 5 月 2 日》（见图 164）和《1808 年 5 月 3 日》（见图 165）。一直到 19 世纪最后 25 年，才有更多戈雅的画作在普拉多

图 196

曼努埃尔·加西亚·德·拉·普拉达肖像

何塞·德·马德拉索-阿古多

1827 年

布上油彩

188cm × 132cm

圣费尔南多皇家学院，马德里

博物馆展出。

在画家去世后的几年里，他的影响力与日俱增：通过家族藏品的对外出售，以及其版画作品的再版和流通。艺术家对自己作品的收藏，在艺术史上是个相对罕见但又独特的现象。虽然大多数艺术家都拥有未完成的草图或私人作品，但对于一个画家来说，保留如此多的杰作是不寻常的，毕竟他身后的名望将凭此而提升。在浪漫主义时期，这种对所有权的热情似乎是与艺术创作的独创性相伴而生的。例如，J. M. W. 透纳就有个不好的名声是爱囤藏自己的画作，甚至在卖掉一幅了不起的公共杰作《退役的铁梅雷尔号战舰》（*The Fighting Teméraire*）的几年之后又把它买了回去。威廉·布莱克去世时拥有很多自己的作品，泰奥多尔·热里科也是如此，他生前显然没卖出过任何作品，但却成为阿里·谢弗（1795—1858 年）一幅幻想风格肖像画的主角，画中展示了他临终前房间里塞满了他最著名作品《梅杜萨之筏》（见图 143）的油画草图。戈雅对自己独创性和创造性的痴迷，体现为他坚决保留那些最能展现其极致想象力的作品。

当这些同样的作品出现在安东尼奥·布鲁加达的清单中时，戈雅的收藏模式变得更加清晰。画家不仅珍视他那些充满幻想和想象力的作品，还珍视与他私人生活有关的特定画面：一幅画于 1783 年的自画像，画家时年应为 37 岁，后来也被马德拉索家族买下；哈维尔·戈雅的全身像，以及戈雅妻子和母亲的习作画。这些私人化的图画揭示了画家在大约 40 年时间里对自己作品的珍视程度。它们得以长期保存，显示出戈雅对家庭的眷恋，同时还有对自身艺术发展的迷恋。那些吸引了后世 312
画家和版画设计师的革命性图像作品往往是在没有赞助的情况下独立完成的：《狂想曲》《异类》《战争的灾难》和“黑暗绘画”，还有《信件》（见图 188）等架上画。这些作品的诞生归功于巨大的个人努力，而很少或根本没有受到赞助人的干预。

在西班牙之外，这位艺术家的名声开始流传开来。戈雅家族精明地在各处出售少量画作，通常卖给外国买家，这可能是戈雅本人对留给后世遗赠的设想：受私人藏品的丰富所吸引，外国代理人所开展的一系列商业交易。国外对戈雅的兴趣起初集中在《狂想曲》上。但画家作为现

图 197（对页）
锻造

布上油彩
181.6cm × 125cm
弗里克收藏馆，纽约

代西班牙场景的描绘者，这重身份也成为一个卖点。1818 年，奥地利驻马德里代办参观了一个展览，并写道戈雅“天生具备成为伟大画家的能力（特别是在描绘日常生活场景时）”。这一观点反映出西班牙主题和意象在欧洲得到更广泛的欢迎。在 19 世纪 20 年代、30 年代的法国，作家维克多・雨果和普罗斯佩・梅里美，以及艺术家欧仁・德拉克洛瓦将西班牙宣传为异国理想主义的来源。此时，泰勒男爵受命为法国国王路易-菲利普（1830—1848 年在位）购买西班牙绘画。作为其重要任务的一部分，泰勒接触了戈雅家族并购买了戈雅的十几幅私人作品。“他的风格和他的性格一样古怪”，泰勒这般写道，为戈雅身后因其个性独特而享有的名声加盖上了他自己的审美印章。当路易・菲利普的“西班牙画廊”于 1838 年在巴黎卢浮宫开幕时，在一堆委拉斯凯兹、穆里略、埃尔・格列柯的画作之中，悬挂着戈雅所绘的西班牙日常生活和穷人劳动的场景画，比如《锻造》（*The Forge*，图 197）。在参观展览的巴黎公众看来，这些作品无疑是怪诞的。“为什么买了戈雅的画？”讽刺杂志《喧嚣》（*Le Charivari*）发问。“戈雅可能是个有灵气的讽刺画家，但他是个非常平庸的画家。”西班牙画廊一直开放了十年，直到 1848 年的革命使得路易・菲利普流亡至国外，这些画才流散出去并被出售。彼时不
315 论是法国作家和诗人的热情，还是法国艺术家在视觉方面对其作品的回应，都已经开始反驳最初对戈雅艺术的指责。虽然泰勒所购买的戈雅作品并没有全部展出，但这些藏品包括了戈雅私人题材的代表性作品，从肖像画到幻想画都有。《信件》（见图 188）和《锻造》成为戈雅晚期风格的代表之作，笔触厚重明快，人物身材魁梧。

在 19 世纪，戈雅描绘穷人的画作一定是独一无二的。这些画吸引了品味超前的欧洲收藏家和寻找新题材的艺术家。戈雅在 1812 年送给他儿子的两幅小画代表了 19 世纪最早的标志性农民形象：《磨刀人》（*The Knife-grinder*，图 198）和《运水人》（*The Water-carrier*，图 199）。这两幅画由奥地利驻马德里特使阿洛伊斯・文策尔从哈维尔・戈雅手上购得，于 1820 年到达维也纳。1822 年，它们被艾什泰哈齐王子买下并带到布达佩斯。正如戈雅在中年时期用农民画取悦了阿斯图里亚斯亲王和奥苏纳公爵那样，在他生命的最后阶段，作为建立遗誉的一部分，戈

图 198（对页）
磨刀人
约 1808—1812 年
布上油彩
68cm × 50.5cm
美术博物馆，布达佩斯

图 199
运水人
约 1808—1812 年
布上油彩
68cm × 52cm
美术博物馆，布达佩斯

雅的下层社会生活主题也吸引了更多的欧洲贵族。

这类作品预示着，那些工人阶级农民肖像画会在法国画家让·弗朗索瓦·米勒（1814—1875 年）、古斯塔夫·库尔贝和卡米耶·毕沙罗（1830—1903 年）以及维多利亚时期英国画家的艺术中占据主导地位。法国画家兼版画设计师奥诺雷·杜米埃曾为《喧嚣》杂志工作，他用若干习作画描绘过伛偻过劳的洗衣妇（图 200），与《信件》的背景中那些洗衣妇别无二致。和戈雅一样，他以一种现代的手法，将对力量、体力和苦役的描述加以升华，也体现出这些对身体的影响。这种图像的存在是为了纪念穷人百折不挠的美德。《波尔多的挤奶女工》（*The Milkmaid of Bordeaux*，图 201）是戈雅最后的一幅画，显示出更多实验性的技法，也预示了后来艺术家的创作创新。戈雅画《波尔多的挤奶女工》的速度很慢，而且他非常满意自己的这一成就，以至于在他死后，莱奥卡蒂娅·韦斯声称他曾告诉她不要以低于一盎司黄金的价格出售这幅画。这
318 件作品被画家最后的保护者穆吉罗买下后，在欧洲广受欢迎的绘画题材领域引发了一场革命。虽然画中人物的身份让人想起英国和法国 18 世纪风景画传统及其迷人的人像，但没有任何形象能与布歇、尼古拉·朗克雷（1690—1743 年）或庚斯博罗所画的优雅农民更与之截然不同了。画中可以见到轻巧的笔触、明亮的色彩和坚实的轮廓，使得后来 19 世纪的批评家称戈雅为印象派。当毕沙罗对一个类似的农妇形象（图 202）进行描绘时，他和戈雅一样也着迷于如何表现出光线落在头上的效果，从而着力塑造出一种鲜明立体的人物个性。

说起戈雅死后在国际上的声誉，很重要的一部分在于他以艺术来反映充斥着严酷现实的世界。但是，他在概念创作方面展现出的精湛技艺，也同样被艺术家和收藏家铭记在心。面对大规模灾难和人性的弱点，他用颜料、粉笔和墨水加以描绘，这表明他非常迷恋混乱的生存状
319 况，而通过描绘社会底层那些迷失了的灵魂、无家可归者、行为异常者，他也吸引了后来的作家和艺术家。1825 年，戈雅《狂想曲》中的十幅作品在巴黎出版。这位画家拥有一种独特的天赋，将男男女女转化为野蛮又充满活力的夜间生物，这一点首先得到了德拉克洛瓦的效法，那些表现人物如何在压抑的黑暗中孤立无助的作品格外吸引后者。这种错

图 200
重担
奥诺雷 · 杜米埃
1855—1856 年
布上油彩
39.3cm × 31.3cm
布雷尔收藏馆，格拉斯哥

图 201
波尔多的挤奶女工
1825—1827 年
布上油彩
76cm × 68cm
普拉多博物馆，马德里

图 202
农妇
卡米耶 · 毕沙罗
1880 年
布上油彩
73.1cm × 60cm
美国国家美术馆，华盛顿哥伦比亚特区

图 203（对页）
《狂想曲》图版 32 号、37 号摹本
欧仁 · 德拉克洛瓦
1818—1820 年
钢笔和褐色墨水
15.3cm × 20cm
卢浮宫博物馆，巴黎

位感是《狂想曲》的根本，而在描绘人们独处于阴冷室内时也会出现。被囚禁的女孩（见图 111）引起了德拉克洛瓦的注意（图 203），正如大约 70 年后蒙克画了一个类似的人物，命名为《青春期》（图 204）。戈雅画面中令人不安的重重谜团、来源未知的威胁暗示以及难以名状的精神状态，使得 19 世纪那些描绘焦虑和恐惧的杰作都纷纷以其作为灵感来源。这位西班牙大师位列首批为这种无形状态赋予具体图像的主要欧洲艺术家，也为崭新的现代观点提供了灵感。

320 “戈雅一直是个伟大的艺术家，而且常常是个可怕的艺术家，”法国评论家、诗人夏尔 · 波德莱尔在 1857 年写道，“在西班牙讽刺画的欢快和幽默中……他加入了一种更为现代的态度，是在现代世界备受追捧的态度；一种对无形之物的热爱，一种对强烈反差的感知，以及面对自然界可怕的现象和某些情况下会展露出兽性的怪异人形相貌的关注。”人与动物之间的这种相互作用被戈雅用作一种隐喻，以表达某些堕落和道

德败坏的状况。这一技法启发了艺术家更多的法国拥趸。1869 年，戈
雅收官之作中的一幅在巴黎被售出。这幅素描之前的所有者是位颇具影 321
响力的法国绘图师路易-利奥波德·布瓦伊（1761—1845 年），他本人
因其对漫画和怪诞主题的热情而备受推崇，该画刻画的是人类精神错乱
的亢奋状态。这幅描绘了一个笼中男人的粉笔画《愤怒的疯子》（*Loco
Furioso*，图 205），创作时间可以追溯到戈雅在波尔多的岁月，当时他生
活在一群流亡者之间，依旧保持着对理性之外的精神状态的兴趣。疯子
囿于画面正中，挤在 19 世纪医院常用的那种笼子里。一位访客在 1814
年写下了关于斯特拉斯堡一家医院的记录：“对于那些棘手的疯子和弄
脏了自己的人，院方在大病房的尽头设置了一种笼子，或者说是木制
小间，最多只能容纳一个中等身材的人。戈雅从现实中的这种禁锢出 332
发，以一种怪诞的方式，用动物形象替代了人类形象：这人长出了狮
子的鬃毛，他的脸上变出了狮子的鼻子。

图 204

青春期

爱德华·蒙克

1895 年

布上油彩

152cm × 110cm

挪威国家美术馆，奥斯陆

图 205
愤怒的疯子

1824—1828 年
黑色粉笔
19.3cm × 14.5cm
伍德纳收藏馆，纽约

图 206（对页）
荒凉景色中的疯子
奥迪隆 · 雷东
《戈雅颂》第 3 号作品
1885 年
石版画
22.6cm × 19.3cm

这种构成非固定图像、让观众可以在脑海中想象出最终画面效果的技法成为一种新的方法，而从浪漫主义到现代主义的艺术家们纷纷将这种方法为己所用。1885 年，法国绘图员、画家奥迪隆 · 雷东（1840—1916 年）创作了一套六幅石版画。这些作品构成了关于流亡和堕落这两个主题的另一种视觉尝试。雷东特别欣赏戈雅作品中那些抽象的隐喻特质，那种特质为西班牙人的图像赋予了强大的力量。雷东将他的石版画命名为《戈雅颂》（*Homage to Goya*）：第三个例子名为《荒凉景色中的疯子》（*A Madman in a Dismal Landscape*，图 206），是一个关于精神错乱主题的变体。画中人物从长袍中露出一条腿，从脚踝处呈现出尚未成形的蹄子状。该图案的说明文字一一列举出失落、孤独、压迫和绝望寻觅的感觉："垂暮之年 / 此人于夜色中形单影只。/ 喀迈拉惊恐四顾。女祭司待时而动。/ 探寻者求索不止。"

雷东总结了人类在不断变化的世界中产生失落感的神秘之处，并融入了想象力创造至高无上的奥秘，戈雅也认为这令所有伟大艺术的原创精神不断焕发新生。在描绘现代社会时弊的过程中，越来越多人形成了以戈雅艺术为参考的传统，这为画家们在处理 19 世纪和 20 世纪那些黑暗历史事件时提供了一个模板。在法国，1830 年和 1848 年的政治革命令人震惊，随后是普法战争后的巴黎围城和 1871 年的巴黎公社。当马奈在创作一幅表现行刑队在巴黎街头执行任务的水彩画（图 207）时借鉴戈雅《1808 年 5 月 3 日》（见图 165）中的画面，这也许并不奇怪，毕竟他在《处决马西米连诺皇帝》（见图 170）中也曾仿效同一幅画。这一次，开枪的士兵直接进入了这座现代化的城市中，而如今此地在侵略
325 者面前更加不堪一击。在英国，有关城市的意象同样充满压抑感。1872 年，古斯塔夫 · 多雷（1832—1883 年）和记者威廉 · 布兰查德 · 杰罗德出版了他们全景式的长篇巨著，书中包含城市不同地区的雕刻版画和伦敦生活的点滴见闻，书名为《伦敦：朝圣之旅》（*London: A Pilgrimage*）。在这本书中，城市呈现出一种荒凉的景象，几乎无人在阴暗中徘徊。这里也同样回顾了戈雅关于马德里的画面，那里的拱门，那里的黑暗，那里有人在浊世中漂泊无依。欧内斯特 · 海明威曾亲身经历西班牙内战（1936—1939 年）的动荡，他感受到马德里的这一特质，并认为它甚至

ODILON REDON

图 207（对页）
街垒
爱德华·马奈
约 1871 年
石墨、水彩和水粉
46.2cm × 32.5cm
美术博物馆，布达佩斯

超出了戈雅的描绘："马德里某些地方存在着一种该死的恐怖氛围，是世界上其他地方所没有的，"他在 1940 年写道，"而戈雅所画的甚至连一半都不及。"

西班牙在 19 世纪和 20 世纪经历了一段特别野蛮残酷的历史，发生了一连串的内战、革命以及政府的遽然更迭，有时还要历经严格的审查制度。戈雅为数不多的追随者以他为榜样创造出精准的图像，以表达他们的愤怒之情。欧亨尼奥·卢卡斯·委拉斯凯兹（1817—1870 年）借用那幅被绞死的人的画像（见图 48）——也就是戈雅在职业生涯之初那幅令人为之动容的画像——并将其加工成一幅完全成熟的宏伟画作（图 208）。但是，19 世纪末出现在巴塞罗那的"现代主义"（modernista）运动才真正算得上是戈雅的西班牙继承者。尽管戈雅在马德里的第一次大型展览直到 1900 年才开幕，但他的作品在这个艺术团体中早已广为人知，该团体最著名的成员便是年轻的毕加索。西班牙画家米格尔·乌特里略（1862—1934 年）称毕加索为"小戈雅"（le petit Goya），部分原因在于毕加索早期以粉笔绘制的古怪的波希米亚人物肖像，那些肖像画在 1900 年 2 月展出于巴塞罗那，而仅仅三个月后，戈雅的马德里回顾展就开幕了。一位评论家在写毕加索时提到他身上有"一种受到神启般的狂热，会让人想起戈雅和埃尔·格列柯最好的作品，那两位正是他无可争议的神圣偶像"。正是由于这种狂热，毕加索对戈雅经常描绘的人物进行了重新审视，例如盲人（图 209），这一形象在戈雅的许多作品中萦绕不去，从挂毯底画到"黑色绘画"，而毕加索也会在 1903 年为其投入类似的残酷而真实的特质。

后弗洛伊德时期的许多艺术批评都审视了戈雅这位西班牙人作品中噩梦般的一面，尤其是他的蚀刻版画和"黑色绘画"，以此来分析艺术表达中人类情感的病态、打动人心和令人震惊的品质。到了 20 世纪，表现主义者和超现实主义者都声称戈雅是他们想象力感受的先驱，他的作品被审视为外部世界和艺术潜意识之间的纽带。尽管如此，他的艺术表明他是一个具有思想的人，伴随他那悲剧又悲观的人生观的，是坚定的实用主义和对存在之荒谬的敏锐洞察——这些荒谬不仅体现于他充满传奇色彩的人生经历中，而且体现于最后的葬礼中。1901 年，戈雅的遗 327

图 208（对页）
被绞死的人
欧亨尼奥 · 卢卡斯 · 委拉斯凯兹
约 1850—1870 年
板上油彩
51cm × 38cm
艺术博物馆，阿让

图 209
盲人
巴勃罗 · 毕加索
纸上水彩，裱于画布上
53.9cm × 35.8cm
福格艺术博物馆，哈佛大学艺术博物馆，马萨诸塞州剑桥

体从波尔多公墓被掘出并运回到西班牙，后被重新安葬于他在 1798 年
曾装饰过的圣安东尼-德拉-弗罗里达小教堂内。这一公众性荣誉所承载
的庄重与光彩在一定程度上有所减损，因为戈雅在法国那块墓地上做了
标记的纪念板出现了问题，该纪念板随艺术家尸体一同被归还。这块手 328
工雕刻的石板上有一段铭文，将戈雅的年龄记录为 85 岁，而不是实际
上的 82 岁，并且错误记录了他的死亡日期。此外，人们在挖掘过程中
发现戈雅的头骨已经消失了。声称拥有戈雅头骨的说法并不多见，但时
不时仍会出现；在萨拉戈萨甚至有一幅与之相关的画作，为之增添了一
种艺术家本人可能也会青睐的恐怖神秘感。

阴森恐怖和荒诞不经始终是戈雅奇特艺术中最神秘的特质。那些古怪的自画像暗示了他多面的个性，他风格中的不同喜好和偏好在其中交汇于一处。戈雅生活和艺术中的全部矛盾似乎是后人理解其画像的一个

图 210（对页）
习作 110
保罗 · 塞尚
铅笔和粉笔
49.5cm × 30.5cm
伍德纳收藏馆，纽约

重要组成部分。自画像本身在这方面提供了一个起点。保罗·塞尚在自己研究《狂想曲》时，特别为卷首插图中著名的《自画像》所吸引（见图 90）。塞尚在 1880 年临摹了那个戴海狸毛礼帽的头像，还放在他自己的自画像旁边（图 210）。然后他又把戈雅的头像画成漫画。塞尚之所以如此，也许是本着这样一个原则，即戈雅本身作为一个漫画家也无法免于这种构图上的面部扭曲。然而，又有这么一种感觉，这位诸多古怪图像的创作者为后人提供了一次意想不到的自我审视：一位可敬之人留下会意的斜睨形象。塞尚让戈雅看起来很狡黠；戈雅本人从不排斥扮演角色，他很可能早就预见到了其间的浑谐之处。塞尚对戈雅创作动机的直觉性理解，想必会迎合戈雅对荒诞事物的感知。

对于戈雅的后世崇拜者来说，表现下层社会和弱势群体的图像似乎也形成了珍贵的艺术传承。尽管不经之语和歪曲误解使这位艺术家漫长人生的某些方面变得扑朔迷离，但他作为画家、雕刻家和社会记录者的璀璨成就，如今对于现代艺术已具有无可争议的价值。19 世纪浪漫主义者的好奇心发掘出他大胆而又神秘的艺术品质，也为他身后的名望添砖
330 加瓦。20 世纪的艺术史家和评论家通过学术研究，在他的作品中发现了许多令人惊叹的想法。他最好的作品被认为拥有出于传统而更胜于传统的独特力量。他埋头于自己所在社会中的严酷现实，创造出一个势不可挡、时而惊骇众人的世界，让我们知道了对一位伟大艺术家该怀有怎样的期许。他画中曾出现过的那些战场上遭肢解的尸体，其间对战争的写照可能如幽灵一般萦绕于萨尔瓦多·达利在刻画另一场重大冲突——即西班牙内战（图 211）——时所唤起的灼心痛楚。

达利在谈到戈雅时称他表达了“同胞的欲望和愿望”。现代战争和革命的更多灾难性动荡也在戈雅身上找到了隐喻和幻想的来源，对于阐明一个变化无常的世界对诗意感性的冲击而言是不可或缺的。“我是不毛战场上的戈雅，经受敌人的啄食……我是战争的声音，”① 俄罗斯人安德烈·沃兹涅先斯基在第二次世界大战期间写下这样的诗句，这已成为他最令人难忘的诗歌之一。

332 通过这种方式，戈雅的艺术作为一种对普遍痛苦的永恒意识而持续存在着。即使是在 20 世纪末的当下，这个非凡人物的战争题材画作仍

① 原文有误，非 gorged，应为 gouged，且断句和长度影响翻译，参考如下：
I am Goya
of the bare field, by the enemy's beak gouged
till the craters of my eyes gape
I am grief
I am the tongue
of war, the embers of cities
on the snows of the year 1941
I am hunger.
我是戈雅！
敌人落在光秃的田地上
为我啄出弹坑的眼窝。
我是痛苦。
我是战争的声音，
是四一年雪地上
城市中烧焦的木头的声音。
我是饥饿。
——译注

11

图 211
带熟豆的软结构：内战的预感
萨尔瓦多 · 达利
1936 年
布上油彩
100cm × 99cm
费城艺术博物馆

图 212
一将功成！万骨枯！
《战争的灾难》图版 39 号
约 1810—1815 年
蚀刻版画和飞尘蚀刻
15.7cm × 20.8cm

然能在新的崇拜者中引发深刻情感共鸣。杰克·查普曼（生于 1966 年）和迪诺斯·查普曼（生于 1962 年）创作了一件超出真人大小的雕塑，题为《一将功成万骨枯》(*Great Deeds Against the Dead*)，三维重现了戈雅《战争的灾难》(图 212) 中最震撼人心的作品之一。这一展现肢体残缺的肃穆且触目惊心的画面，至今仍有强大的感染力，足以激发年轻的艺术家的创作灵感，深深触动观众的内心，并且也许比其他任何事物都更清晰地展现出戈雅艺术视角的持久价值。

附　录

术语表

学院（Academy）：该术语最初是指适用于人文主义学者非正式聚会，从 16 世纪开始，它被用来描述艺术家的研习团体。1648 年法兰西皇家绘画与雕塑学院的成立为艺术教学提供了一个实践和理论的模式，在接下来的两个世纪里，其他欧洲学院也纷纷效仿。

人体写生（Academy Figure）：男性裸体的素描或彩绘草图，仅用于教学或研习目的。这些草图是学院培训的核心内容之一。

飞尘法（Aquatint）：约 1770 年发明的一种版刻工艺，可以达到类似于水彩画的效果。铜板上覆盖着耐酸的颗粒，如树脂或糖。然后将酸倒在版上，腐蚀了颗粒之间的区域，在表面留下精细的“蜂窝状”图案。

巴洛克（Baroque）：一种与 17 世纪意大利艺术尤为相关的风格，它将戏剧性的视错觉艺术与明亮的色彩、强烈的光影效果和深刻的情感内容相结合。它在整个欧洲和拉丁美洲有深远的影响，在 18 世纪初发展成为**洛可可**风格。

古典（Classic）：一种风格和题材上的卓越艺术典范，主要起源于古代，在 18 世纪被确立为艺术品质的具体表现。

干刻法（Drypoint）：一种用钢针在铜板上刻划出图案的版刻工艺。这种技术有时被用来为印版上已经被酸腐蚀过的基本图案增加细节或纹理。

雕版画（Engraving）：用来描述一种印制和复制图像方法的总称。飞尘法、干刻法、蚀刻法和美柔汀都是雕版画的形式。

启蒙运动（Enlightenment）：18 世纪初期开始于法国和英国的一种哲学思想形式，后发展成为主导欧洲和北美的全面运动，并影响到政治、经济和文化思想及其发展。其基本原则——对现有制度的重新评估、对个人自由的尊重以及对传统迷信的摒弃——是基于对理性的深刻信仰。其倡导者包括约翰·洛克、大卫·休谟、让-雅克·卢梭和弗朗索瓦-马利·阿鲁埃·德·伏尔泰。

蚀刻（Etching）：一种版刻工艺，在金属板上覆盖一层耐酸底层，比如蜡，艺术家在上面作画，露出下层的表面。当印版被浸入酸中时，露出的区域被腐蚀掉。油墨填充到线条里，图案也就印在了纸上。

湿壁画（Fresco）：一种将与水混合后涂在已绘制好的湿灰泥层上的壁画绘制技术。在它干燥的过程中，灰泥与颜料结合，形成非常耐久的表面。在干墙上添加的细节（这种技术被称为“fresco secco”，字面意思是“干壁画”）则并不那么持久。

拉维法（Lavis）：来自法语中的“水洗”一词。一种将酸直接刷在铜板上、产生水彩画效果的版画技术。

石版画（Lithography）：一种用油性粉笔在石头或金属表面上绘制图案，然后在表面上浇水的制版技术。由于油和水不能混合，油性粉笔会排斥水。油墨在印版上滚动时只会黏附在所画图案的油脂部分，在纸上形成反向的图案。

美柔汀（Mezzotint）：这种雕版方法在18世纪的英国特别流行。铜板上覆盖着一层网状的毛刺点，是用一种被称为"摇点刀"（rocker）的齿状工具制成的。半色调和高光区域是通过刮去毛刺或抛光印版来实现的，这样油墨就不会印在这些区域。图案会出现在油腻深色背景上的一系列白色区域。由于在美柔汀中无法呈现线条，这种技术经常与**蚀刻**相结合。

新古典主义（Neoclassicism）：这种风格源自18世纪中期罗马的学者群体，他们鼓励艺术家们亲自研究古代艺术作品，并试图在自己的作品中再现希腊和罗马的艺术理想，这种风格包括冷色调、简洁的构图和通常取自古典历史的英雄主义题材。它的出现在一定程度上是对**巴洛克**和**洛可可**风格的回应。

洛可可（Rococo）：18世纪的一种绘画、建筑和装饰风格，源于法语的"rocaille"（意为岩石或贝壳），以华丽的装饰和逃避现实的主题为例。这种风格起源于法国，后流传到法国各地、德国南部、意大利和西班牙。

浪漫主义（Romanticism）：该术语起源于18世纪末的文学运动，也适用于19世纪初的艺术，其中引人注目的主题和风格的原创性，以及对异国情调的热爱，都得到了自由展示。通常被视为**新古典主义**的对立面。

人物小传

玛丽亚·德尔·皮拉尔·特蕾莎·卡耶塔娜·德·席尔瓦，第十三代阿尔巴女公爵（María del Pilar Teresa Cayetana de Silva，13th Duchess of Alba，1762—1802 年）：西班牙贵族女性，地位仅次于西班牙王后，以其美貌、财富、魅力及对艺术家和诗人的资助而闻名。戈雅为她画过两幅正式的肖像画，以及一些相对非正式的画像。戈雅和女公爵之间的恋情传闻无法得到证实，但二者的关系无疑是亲密的，而且她显然在 18 世纪 90 年代对这位艺术家产生过深刻的影响。她死后，戈雅曾试图为她设计陵墓。

弗朗西斯科·巴耶乌（Francisco Bayeu，1734—1795 年）：戈雅的妻兄，也是戈雅在波旁宫廷内的主要艺术对手。他在萨拉戈萨接受过戈雅的老师何塞·卢赞-马丁内斯（1710—1785 年）培训，1758 年获得了马德里圣费尔南多皇家学院的绘画奖学金。1762 年，他得到**门斯**的赏识，受邀作为其主要助手参与马德里新王宫的装饰工作。1767 年成为宫廷画家后，他曾助力戈雅推进他的事业，并在 1773 年同意他妹妹何塞法与这位年轻艺术家结婚。1780—1781 年，他与戈雅发生激烈争吵，两人从未完全和解。1789 年，他被卡洛斯四世拒绝了首席宫廷艺术家一职，尽管他得到了同等的俸禄。戈雅为他画了一幅肖像，是在他于 1795 年去世后几个月完成的。

曼努埃尔·巴耶乌（Manuel Bayeu，1740—1809 年）：巴耶乌兄弟中的老二，他也曾接受何塞·卢赞的指导。他画过宗教作品、肖像画和下层社会生活题材。17 岁那年他成为萨拉戈萨加尔都西会奥拉代修道院的见习修士，戈雅在 1774 年去那里绘过壁画。

拉蒙·巴耶乌（Ramón Bayeu，1746—1793 年）：巴耶乌三兄弟的老幺。他主要创作的是挂毯底图和宗教画，1766 年在圣费尔南多皇家学院的学生历史画比赛中获得金奖。他从未在宫廷中获得过受薪职位，于 1793 年去世。

约瑟夫·波拿巴，约瑟夫一世（Joseph Bonaparte, Joseph I，1768—1844 年）：拿破仑一世皇帝的兄长。1808 年，他在弟弟的任命下被封为西班牙国王约瑟夫一世。他作为西班牙君主只占据了一个名义上的地位，在 1812 年被**威灵顿公爵**率领的英国军队赶出之前，他曾试图放弃这一名号。戈雅曾多次为他作画（尽管没有一幅肖像画存世），1811 年他授予戈雅西班牙皇家勋章。他于 1815—1841 年住在美国，但最终死在意大利。

弗朗西斯科·卡巴鲁斯（Francisco Cabarrús，1752—1810 年）：法国商人之子，后成为西班牙重要的金融家，创立了一家与菲律宾开展贸易的公司以及西班牙第一家国家银行（圣卡洛斯银行）。戈雅将他的积蓄投资于该银行，并受该银行委托为其董事画肖像。

在卡洛斯三世统治时期，卡巴鲁斯的肖像是戈雅笔下最描绘**启蒙运动**人物最出色的作品之一。他成了拿破仑的哥哥西班牙国王约瑟夫一世手下的财政部长，一直担任这一职务直到去世。

胡安·奥古斯丁·塞安·贝穆德斯（Juan Agustín Ceán Bermúdez，1749—1829 年）：西班牙艺术史学家和学者，他在罗马受训成为一名画家，师从**门斯**，创作肖像画和装饰作品。1788 年在马德里定居后，他致力于学术研究，购得大量私人收藏，并出版了他的《西班牙艺术界最杰出教授的历史词典》（*Diccionario historico de los más illustres profesores de las Bellas Artes in España*，1800 年）和《塞维利亚艺术说明》（*Descripcion artistica de Sevilla*，1804 年）。他与戈雅的深厚友谊在许多方面影响了这位阿拉贡艺术家，并提供了有关这一时期西班牙生活和艺术的丰富信息。

欧仁·德拉克洛瓦（Eugène Delacroix，1798—1863 年）：作为法国**浪漫主义**主要代表人物，他在 19 世纪 20 年代对西班牙艺术进行了深入研究。通过与**费迪南·吉耶马尔代**几个儿子的友谊，德拉克洛瓦了解到了戈雅的作品。他临摹了一系列《狂想曲》画作，并在自己的作品中使用了许多戈雅作品中的图案和图像，特别体现在为约翰·沃尔夫冈·冯·歌德的《浮士德》（*Faust*，1828 年）所绘制的石版插图上。

曼努埃尔·戈多伊（Manuel Godoy，1767—1851 年）：西班牙政治家，其职业生涯始于近卫队军官，后一路晋升成为全西班牙最有权势也最招人恨的人。作为国王卡洛斯四世和王后玛丽亚·路易莎的宠儿，他在 1792 年被任命为首相。在结束了与法国的革命战争后，他于 1795 年被宣布为“和平王子”，并在 1801 年对葡萄牙的橘子战争中指挥西班牙军队得胜。他领导着一个腐败而不得人心的政府，而他对法国人的顺从导致了法国人在 1808 年入侵西班牙。作为半岛战争前的美术赞助人，他促成了戈雅的一些主要作品，特别是《裸体的马哈》和《着衣的马哈》，以及一些精美的肖像画。戈多伊娶了卡洛斯三世失宠的弟弟堂·路易斯的女儿，继承了他岳父的部分艺术收藏，并继续购买和委托绘画，直到 1808 年他在政治上垮台。

哈维尔·戈雅（Javier Goya，1784—1857 年）：弗朗西斯科·戈雅之子，他是一个二流艺术家，同时是个商人。他在 19 世纪 20 年代和 30 年代推广并售出了他父亲剩余的画作，并被认为协助绘制了“聋人屋”墙上的“黑色绘画”。

费迪南·吉耶马尔代（Ferdinand Guillemardet，1765—1801 年）1798 年起任法国驻西班牙大使。他因曾投票支持处死法国国王路易十六而为人所知，是第一个由戈雅为其画像的外国人。这幅生动鲜艳的肖像画于 1800 年被带回法国，成为戈雅在西班牙以外地区最早被人熟知的作品之一，后来由吉耶马尔代的儿子们捐赠给了卢浮宫。吉耶马尔代还拥有一幅《狂想曲》的复制品，可能正是由于他对戈雅艺术的热情，**德拉克洛瓦**才通过他认识到了这位西班牙艺术家的作品。

加斯帕尔·梅尔科·德·霍维亚诺斯（Gaspar Melchor de Jovellanos，

1744—1811 年）：诗人、政治家、西班牙**启蒙运动**的领袖，也是对戈雅颇有影响力的赞助人，他可能在 18 世纪 70 年代结识了戈雅，戈雅在 1798 年为他画了肖像。他的政治和哲学著作仍被视为半岛战争前的主要文学作品。这位 17 世纪西班牙文学和艺术权威曾称赞戈雅的作品特别富有创意，并为马德里皇家学院的美学事务做出了很大贡献。霍维亚诺斯的诗歌为《狂想曲》中部分版画提供了创作灵感。因政治原因被监禁七年后（1801—1808 年），霍维亚诺斯得到释放，加入了反对法国的中央军政府。作为加的斯议会的积极代表，他在 1810 年写下了《为中央政务委员会辩护的备忘录》（*Memoria en la defensa de la Junta Central*）。他的日记构成了关于 18 世纪末西班牙生活、艺术和文学的最佳自传性描述之一。

阿森西奥·胡利亚（Asensio Juliá，1767—1830 年）：西班牙画家和蚀刻家。他是渔夫的儿子，绰号“小渔夫”，成为戈雅的学生，虽然人们对他所知甚少，但他被认为他曾协助老师绘制圣安东尼-德拉-弗罗里达隐修院的壁画，临摹过戈雅与阿列塔医生的自画像，并在约 1798 年和 1814 年被戈雅画过。

维森特·洛佩兹-波塔纳（Vicente López y Portaña，1772—1850 年）：西班牙新古典主义画家。1790—1814 年，他在巴伦西亚学院担任绘画系副系主任，他多次为国王费尔南多七世画像，并应国王的要求回到马德里。他因其肖像画（包括一幅戈雅年老时的画）而闻名，他也和戈雅一样，是最早尝试**石版画**的西班牙艺术家之一。

欧亨尼奥·卢卡斯·委拉斯凯兹（Eugenio Lucas Velázquez，1817—1870 年）：戈雅之后一代的西班牙画家。在 19 世纪的西班牙，他是戈雅的追随者和临摹者中最有才华和最著名的一位，但他还没有凭借自身成为公认的西班牙大师。由于风格相似，他的一些画作长期以来都被错误归为戈雅名下。1855 年，他被要求对“聋人屋”的“黑色绘画”进行估值。他对戈雅和**迭戈·委拉斯凯兹**满怀热忱，大量临摹了他们的作品，这与他那独特作品中新派的、往往是暴力的当代场景和气势磅礴、富有意境的风景画形成了相似之处。他在巴黎举办过展览，据说是爱德华·马奈（1832—1883 年）的朋友。

何塞·德·马德拉索-阿古多（José de Madrazo y Agudo，1781—1859 年）：西班牙历史画家、肖像画家和雕版画家。半岛战争期间他在意大利，随后被任命为流亡罗马的卡洛斯四世和玛丽亚·路易莎的西班牙宫廷画家，在那里他曾遭到法国人的短暂监禁。1818 年回到西班牙后，他的新古典主义杰作《卢西塔尼亚领袖维里亚图斯之死》引起了轰动，这幅画像庄严又大气，反映了战后马德里政治不稳定的气氛，以及对复仇的徒劳渴望。如今人们对他的印象主要是作为在 19 世纪和 20 世纪初主宰马德里的艺术王朝的创始成员，而众所周知他欣赏戈雅的艺术，并深受这位阿拉贡大师肖像画的影响。

路易斯·梅伦德斯（Luis Meléndez，1716—1789 年）：他是一个微型画家的儿子，1748 年离开西班牙前往意大利，1753 年回国，成为那个时代的主要静物画家之一。他在1746年绘制的《自画像》是18世纪最具原创性的作品之一，在色彩运用和描绘陷入沉思的人物形象方面，预示了戈雅浪漫主义风格的自画像。

胡安·梅伦德斯·巴尔德斯（Juan Meléndez Valdés，1754—1817年）：西班牙诗人，学习过古典文学和法律专业。他是**霍维亚诺斯**的朋友，后者是美术爱好者，也是戈雅的赞助人和朋友。他那幅1797年的肖像画是艺术家最细腻的半身像之一。

安东·拉斐尔·门斯（Anton Raphael Mengs，1728—1779年）：他是德累斯顿宫廷画家之子，通常与德国作家约翰·约阿希姆·温克尔曼的新古典主义艺术理论联系在一起，曾是萨克森选帝侯奥古斯特三世的宫廷艺术家，后来成为西班牙卡洛斯三世的首席宫廷画家。1761年到达马德里后，他帮助重组了圣费尔南多皇家学院的教学计划，并参与了马德里新王宫的装饰工作。他挑选了当时最有前途的西班牙画家**弗朗西斯科·巴耶乌**、**路易斯·帕雷特**和戈雅，邀请他们为皇家挂毯厂创作底图。

莱安德罗·费尔南德斯·德·莫拉廷（Leandro Fernández de Moratín，1760—1828年）：西班牙诗人和戏剧家，其作品受到莫里哀戏剧的启发。作为**约瑟夫·波拿巴**的支持者，他在1814年被迫逃往法国。他与戈雅的友谊一直持续到晚年；1824年，这位艺术家与他一起流亡到波尔多。莫拉廷在其戏剧中研究过的许多主题：不幸的婚姻、教会的腐败、虚伪和社会不公，都在戈雅的私人画作和《狂想曲》中得到了分析。莫拉廷被路易斯·帕雷特和戈雅画过两幅特别精美的肖像画。

奥苏纳公爵夫人，本名玛丽亚·何塞法·阿隆索·皮门特尔，曾为贝纳文特女公爵（Duchess of Osuna，María Josefa Alonso Pimentel, formerly Duchess of Benavente，1752—1834年）：她于1771年嫁给第九代奥苏纳公爵，成为西班牙**启蒙运动**界的领军人物，也是那个时代美术界最大的女赞助人之一。她的诸多兴趣中就包括了教育、科学、工业和美术，她广泛的社会包容度和前卫的品味反映在戈雅为她画的各种新颖、往往表现得很大胆的主题画作上。

路易斯·帕雷特－阿尔卡萨（Luis Paret y Alcázar，1746—1799年）：戈雅同时代最有才华的对手，他在圣费尔南多皇家学院的学生历史画比赛中获奖，并于1763年前往罗马。他在1766年回到马德里，继续作为国王卡洛斯三世的弟弟堂·路易斯的门客。因为他被指控牵扯进了其主人的不检点行为，他于1775年被流放到波多黎各，在西班牙宫廷的辉煌生涯告终。1778年，他回到西班牙，定居在毕尔巴鄂；1787年，他最终被赦免并被允许回到马德里。一返回马德里，他就担任了学院的副秘书长一职。他凭其当代西班牙生活场景、历史、宗教和神话绘画以及建筑项目、插图和装饰作品而闻名。

詹巴蒂斯塔·蒂耶波洛［Giambattista (Giovanni Battista) Tiepolo，1696—1770年，本名乔瓦尼·巴蒂斯塔·蒂耶波洛］：他出生在意大利，后来成为 18 世纪最伟大的壁画家。他在意大利北部装饰过大量建筑，并在 1750 年为维尔茨堡的大主教宫殿绘制了壁画。1762 年，他来到马德里，为新王宫的王座室绘制壁画。他在雕版画、壁画和油画素描方面精湛且创新的技法令人钦佩，他对戈雅产生了深远的影响，特别体现在圣安东尼-德拉-佛罗里达隐修院的壁画和《狂想曲》版画中。

查尔斯·理查德·沃恩爵士（Sir Charles Richard Vaughan，1774—1849 年）：英国外交官和学者。1800 年、1804—1808 年（作为英国大使馆秘书）和 1810—1819 年身在西班牙。他随后成为英国驻瑞士和美国的大使。他访问了巴伦西亚，是有记录的首位在大教堂里欣赏戈雅画作《圣弗兰西斯·博尔贾照料不知悔改的垂死者》的英国游客。他还在 1808 年的围攻中到访萨拉戈萨，在那里见到了帕拉福斯将军。他的小册子《萨拉戈萨围城记》在很大程度上激发了英国对西班牙战争的支持。

迭戈·委拉斯凯兹（Diego Velázquez，1599—1660 年）：17 世纪西班牙宫廷艺术家中最有抱负、最成功也最富才华的人，他对戈雅而言是一处特别的灵感来源，戈雅在 1778 年出版了对他画作的摹本，并认为自己是委拉斯凯兹天才的真正艺术继承者。对于 18 世纪的西班牙鉴赏家、学者和画家来说，他是西班牙艺术真正的英雄，他为费利佩四世家族绘制的宏伟肖像，即现在人们所知的《宫娥》，被认为是王室收藏中最珍贵的作品。

阿瑟·韦尔斯利，第一代威灵顿公爵（Arthur Wellesley，1st Duke of Wellington，1769—1852 年）：他在伊顿公学和昂热军事学院接受了教育，1787 年加入第 73 高地团担任少尉并迅速晋升，1793 年成为中校。1796 年，他被提升上校，在印度参与了大量战役，被授予骑士称号，然后在 1806 年当选为莱伊区的议员。他在伊比利亚半岛的军事行动（1808—1814 年）中最终击败了拿破仑的占领军，充分确立了自己在军事史上的不朽地位，他获得了不计其数的荣誉，包括西班牙和葡萄牙的伯爵爵位和公爵爵位。他曾任驻巴黎的英国大使，并作为最具影响力的人物之一主宰了战后的欧洲，1827 年成为英国首相，为他的公职生涯画上了最浓墨重彩的一笔。威灵顿作为许多肖像画的主题，他的脸部和身材在 19 世纪许多艺术家的作品中出现过。当威灵顿在马德里时，通过一到两次的写生，戈雅至少画了三幅重要油画和一些相关素描，这些都是公爵最有独创性也最非正统的形象。

大事年表

弗朗西斯科·戈雅的生平与艺术	事件背景
1746 年 3 月 30 日出生于西班牙阿拉贡地区的福恩特托多司村	1746 年 费尔南多六世成为西班牙国王（至 1759 年）
	1748 年 雅克-路易·大卫出生
1750 年代 在萨拉戈萨的皮亚尔会（Piarist）接受教育	
	1751 年 德尼·狄德罗的《百科全书》第一卷在法国出版
	1752 年 圣费尔南多皇家学院在马德里建立
	1759 年 卡洛斯三世继承西班牙王位（至 1788 年）
1760 年 在萨拉戈萨跟随何塞·卢赞-马丁内斯学习（至 1763 年）	
	1761 年 西班牙与英国交战
	1762 年 让-雅克·卢梭,《社会契约论》
1763 年 马德里学院竞赛失利	1763 年 英国、法国、西班牙签署《巴黎和约》，结束七年战争（1756—1763 年）
1766 年 再度在马德里学院竞赛中失利	
	1767 年 西班牙及其海外殖民地驱逐耶稣会

		1768 年	英国皇家艺术研究院在伦敦创建
1770 年	前往意大利；身处罗马	1770 年	詹巴蒂斯塔·蒂耶波洛在马德里逝世
1771 年	凭借一幅关于汉尼拔的画（图 19）在帕尔马学院的绘画竞赛中获得“荣誉提名奖”；回到萨拉戈萨；为皮拉尔圣母大教堂的小唱诗班绘制壁画	1771 年	本杰明·富兰克林，《本杰明·富兰克林自传》
1773 年	与何塞法·巴耶乌结婚	1773 年	教皇克雷芒十四世迫于波旁王朝的压力而宣布解散耶稣会
1774 年	8 月：第一个孩子出生	1774 年	路易十六继承法国王位（至 1792 年）
1775 年	1 月：离开萨拉戈萨前往马德里 在门斯和弗朗西斯科·巴耶乌的监督下完成了为圣芭芭拉皇家挂毯工厂绘制的第一批底画 12 月：第二个孩子出生	1775 年	路易斯·帕雷特被迫流放到波多黎各岛 詹姆斯·瓦特建造出第一台高效蒸汽机
		1776 年	《独立宣言》发表，宣告了美利坚合众国的成立
1777 年	1 月：第三个孩子出生		
1778 年	效仿委拉斯凯兹创作蚀刻画（图 49、图 51）	1778 年	西班牙皇家学院设立于萨拉戈萨 西班牙与英国交战
1779 年	10 月：第四个孩子出生 包括《马德里的集市》在内的新挂毯底画（图 41）	1779 年	安东·拉斐尔·门斯在罗马去世 托马斯·齐彭代尔逝世

1780 年 以《十字架上的基督》当选为马德里皇家学院院士（图 52）
8 月：第五个孩子出生；开始为皮拉尔圣母大教堂绘制壁画（图 55）

1781 年 在皮拉尔圣母大教堂壁画上与弗朗西斯科·巴耶乌意见不一致；返回马德里

1781 年 亨利·富塞利绘制《梦魇》

1782 年 4 月：第六个孩子出生

1783 年 为首相佛罗里达布兰卡伯爵画像（图 59）
拜访国王的弟弟堂·路易斯亲王

1783 年 西班牙和英国之间停止敌对状态；直布罗陀海峡不敌英国；《巴黎条约》标志了美国独立战争（1775—1783 年）的结束并承认了美利坚合众国

1784 年 12 月：第七个孩子哈维尔出生，这是他唯一长大成人的子女

1784 年 未来西班牙国王费尔南多七世出生

1785 年 被任命为马德里圣费尔南多皇家学院副主任

1785 年 第一次有人乘坐热气球穿越英吉利海峡

1786 年 被任命为国王画师

1786 年 莫扎特,《费加罗的婚礼》

1788 年 奥苏纳公爵夫妇为他们在巴伦西亚大教堂的小礼拜堂委托创作了两幅圣方弗朗西斯·博尔贾的画作，这也是第一幅“怪物”画作的灵感来源（图 56、图 57）

1788 年 12 月：西班牙国王卡洛斯三世逝世，卡洛斯四世和玛丽亚·路易莎继位
托马斯·庚斯博罗去世

1789 年 升任宫廷画家
包括《小巨人》在内的最后一批挂毯底画订单（图 94）
绘制首批皇家肖像画（图 77、图 78）

1789 年 卡洛斯四世加冕
卡洛斯四世授予西班牙宗教裁判所新的权力，以审查来自法国的革命材料的传播
7 月：攻破巴士底狱标志了法国大革命的开始

		1790 年	埃德蒙·伯克，《对法国大革命的反思》
1791 年	完成王室藏品的清点工作	1791 年	曼努埃尔·戈多伊被封为阿尔库迪亚公爵以及圣费尔南多皇家学院的保护人
1792 年	在皇家学院汇报对如何培养西班牙艺术学生的看法 身患重病	1792 年	法兰西第一共和国宣布成立
1793 年	1 月：被允许旅行，在塞维利亚病倒 3 月：在加的斯受到塞巴斯蒂安·马丁内斯的照顾 7 月：返回马德里	1793 年	1 月：法国的路易十六被处决 3 月：法国向西班牙宣战 戈多伊成为西班牙军队陆军元帅
1794 年	在马德里向皇家学院的成员展出了他在疗养期间画的 11 幅私房画	1794 年	马克西米连·罗伯斯庇尔被处决
1795 年	被任命为圣费尔南多皇家学院的绘画系主任	1795 年	弗朗西斯科·巴耶乌去世 7 月：西班牙与法国议和
1796 年	在阿尔巴女公爵位于桑卢卡尔-德巴拉梅达的庄园拜访她 完成桑卢卡尔画册（图 97、图 98）	1796 年	西班牙向英国宣战 拿破仑出征意大利 阿罗斯·塞菲尔德发明平版印刷术
1797 年	完成“梦”系列版画和素描，这最终成为《狂想曲》	1797 年	戈多伊任命了一个包括霍维亚诺斯在内的自由派政府
1798 年	六幅巫术画卖给了奥苏纳公爵 马德里圣安东尼-德拉-弗罗里达隐修院的壁画装饰委托（图 120、图 121）	1798 年	霍维亚诺斯被政府驱逐 法国远征埃及；法国占领埃及（至 1801 年） 7 月：金字塔大战 8 月：纳尔逊在阿布基尔击垮法国舰队

1799 年 出版《狂想曲》
被任命为首席宫廷画师
开始创作西班牙王后玛丽亚·路易莎的骑马画像（图 128）

1799 年 2 月：路易斯·帕雷特去世
11 月：雾月 18 日政变建立起拿破仑的执政府

1800 年 绘制西班牙国王卡洛斯四世的骑马画像（图 127），开始创作《卡洛斯四世一家》（图 129）

1800 年 戈多伊重夺大权
贝多芬，《第一交响曲》

1801 年 绘制“最高统帅”戈多伊的肖像

1801 年 西班牙与葡萄牙之间的橘子战争

1802 年 阿尔巴女公爵去世
《亚眠条约》标志着法国大革命战争的结束，为拿破仑战争奠定了基础

1803 年 向国王赠送《狂想曲》的铜版和 240 套未售出的全集以换取哈维尔的津贴

1803 年 英国向法国宣战
罗伯特·富尔顿在巴黎塞纳河上试验蒸汽轮船

1804 年 拿破仑称帝

1805 年 哈维尔·戈雅和古梅辛达·戈伊科切亚结婚（图 144、图 145）

1805 年 英国在特拉法尔加战役中获胜
大卫绘制《拿破仑一世及皇后加冕典礼》（图 123）

1806 年 他唯一的孙子马里亚诺·戈雅出生

1806 年 约瑟夫·波拿巴加冕为那不勒斯国王

1807 年 拿破仑下令对西班牙进行军事占领

1808 年《裸体的马哈》和《着衣的马哈》（图 132、图 133）被列入戈多伊的收藏清单

1808 年 卡洛斯四世退位并改立其子
费尔南多七世继承王位（至 1833 年）

受皇家学院委托为费尔南多七世绘制肖像
帕拉福克斯将军邀请他观察萨拉戈萨被围困的场景
很可能访问了家乡福恩特托多司村

3月2日：法国军队进入马德里
5月2日：马德里起义反抗法军，继而导致5月3日的处决
5月5日：在巴约讷的西班牙王室将西班牙王位让与拿破仑
半岛战争或称独立战争的开始（至1814年）
6月：约瑟夫·波拿巴任西班牙国王
12月：马德里向法国人投降

1809年 返回马德里

1809年 阿瑟·韦尔斯利被派去指挥一支部队保卫葡萄牙，于7月进入西班牙
塔拉韦拉之战：韦尔斯利击败约瑟夫·波拿巴带领下的法国人，被封为威灵顿子爵

1810年 开始创作《战争的灾难》，为约瑟夫·波拿巴绘制《马德里城的寓言》（图148）等绘画作品

1810年 拿破仑迎娶奥地利的玛丽·路易丝
约翰·沃尔夫冈·冯·歌德，《色彩论》

1811年 为约瑟夫·波拿巴绘制肖像，被授予西班牙皇家勋章
莱奥卡蒂娅·韦斯婚姻破裂

1811年 霍维亚诺斯去世
法国军队在葡萄牙边境城市阿尔梅达战败后撤退到西班牙
威灵顿被升为将军

1812年 妻子何塞法去世
父子之间分割财产
对房屋内的物品进行清点
为威灵顿公爵绘制和起草了数幅肖像画（图158—160）

1812年 威灵顿被任命为威灵顿伯爵并获西班牙大公爵位
3月：在加的斯的议会颁布新的自由主义宪法
8月：威灵顿进入马德里，获封威灵顿侯爵以及西班牙军队元帅
拜伦勋爵，《恰尔德·哈洛尔德游记》（至1818年）

		1813 年	约瑟夫国王逊位 法国任撤出西班牙 拿破仑在莱比锡战役中战败 费尔南多七世返回西班牙
1814 年	向政府申请一笔经费以绘制《1808 年 5 月 2 日》（图 162）和《1808 年 5 月 3 日》（图 163） 玛丽亚·德尔·罗萨里奥·韦斯出生 《裸体的马哈》和《着衣的马哈》被宗教裁判所判定为淫秽作品 11 月：塞尔纳汇报戈雅在法占时期的行为	1814 年	反法同盟联军进入巴黎 拿破仑退位，路易十八复位 费尔南多七世进入马德里 自由主义宪法遭废除 宗教裁判所在西班牙重新建立 拿破仑获得厄尔巴岛统治权 拿破仑退位后《巴黎条约》得以缔结
1815 年	3 月：被迫在宗教裁判所出庭 开始创作《斗牛的艺术》版画（图 179、图 180）	1815 年	3 月：拿破仑返回法国，路易十八逃亡 6 月：拿破仑滑铁卢 7 月：反法同盟联军进入巴黎，路易十八回归
1816 年	刊登广告出售《斗牛的艺术》版画	1816 年	简·奥斯汀，《爱玛》
1817 年	访问塞维利亚，为当地大教堂完成非常成功的宗教作品 可能开始创作《异类》版画	1817 年	胡安·梅伦德斯·巴尔德斯去世 约翰·康斯太勃尔展出其最早一批风景画
1818 年	拟定购买“聋人屋”的合同	1818 年	玛丽·沃尔斯通克拉夫特·雪莱，《弗兰肯斯坦》
1819 年	2 月：买下并搬入“聋人屋” 完成最初一批石版画（图 183） 身患重病	1819 年	卡洛斯四世和玛丽亚·路易莎在流亡罗马期间去世 普拉多博物馆在马德里开放 泰奥多尔·热里科在巴黎展出《梅杜萨之筏》

1820 年 绘制《与阿列塔医生的自画像》（图 185）
开始创作“黑暗绘画”（图 186—189）
最后一次访问圣费尔南多皇家学院，宣誓效忠宪法

1820 年 拉菲尔·德·雷戈-努涅兹成功领导了自由派反对费尔南多七世的政变，迫使后者接受了宪法
宗教裁判所被废除

1822 年 维罗纳会议讨论反对费尔南多七世的革命，决定由法国军队镇压起义

1823 年 草拟赠予契约，将“聋人屋”转交给他的孙子马里亚诺·戈雅

1823 年 4 月：法国与西班牙处于战争状态
8 月：法军攻占特罗卡德罗堡，恢复费尔南多七世的所有权力

1824 年 进入避世状态；可能开始蚀刻《异类》版画（图 1、图 182）；大赦期间申请前往法国；访问巴黎
与莱奥卡蒂娅·韦斯定居波尔多

1824 年 5 月：西班牙实行大赦
西蒙·玻利瓦尔从西班牙统治中解放了秘鲁
英国国家美术馆在伦敦创立

1825 年 1 月：十幅《狂想曲》版画在巴黎制作完成，在《法国书目》上刊登销售广告；第一次续假；身患重病
7 月：第二次续假；制作石版画

1825 年 雅克-路易·大卫在布鲁塞尔去世
西班牙在南美洲的殖民统治结束
约翰·纳什，白金汉宫
亚历山大·普希金，《鲍里斯·戈都诺夫》

1826 年 访问马德里并获准以宫廷画师的身份全薪退休

1826 年 詹姆斯·费尼莫尔·库柏，《最后的莫希干人》

1828 年 逝于 4 月 16 日，葬于波尔多
安东尼奥·布鲁加达完成“聋人屋”存世作品清单

1828 年 普拉多博物馆的第一份藏品目录中收录了戈雅撰写的自传性笔记

1901 年 尸身从波尔多墓中移出并运回西班牙

1901 年 维多利亚女王逝世
伽利尔摩·马可尼的首次无线电传送

延伸阅读

研究戈雅的作品

戈雅的作品有数个全集目录。虽然有些作品现在已经易手，不再属于所列的收藏品，但最易获得也最可靠的是由Gassier、Wilson和Lachenal整理的作品目录。以多种语言撰写的大量传记作品现已付梓。有些是上个世纪的作品，有些则为戈雅爱好者创造了重要的新信息和学术来源。我在此列出了其中一些最有独到见解和最有用的，以及一些最新和最易获得的作品。

Pierre Gassier, *Francisco Goya: Drawings: The Complete Albums* (New York, 1973)

—, *The Drawings of Goya: The Sketches, Studies and Individual Drawings* (New York, 1975)

Pierre Gassier, Juliet Wilson and François Lachenal, *Goya Life and Work* (Paris, 1971, repr. Cologne, 1994)

Nigel Glendinning, *Goya and his Critics* (New Haven and London, 1977)

—, 'Goya on Women in the Caprichos: The Case of Castillo's Wife', *Apollo*, 107 (1978), pp.130–4

—, 'Goya's Patrons', *Apollo*, 114 (1981), pp.236–47

Fred Licht, *Goya and the Modern Temper in Art* (New York, 1978)

Folke Nordstrom, *Goya, Saturn and Melancholy, Studies in the Art of Goya* (Stockholm, Göeborg, Uppsala, Almquist and Wiksell, 1962)

Alfonso E Peréz Sanchez and Julián Gállego, *Goya, The Complete Etchings and Lithographs*, trans. by David Robinson Edwards and Jenifer Wakelyn (Munich and New York, 1995)

Sarah Symmons, *Goya* (London, 1977)

—, *Goya: In Pursuit of Patronage* (London, 1988)

Janis Tomlinson, *Goya in the Twilight of Enlightenment* (New Haven and London, 1992)

—, *Francisco Goya y Lucientes 1746–1828* (London, 1994)

Jesusa Vega, 'The Dating and Interpretation of Goya's Disasters of War', *Print Quarterly*, 11:1 (1994), pp.3–17

—, 'Goya's Etching after Velázquez', *Print Quarterly*, 12:2 (1995), pp.145–63

Gwyn A Williams, *Goya and the Impossible Revolution* (New York, 1976)

展览目录

关于戈雅和他同时代的人，以及他们生活和工作的那个年代，已经举办过不少重要的展览。这些展览的目录仍然可以获得，并提供了戈雅材料的宝贵来源。

Jeannine Baticle, *L'Art européen à la cour*

d'Espagne au XVIIIe siècle (Galeries des Beaux-Arts, Bordeaux; Galerie Nationales d' Exposition du Grand-Palais, Paris; Museo del Prado, Madrid, 1979–80)

David Bindman, *The Shadow of the Guillotine, Britain and the French Revolution* (British Museum, London, 1989)

Carlos III y La Ilustración, 2 vols (Palacio de Velázquez, Madrid, 1988–9)

Goya and his Times (Royal Academy of Arts, London, 1963–4)

Goya and the Spirit of the Enlightenment (Museo del Prado, Madrid; Museum of Fine Arts, Boston; Metropolitan Museum of Art, New York, 1988–9)

Goya, Truth and Fantasy, The Small Paintings (Museo del Prado, Madrid; Royal Academy of Arts, London; The Art Institute of Chicago, 1993–4)

Werner Hofmann (ed.), *Goya: Das Zeitalter der Revolutionen 1789–1830* (Hamburger Kunsthalle, 1980)

William B Jordan and Peter Cherry, *Spanish Still Life from Velázquez to Goya* (National Gallery, London, 1995)

Roger Malbert, *Goya, The Disparates* (Hayward Gallery, London, 1997)

Painting in Spain During the Later Eighteenth Century (National Gallery, London, 1989)

Painting in Spain in the Age of Enlightenment: Goya and his Contemporaries (Spanish Institute, New York; Indianapolis Museum of Art, 1997)

Le Siècle d'Or des Estampes Tauromachiques 1750–1868 (Royal Academy of San Fernando, Madrid, 1989)

Juliet Wilson Bareau, *Goya's Prints: The Tomás Harris Collection in the British Museum* (British Museum, London, 1981)

Reva Wolf, *Goya and the Satirical Print in England and on the Continent, 1730–1830* (Boston College Museum, 1991)

历史文化背景

Angel Alcalá (ed.), *The Spanish Inquisition and the Inquisitional Mind* (Boulder, 1987)

Raymond Carr, *Spain 1808–1975* (Oxford, 1966, 2nd edn, 1982)

David Francis, *The First Peninsular War, 1702–13* (London, 1975)

Nigel Glendinning, *A Literary History of Spain: The Eighteenth Century* (London, 1972)

W N Hargreaves-Mawdsley, *Eighteenth-Century Spain, 1700–1788: A Political, Diplomatic and*

Institutional History (London, 1979)

—, *Spain Under the Bourbons, 1700–1833: A Collection of Documents* (London, 1973)

Richard Herr, *The Eighteenth-Century Revolution in Spain* (Princeton, 1958)

Henry Kamen, *The War of Succession in Spain, 1700–15* (London, 1969)

—, *Inquisition and Society in Spain in the Sixteenth and Seventeenth Centuries* (London, 1985)

George Kubler, *Art and Architecture in Spain, Portugal and their American Dominions, 1500–1800* (London, 1962)

Geoffrey J Walker, *Spanish Politics and Imperial Trade, 1700–1789* (London, 1979)

同时代来源

Charles Baudelaire, *The Painter of Modern Life and Other Essays*, ed. and trans. by Jonathan Mayne (London, 1995)

Alexander Boyd (ed.), *The Journal of William Beckford in Portugal and Spain 1787–1788* (London, 1954)

J A Ceán Bermúdez, *Diccionario historico de los más ilustres profesores de las Bellas Artes en España*, 6 vols (Madrid, 1800, repr. 1965)

Edmund Burke, *A Philosophical Enquiry into the Origin of Our Ideas of the Sublime and Beautiful*, ed. James T Boulton (London, 1958)

Richard Cumberland, *Anecdotes of Eminent Painters in Spain* (London, 1787)

Diderot on Art – I : The Salon of 1765 and Notes on Painting, trans. by John Goodman, introduction by Thomas Crow (New Haven and London, 1995)

William Hogarth, *Analysis of Beauty* (London, 1753)

Dionysius Longinus, *Longinus on the Sublime*, trans. by William Smith (London, 1819)

William Napier, *History of the Peninsular War* (London, 1828–40)

Antonio Palomino, *El Museo Pictórico y Escala* óptica (Madrid, 1715–24, repr. 1795–7), trans. by Nina Ayala Mallory: Antonio Palomino, *Lives of the Eminent Spanish Painters and Sculptors* (Cambridge, 1987)

Vol. 1: *Teoría de la Pintura*

Vol. 2: *Práctica de la Pintura*

Vol. 3: *El Parnaso españo l pintoresco laureado*

Antonio Ponz, *Viaje de España*, 18 vols (Madrid, 1772–94)

Sir Joshua Reynolds, *Discourses on Art*, ed. Robert R Wark (New Haven and London, 1975)

Charles Vaughan, *Narrative of the Siege of Saragossa* (London, 1809)

有关戈雅同时代及后世仰慕者的书籍

Jonathan Brown (ed.), *Picasso and the Spanish Tradition* (New Haven and London, 1996)

Douglas Druick, Fred Leeman and Mary Anne Stevens, *Odilon Redon 1840–1916* (London, 1995)

Ian Gibson, *The Shameful Life of Salvador Dalí* (London, 1997)

Sensation: Young British Artists from the Saatchi Collection (exh. cat., Royal Academy of Arts, London, 1997)

Eleanor M Tufts, Luis Meléndez: *Eighteenth- Century Master of the Spanish Still Life: With a Catalogue Raisonné* (Columbia, MO, 1985)

Catherine Whistler, ‘G B Tiepolo at the Court of Charles Ⅲ’, *Burlington Magazine*, 128 (1986), pp.198–205

索引

（本索引页码为原书页码，即本书页边码。粗体数字为插图编号。）

A

阿尔巴女公爵 Alba, Duchess of 113，116，124，125，156—158，182，188，213，220，221，294；**72**，**97**，**119**

《阿尔巴女公爵肖像》（1795 年）*Portrait of the Duchess of Alba* (1795) 113，221；**72**

《阿尔巴女公爵肖像》（1795 年）*Portrait of the Duchess of Alba* (1797) 221，294；**119**

阿尔布雷希特·丢勒 Dürer, Albrecht 182—183

阿尔塔米拉伯爵 Altamira, Duke of 119

阿拉贡 Aragon 11，14—15，139

阿里·谢弗 Scheffer, Ary 311

阿列塔医生 Arrieta, Dr 288—290；**185**

阿洛伊斯·文策尔 Wenzel, Alois 315

阿瑟·韦尔斯利 Wellesley, Arthur 236

《阿森西奥·胡利亚肖像》*Portrait of Asensio Juliá* 193；**122**

阿森西奥·胡利亚（渔夫）Juliá, Asensio (El Pescadoret) 193，290；**122**

阿特洛波斯 Atropos 297

埃德蒙·伯克 Burke, Edmund 116，158—159

埃尔·格列柯 El Greco 73，88，312，325

埃尔帕尔多 El Pardo 46，49—50，63

埃丽莎贝塔·法尔内塞 Farnese, Elizabeth 29

埃斯科里亚尔王宫 Escorial Palace 147

艾什泰哈齐王子 Esterhazy, Prince 315

爱德华·马奈 Manet, Édouard 234，263，307

《街垒》*The Barricade* 322；**207**

《处决马西米连诺皇帝》*The Execution of the Emperor Maximilian* 265，322；**170**

爱德华·蒙克 Munch, Edvard 307

《青春期》*Puberty* 319；**204**

爱德华·珀柳爵士 Pellew, Sir Edward 273

安德烈·沃兹涅先斯基 Vosnesensky, Andrei 330

安东·拉斐尔·门斯 Mengs, Anton Raphael 18，21，24，43—44，45，46，61，64，67，76，77，110，113，150，188，198，213

《卡洛斯三世肖像》*Portrait of Charles III* 40—41；**26**

《利亚诺侯爵夫人肖像》*Portrait of the Marquesa de Llano* 113；**73**

《自画像》*Self-Portrait* **10**

安东尼·凡·代克 Van Dyck, Anthony 201

安东尼奥·布鲁加达 Brugada, Antonio 308，311

安东尼奥·冈萨雷斯·贝拉斯克斯 Velázquez, Antonio González 34

安东尼奥·卡尼塞罗 Carnicero, Antonio 281

《马德里斗牛场一景》*View of the Bullring in Madrid* 281；**172**

安东尼奥·帕洛米诺 Palomino, Antonio 72，97

B

C

安东尼奥·乔利 Joli, Antonio 197

《卡洛斯三世自那不勒斯登船》*The Embarkation of Charles III from Naples* 37, 42, 68; **24**

安托万·格罗男爵 Gros, Antoine, Baron 233

奥迪隆·雷东 Redon, Odilon 322

《荒凉景色中的疯子》,《戈雅颂》第3号作品 *A Madman in a Dismal Landscape, Homage to Goya*, no.3 322; 206

奥拉代修道院 Monastery of the Aula Dei 87

奥利弗·哥尔德斯密斯 Goldsmith, Oliver 116

奥诺雷·杜米埃 Daumier, Honoré 263, 307, 315

《沉重的负担》*The Heavy Burden* 315; **200**

奥苏纳公爵 Osuna, Duke of 88, 109, 116, 139, 143, 156, 159, 161, 315; **68**

奥苏纳公爵夫人 Osuna, Duchess of 88, 109—110, 116, 139, 156, 292; **68—69**

《奥苏纳公爵一家》*The Family of the Duke of Osuna* 109; **68**

奥苏纳家族 Osuna family 116, 158, 180, 182

巴勃罗·奥拉维德 Olavide, Pablo 32

巴勃罗·毕加索 Picasso, Pablo 307, 325

《盲人》*The Blind Man* 325; **209**

巴尔塔萨·卡洛斯王子 Balthasar Carlos, Prince 72

巴尔托洛梅奥·苏雷达 Sureda, Bartolomeo 285

巴尔托洛梅奥·皮内利 Pinelli, Bartolomeo

《1810年的西班牙，巨人》*Spain in 1810, The Colossus* 161

巴黎卢浮宫 Louvre, Paris 312

巴伦西亚大教堂 Valencia Cathedral 88—92, 119

巴托洛梅·埃斯特万·穆里罗 Murillo, Bartolomé Esteban 76, 88, 130, 312

《自画像》*Self-Portrait* 127; **80**

巴耶乌家族 Bayeu family 34

拜伦勋爵 Byron, Lord 228, 242, 252

半岛战争 Peninsular War 6—8, 27, 105, 172, 202, 223, 230, 233—265, 273, 292

保罗·塞尚 Cézanne, Paul 307, 328; **210**

保罗·克利 Klee, Paul 307

"贝尔维德勒的躯干" 'Belvedere Torso' 27, 244; **16—18**

贝拉尔德 Velarde 260

《贝纳文特女公爵肖像》*Portrait of the Duchess of Benavente* 109—110; **69**

贝妮塔·波托莱斯 Portoles, Benita 242

《被绞死的人》*The Garrotted Man* 68—69, 77, 81, 147, 156, 169, 172, 275; **46—48**

本杰明·富兰克林 Franklin, Benjamin 133

彼得·保罗·鲁本斯 Rubens, Peter Paul 113, 300

表现主义者 Expressionists 327

《波尔多的挤奶女工》*The Milkmaid of Bordeaux* 315—318; **201**

波旁王朝 Bourbon dynasty 23—24, 38, 43, 200, 210—212, 266

不伦瑞克公爵 Brunswick, Duke of 153

《C系列画册》Album C 223

查尔斯·伊里亚特 Yriarte, Charles 287

查尔斯·蒂克纳 Ticknor, Charles 268
查尔斯·沃恩 Vaughan, Charles 12, 69, 89, 237—238, 242, 268
查理大公 Charles, Archduke 5
查理五世皇帝 Charles V, Emperor 46
超现实主义 Surrealists 327
《沉船》 *Shipwreck* 154
“崇高” ‘The Sublime’ 159, 180
《吹》 *Blow* 179—180; **117**
《吹气球的男孩》 *Boys Blowing up a Bladder* 50; **23**, **34**

D

大圣弗朗西斯科大教堂 San Francisco el Grande, Madrid 88
道伊斯 Daoiz 260; **167**
德比的约瑟夫·赖特 Wright, Joseph of Derby 159
德尼·狄德罗 Diderot, Denis 31, 127, 159
狄奥尼修斯·朗吉努斯 Longinus, Dionysius 159
第欧根尼 Diogenes 177
迭戈·委拉斯凯兹 Velázquez, Diego 69—72, 76, 86, 106, 119, 156, 201, 203, 251, 304, 312
《宫娥》 *Las Meninas* 72—73, 97, 125, 210; **50**
《费利佩四世狩猎野猪(皇家围猎)》 *Philip IV Hunting Wild Boar (La Tela Real)* 46, 49; **30**
《冬天或暴风雪》 *Winter or The Snowstorm* 143; **92**
《斗牛的艺术》 *La Tauromaquia* 281—282, 301, 308; **179—180**
独立战争，见半岛战争 War of Independence see Peninsular War
《独立战争的寓言》 *Allegory on the War of Independence* 262; **168**
《锻造》 *The Forge* 312, 315; **197**
《对未来的悲伤预感》 *Sad presentiments of what is to come* 240—241; **151**
《对一个男人的折磨》 *Torture of a man* 275; **176**
多米尼克-维旺·德农 Vivant-Denon, Dominique 233

E

厄兰格男爵 Erlanger, Baron 290

F

“法尔内赛的赫拉克勒斯” ‘Farnese Hercules’ 26—27, 244; **15**
法国大革命 French Revolution 6, 23, 92, 146, 147—149, 152—153, 180, 188
法国国王路易十六 Louis XVI, King of France 147, 149, 152, 180, 197
法国王后路易-菲利普 Louis-Philippe, King of France 312
法国王后玛丽·安托瓦内特 Marie Antoinette, Queen of France 121
菲利波·尤瓦拉 Juvarra, Filippo 23
《费迪南·吉耶马尔代肖像》 *Portrait of Ferdinand Guillemardet* 199; **124**
费迪南·吉耶马尔代 Guillemardet, Ferdinand 199; **124**
费尔南多·德·拉·塞尔纳 Serna, Fernando de la 254—255, 268
费尔南多六世国王 Ferdinand VI, King 15, 16
费尔南多七世国王 Ferdinand VII, King 121, 207, 212, 229—230, 234, 241, 251, 255, 265, 266, 270, 273, 274, 281, 298, 307, 308; **79**
费利佩·丰塔纳 Fontana, Felipe 189
费利佩二世国王 Philip II, King 5
费利佩三世国王 Philip III, King 72

费利佩四世国王 Philip Ⅳ, King 72, 106

费利佩五世国王 Philip V, King 5, 23, 44

《愤怒的疯子》*Loco Furioso* 321—322; **205**

《疯人院》*The Madhouse* 276, 308

《疯人院的院子》*Yard with Lunatics* 154, 194; **96**

弗朗索瓦·布歇 Boucher, François 31, 318

弗朗西斯·培根 Bacon, Francis 307

弗朗西斯卡·阿蒂加 Artiga, Francisca 242

弗朗西斯柯·德·苏巴朗 Zurbarán, Francisco de 76, 88

弗朗西斯科·巴耶乌 Bayeu, Francisco 15—16, 19, 21, 24, 31, 44, 46, 79—82, 86—88, 143, 187, 229

《乡间野餐》*A Country Picnic* 53; **37**

《圣雅各遇圣母显灵柱》*St James Being Visited by the Virgin with a Statue of the Madonna of the Pillar* 16; **7**

《作为诸圣之后的圣母》*The Virgin as Queen of the Saints* 82; **54**

弗朗西斯科·卡巴鲁斯 Cabarrús, Francisco 102, 107, 117, 119, 133; **65**

《弗朗西斯科·卡巴鲁斯肖像》*Portrait of Francisco Cabarrús* 102, 107, 119, 133; **65**

弗朗西斯科·德·保拉·安东尼奥王子 Francisco de Paula Antonio, Infante 207

弗雷德里克·基耶 Quilliet, Fredéric 270

弗里德里希·冯·施莱格尔 Schlegel, Friedrich von 286

《弗洛里达布兰卡肖像》*Portrait of the Count of Floridablanca* 97—99, 102, 107, 131, 133, 221; **59**

弗洛里达夫兰卡伯爵 Floridablanca, Count of 97—99, 102, 105, 107, 113, 117, 120, 121, 131, 133, 147, 221, 274; **59**

伏尔泰，原名弗朗索瓦-马利·阿鲁埃 Voltaire, François Marie Arouet de 6, 23

福恩特托多司村 Fuendetodos 11, 12—13, 234; **3**

《妇女的愚行》*Feminine folly* 283; **181—182**

G

戈麦兹·德·纳维亚 Navia, Gómez de

《马德里圣费尔南多皇家学院内的学院画室》*The Academy Drawing Studio at the Royal Academy of San Fernando in Madrid* **9**

《歌与舞》*Song and dance* 223; **138**

格拉西亚·卢西恩特斯 Lucientes, Gracia 11, 153—154

格莱肯 Glykon 26

《更糟的是乞讨》*The worst is to beg* 245; **155**

《宫娥》*Las Meninas* 73, 76; **51**

《古梅辛达·戈伊科切亚》*Gumersinda Goicoechea* 229; **145**

古梅辛达·戈伊科切亚 Goicoechea, Gumersinda 229; **145**

古斯塔夫·多雷 Doré, Gustave 325

古斯塔夫·库尔贝 Courbet, Gustave 263, 315

H

哈布斯堡王朝 Habsburg dynasty 203

《哈维尔·戈雅》*Javier Goya* 229; **144**

哈维尔·戈雅 Goya, Javier 53, 119, 130, 143—146, 229, 254, 288, 298, 308, 311, 315; **144**

汉尼拔 Hannibal 21—22
《汉尼拔从阿尔卑斯山眺望意大利》 *Hannibal Viewing Italy from the Alps* 28—31; **19**
《何等勇气!》 *What courage!* 242; **152**
何塞·阿帕里西奥·因格拉达 Inglada, José Aparicio
《马德里饥荒》 *The Famine in Madrid* 252; **163**
何塞·德·里贝拉 Ribera, José de 76
何塞·德·马德拉索–阿古多 Madrazo y Agudo, José de 265—266, 308
《曼努埃尔·加西亚·德·普拉达肖像》 *Portrait of Don Manuel Garcia de la Prada* 308—310; **196**
《卢西塔尼亚领袖维里亚图斯之死》 *The Death of Viriathus, Leader of the Lusitanians* 265; **171**
何塞·德尔·卡斯蒂略 Castillo, José del 14
《一间画室》 *A Painter's Studio* **6**
何塞·卢赞–马丁内斯 Luzán y Martínez, José 13—14, 15, 31
何塞·帕拉福斯将军 Palafox, General José 234, 235—236, 238, 246—249; **149**
何塞法·巴耶乌夫人 Doña Josefa Bayeu 229; 146
何塞法·巴耶乌 Goya, Josefa 34, 53, 151, 229, 254, 311; **146**
"黑色绘画" 'Black Paintings' 287—288, 290—298, 299—300, 312, 325, 327
亨利·富塞利 Fuseli, Henry 159
亨利·托马斯·阿尔肯 Alken, Henry Thomas
《西班牙第10龙骑兵团》 *10th Regiment of the Dragoons in Spain* 242; **153**
胡安·奥古斯丁·塞安·贝穆德斯 Ceán Bermúdez, Juan Augustín 156
《胡安·梅伦德斯·巴尔德斯肖像》 *Portrait of Meléndez Valdés* 133, 196; **63**
胡安·卡雷尼奥·德·米兰达 Miranda, Juan Carreño de
《穿衣的"怪物"》 *'La Monstrua' Clothed* 213; **135**
《裸身的"怪物"》 'La Monstrua' Nude 213; **134**
胡安·梅伦德斯·巴尔德斯 Meléndez Valdés, Juan 99—102, 133, 156, 198; **63**
华金·马里亚·费雷尔 Ferrer, Joaquín María 298
《画家弗朗西斯科·戈雅–卢西恩特斯》 *Francisco Goya y Lucientes, Painter* 90
《画室中的自画像》 *Self-Portrait in the Studio* 128—130, 291; **82**, 卷首插图
皇家印刷厂 Royal Printworks 183

J

J.M.W·透纳 Turner, J M W 159, 233, 284, 311
《基督被捕》 *Taking of Christ* 172—173, 194
《即便如此，他还是认不清她》 *Even so he cannot make her out* 168; **108**
加布里埃尔·拉勒芒 Lallement, Gabriel 226
加的斯 Cadiz 150—151, 254, 273
"加强狂想曲" *Capricos enfáticos* 267—268
加斯帕尔·梅尔科·德·霍维亚诺斯 Jovellanos, Gaspar Melchor de 76, 99—102, 107, 116, 133, 156, 158, 182, 187, 199, 203, 274, 276; **61—62**
《监狱场景》 *Prison Scene* 194
教皇本笃十四世 Benedict XIV, Pope 189

杰克·查普曼和迪诺斯·查普曼 Chapman, Jake and Dinos
《一将功成万骨枯》*Great Deeds Against the Dead* 332
《巨人》*The Colossus* 252，265；**162**

K
《卡洛斯·马里亚·伊西德罗王子》*Infante Carlos María Isidro* 210—212；**130**
卡洛斯二世国王 Charles Ⅱ, King 5，213
卡洛斯三世国王 Charles Ⅲ, King 18，23，28—29，37—46，58，61，64，77，89—92，97，107，121，139，153，187，198，213，74；**25—26**，**44**
《卡洛斯三世猎装肖像》*Portrait of Charles Ⅲ in Hunting Costume* 64；**44**
卡洛斯四世国王 Charles Ⅳ, King 49，58，121，139，143，146—147，153，180，182，187，188，189，192，199，201，203—212，213，229—230，270，310；**77**，**131**
《卡洛斯四世肖像》*Portrait of Charles Ⅳ* 121；**77**
《卡洛斯四世一家》*The Family of Charles Ⅳ* 206—207，220—221，311；**129**
卡洛塔·华金纳公主 Carlota Joaquina, Infanta 207
卡米洛·戈雅 Goya, Camilo 11
卡米耶·毕沙罗 Pissarro, Camille 315
《农妇》*Peasant Woman* 318; **202**
卡斯帕·大卫·弗里德里希 Friedrich, Caspar David 159
卡斯塔·阿尔瓦雷斯 Alvarez, Casta 242
卡耶塔诺·梅尔基，《戈雅头像》Merchi, Cayetano, *Head of Goya* 304；**193**
柯勒乔 Correggio 251
科斯蒂利亚雷斯 Costillares 281
《可怕的愚行》*Fearful folly* 1
克罗托 Clotho 297
《狂想曲》*Los Caprichos* 6，58，76，164—184，197，207，212，213，240，282，291，302，308，312，319，328；**90**，**103—104**，**106**，**108—111**，**113—114**，**116**

L
拉斐尔 Raphael 73
拉克西斯 Lachesis 297
拉蒙·巴耶乌 Bayeu, Ramón 15，21，44，46，79—80，150，229
《厨房里的平安夜》*Christmas Eve in the Kitchen* 50—53；**35**
莱安德罗·费尔南德斯·德·莫拉廷 Moratín, Leandro Fernández de 182
莱昂·德·阿罗亚尔 Arroyal, León de 276—281
《莱奥卡蒂娅》*La Leocadia* 294；**187**
莱奥卡蒂娅·韦斯 Weiss, Leocadia 294，299，315；**187**
浪漫主义运动 Romantic movement 130，159，223—226，228，234，284—285，286—287，311，322，328
老彼得·勃鲁盖尔 Bruegel, Pieter the Elder 73
理查德·科斯韦 Cosway, Richard 299
《理性沉睡，心魔生焉》*The dream of reason produces monsters* 175—177；**114**
丽塔·戈雅 Goya, Rita 154
《利亚诺侯爵夫人肖像》Llano, Marquesa de 113；**73**
《两名猎手》*Two Hunters* 49；**32**
留西波斯 Lysippos 26
“聋人屋”‘Quinta del Sordo’287—288，290—298，299—300，308；184
路德维希·凡·贝多芬 Beethoven,

Ludwig van 284，285
路易吉·波凯利尼 Boccherini, Luigi 106
路易-利奥波德·布瓦伊 Boilly, Louis-Léopold 321
路易-米歇尔·凡·卢 Van Loo, Louis-Michel 58
路易斯·梅伦德斯 Meléndez, Luis 17，60，304
《自画像》*Self-Portrait* 17，34；**8**
路易斯·帕雷特-阿尔卡萨 Paret y Alcázar, Luis 21，43—44，60—61，63，105，121，177，178，197，201，229，276
《第欧根尼的审慎》*The Prudence of Diogenes* 177；**115**
《费尔南多七世作为阿斯图里亚斯亲王向父王宣誓效忠》*Ferdinand VII as Prince of the Asturias Taking His Oath of Loyalty* 121；**79**
《汉尼拔在赫拉克勒斯神庙献祭》*Hannibal Sacrificing at the Temple of Hercules* 21，28；**12**
《马德里的一家古董店》*An Antique Vendor's Shop in Madrid* 42，68；**28**
《塞莱斯蒂娜和恋人们》*Celestina and the Lovers* 162；**100**
《晚餐时的卡洛斯三世》*Charles III at Dinner* 41—42，44，45；**27**
伦勃朗·凡·莱因 Rembrandt van Rijn 96—97，130，182—183，304
《画室里的艺术家》*The Artist in his Studio* 130—131；**83**
《卷发自画像》*Self-Portrait with Curly Hair* 136；89
伦敦皇家艺术研究院 Royal Academy of Arts, London 76，131
罗伯特·骚塞 Southey, Robert 252
罗马 Rome 25—26，32—34，68
《裸体的马哈》*The Nude Maja* 212—220，268—270；**132**
洛可可艺术 Rococo art 31，45
洛伦佐·德·基罗斯 Quirós, Lorenzo de
《马德里马约尔街上的凯旋门》*Triumphal Arch in the Calle Mayor in Madrid* **29**
洛萨里奥·韦斯 Weiss, Rosario 299

M

《马背上的卡洛斯四世》*Charles IV on Horseback* 203—206，310；**127**
《马背上的玛丽亚·路易莎》*María Luisa on Horseback* 203，206，310；**128**
马德里 Madrid 37—39，50，67—68，143，233，234，241，246，260，268，325
《马德里城的寓言》*Allegory of the City of Madrid* 234—235；**148**
《马德里的集市》*The Fair in Madrid* 58，81；**41**
《马德里公报》*Gaceta de Madrid* 73
《马德里画册》Madrid Album 161—162，163—164，178；**101—102**，**107**
马德里普拉多博物馆 Prado, Madrid 206，288，310—311
《马德里日报》*Madrid Daily (Diario de Madrid)* 99，177，180—182，281
马德里圣安东尼-德拉-弗罗里达隐修院 San Antonio de la Florida, Madrid 188—197，199，200，223，288，327；**120—121**
马德里圣费尔南多皇家学院 Royal Academy of San Fernando, Madrid 16—21，25，38，45，76—77，86，87—88，99，125，143，150，153，177，183，198，229，241，249，255，265，268，304，308；**9**

马德里王宫 Royal Palace, Madrid 23—24, 38, 43, 44, 143, 192—193; **13**

马德里主保圣人圣伊西德罗 St Isidore, the Patron Saint of Madrid 67—68, 77; **45**

马丁·萨帕特尔 Zapater, Martín 88, 116, 120, 125, 130, 146, 151, 153; **75**

《马丁·萨帕特尔肖像》 *Portrait of Martín Zapater* 116, 120; **75**

马丁内斯·库韦利斯 Cubells, Martínez 290—291

《马哈和塞莱斯蒂娜》 *Maja and a Celestina* 300; **190**

马克西米连·马里·伊西多·德·罗伯斯庇尔 Robespierre, Maximilien Marie Isidore de 133

马里亚诺·戈雅 Goya, Mariano 297—298, 304, 308

玛丽亚·德尔·皮拉尔·特蕾莎·卡耶塔娜·德·席尔瓦 Silva, María del Pilar Teresa Cayetana de 156

玛丽亚·路易莎王后 María Luisa, Queen 58, 121, 124, 180, 182, 187, 188, 199, 203, 207, 210, 229—230, 310; **78**

《玛丽亚·路易莎肖像》 *Portrait of María Luisa* 121, 124; **78**

玛丽亚·阿古斯丁 Agustín, María 242

玛丽亚·特雷莎·德·瓦尔布里加 Vallabriga, Maria Teresa de 106

玛丽亚·伊莎贝拉公主 María Isabella, Infanta 207

曼努埃尔·阿列格雷,《图书馆》 Alegre, Manuel, *The Library* 11

《曼努埃尔·奥索里奥·曼里克·德·祖尼加肖像》 *Portrait of Manuel Osorio Manrique de Zuñiga* 119—120; **76**

曼努埃尔·巴耶乌 Bayeu, Manuel 15, 87, 88

《曼努埃尔·戈多伊肖像》 *Portrait of Manuel Godoy* 102, 107, 133, 202, 212, 249; **64**

曼努埃尔·加西亚·德·拉·普拉达 Prada, Manuel Garcia de la 308—310; **196**

曼努埃尔·卡斯特利亚诺 Castellano, Manuel 261

《道伊斯之死》 *The Death of Daoiz* 260; **167**

曼努埃尔·奥索里奥 Osorio, Manuel 119—120, 121

曼努埃尔·戈多伊 Godoy, Manuel 102, 107, 133, 158, 180, 182, 188, 198—199, 201—203, 206, 207, 212, 220, 229, 238, 249, 268, 270, 274, 281, 300; **64**

曼努埃尔·金塔纳 Quintana, Manuel 157

曼萨纳雷斯河 River Manzanares 188

《盲人吉他手》 *The Blind Guitarist* 55—58, 63, 81; **38—39**

蒙特莱昂公园 Monteleón Park 260

米格尔·乌特里略 Utrillo, Miguel 325

米开朗基罗 Michelangelo 192

米歇尔-安热·乌阿斯 Houasse, Michel-Ange 26

《理发店》 *The Barber's Shop* 107; **67**

《绘画学院》 *The Drawing Academy* 14; **5**

《命运女神》 *The Fates* 297; **189**

《磨刀人》 *The Knife-grinder* 315; **198**

《穆吉罗伯爵胡安·包蒂斯塔肖像》 *Portrait of Juan Bautista de Muguiro* 307—308; **195**

穆吉罗伯爵胡安·包蒂斯塔 Muguiro, Juan Bautista, Conde de 307—308,

318；**195**

N

《拿破仑梦到自己被西班牙和法国击败，他身边是在哀叹的曼努埃尔·戈多伊》 *Napoleon Dreaming of his Defeat by Spain and Russia, Beside him Manuel Godoy Laments* **118**

拿破仑三世皇帝 Napoleon Ⅲ, Emperor 241

拿破仑一世皇帝 Napoleon Ⅰ, Emperor 197，198，199—201，206，210，229—230，233，248，251—252

拿破仑战争 Napoleonic Wars 150

《尼古拉·居伊将军肖像》 *Portrait of General Nicolas Guye* 238；**150**

尼古拉·居伊 Guye, General Nicolas 238；**150**

尼古拉·朗克雷 Lancret, Nicolas 318

《你不会饿死》 *You will not die of hunger* 175；**112**

《女巫安息日》 *The Witches' Sabbath* 161，179，292；**99**

《女子朗读》 *Woman Reading* 285；**183**

O

欧亨尼奥·卢卡斯·委拉斯凯兹 Lucas Velázquez, Eugenio

《被绞死的人》*The Garrotted Man* 325；**208**

欧亨尼娅·马丁内斯·巴耶霍 Vallejo, Eugenia Martínez 213

欧内斯特·海明威 Hemingway, Ernest 325

欧仁·德拉克洛瓦 Delacroix, Eugène 199，234，302，307，312

临摹《狂想曲》的素描 Copies after *Los Caprichos* 319；**203**

《自由引导人民》*Liberty Leading the People* 263；**169**

欧仁妮·德·蒙蒂霍 Montijo, Engènie de 241

欧仁妮皇后 Eugénie, Empress 241

P

帕多瓦的圣安东尼 Antony of Padua, St 194—197

《帕多瓦的圣安东尼之神迹》 *The Miracle of St Antony of Padua* **121**

帕尔马 Parma 28，29—31

《帕拉福斯将军肖像》 *Portrait of General Palafox* 235，246—249；**149**

庞特霍斯女侯爵 Pontejos, Marquesa de 110；**71**

《庞特霍斯女侯爵肖像》 *Portrait of the Marquesa de Pontejos* 110；**71**

佩德罗·罗梅罗和何塞·罗梅罗 Pedro and José Romero 281

佩德罗·冈萨雷斯·德·塞普尔韦达 Sepúlveda, Pedro González de 182

佩佩·伊略 Pepe Hillo 281

原名 佩皮略·德尔加多 Pepillo Delgado

《佩皮略·德尔加多之死》 *The Death of Pepe Hillo* 282；**180**

普罗斯佩·梅里美 Mérimée, Prosper 312

Q

《78岁的自画像》*Self-Portrait Aged 78* 302；**192**

启蒙 Enlightenment 6，11，39，45，76，95，99，147，150，172

《恰如其分》 *Neither more nor less* 175；**113**

乔纳森·斯威夫特 Swift, Jonathan 283

乔舒亚·雷诺兹 Reynolds, Sir Joshua 95，102，116，119，131，133，221，304

《赫伯特少爷》*Master Herbert* 119

《朱塞佩·巴雷蒂肖像》*Portrait of*

Giuseppe Baretti 133；**84**
《自画像》*Self-Portrait* 133；**85**
乔瓦尼·巴蒂斯塔·萨克蒂 Sacchetti, Giovanni Battista 23
乔治·奥威尔 Orwell, George 267
乔治·格罗斯 Grosz, George 307
乔治·华盛顿 Washington, George 23
《求牙》*Tooth hunting* 169；**109**

R

让·巴蒂斯特·西梅翁·夏尔丹 Chardin, Jean-Baptiste-Siméon 304
《戴眼镜的自画像》*Self-Portrait with an Eyeshade* 133；**86**
让·德·布雷伯夫 Brebeuf, Jean de 226
让·弗朗索瓦·米勒 Millet, Jean-François 315
让-奥古斯特-多米尼克·安格尔 Ingres, Jean-Auguste-Dominique 220，302
让-奥诺雷·弗拉戈纳尔 Fragonard, Jean-Honoré 26，31—32，127，128
让-巴蒂斯特·格勒兹 Greuze, Jean-Baptiste 31—32
让-马克·纳蒂埃 Nattier, Jean-Marc 110
让-雅克·卢梭 Rousseau, Jean-Jacques 6，31
《如画杂志》*Le Magasin Pittoresque* 291
若阿基姆·缪拉元帅 Murat, Marshal Joachim 233

S

萨德侯爵 Sade, Marquis de 228
萨杜恩 Saturn 292，298；186
萨尔瓦多·达利 Dalí, Salvador
《带熟豆的软结构：内战的预感》*Soft Construction with Boiled Beans: Premonition of Civil War* 330；**211**
萨拉戈萨 Saragossa 11—12，13，15，25，34，79—88，234，235—236，237—238，242；**4**
萨拉戈萨皮拉尔圣母大教堂 Cathedral of El Pilar, Saragossa 12，13，79—88，189；**4**，**53**
塞巴斯蒂安·德·莫拉 Sebastián de Morra 49
塞巴斯蒂安·马丁内斯 Martínez, Sebastián 113—117，150—151，158，203，220；**74**
塞莱斯蒂娜 Celestina 162—163，164，168，170，213
塞缪尔·泰勒·柯勒律治 Coleridge, Samuel Taylor 284
塞维利亚大教堂 Seville Cathedral 6，88，285
桑卢卡尔画册 Sanlúcar Album 157—158；**97—98**
《沙丁鱼的葬礼》*The Burial of the Sardine* 275—276，308；**175**，**177**
圣-埃尔姆·戈蒂埃，《聋人的屋的素描》Gautier, Saint-Elme, *Sketch of La Quinta del Sordo* **184**
圣巴尔巴拉皇家挂毯厂 Royal Tapestry Factory of Santa Bárbara 44，46—49，55，61
《圣弗朗西斯·博尔贾照料不知悔改的垂死者》*St Francis Borgia Attending a Dying Impenitent* 89—92；**56—57**
圣弗朗西斯·博尔贾 Borgia, St Francis 88—89，194
圣卡洛斯银行 Banco de San Carlos 117—119
圣克鲁斯侯爵夫人 Santa Cruz, Marquesa de 221—222；**136**
《圣克鲁斯侯爵夫人肖像》*Portrait of the Marquesa de Santa Cruz* 221—222；**136**
圣雅各 St James 13
《圣伊西德罗节的草地》*The Meadow of St*

Isidore 143，189；**93**
《十字架上的基督》*Christ on the Cross* 77，172；**52**
《时尚杂志》*Magazine à la Mode* 220
《时尚展柜》*Cabinet des Modes* 110
《食人者预备食用受害者》*Cannibals Preparing their Victims* 226—228；**141**
《食人者注视人体残骸》*Cannibals Contemplating Human Remains* 226—228；**142**
《狩猎野猪》*The Wild Boar Hunt* 49；**31**
枢机阿尔巴尼 Albani, Cardinal 188
双人骑马肖像习作 Study for a double equestrian portrait 203；**126**
《斯帕尔·梅尔乔·德·霍维亚诺斯肖像》*Portrait of Gaspar Melchor de Jovellanos* 99—102，107，133，203；**61—62**

T

《他善于捍卫自我》*He defends himself well* 267；**173**
《她们的纱纺得很细》*They spin finely* 179；**116**
《她们纱纺得多好！》How they spin! 163—164；**102**
《她们说是的，并向第一个来者伸出手》*They say yes and give their hand to the first comer* 167—168；**104**
塔德乌什·孔策 Kuntze, Tadeusz 26
泰奥多尔·热里科 Géricault, Théodore 311
　《梅杜萨之筏》*The Raft of the Medusa* 228—229，311；**143**
泰勒男爵 Taylor, Baron 312，315
《泰晤士报》*The Times* 238
堂·路易斯·德·波旁亲王 Luis de Borbón, Infante Don 60，105—106，107，116，121，173—175，196，207
堂·卡洛斯·路易斯 Carlos Luis, Don 207
堂·卡洛斯·马里亚·伊西德罗王子 Carlos María Isidro, Infante 207；**130**
《堂·路易斯·德·波旁亲王一家》*The Family of the Infante Don Luis de Borbón* 106，173—175，221；**66**
堂·路易斯亲王 Don Luis, Infante 221
《堂·塞巴斯蒂安·马丁内斯》*Don Sebastián Martínez* 116，203；**74**
堂·安德烈斯·德尔·佩拉 Peral, Don Andrés del 99，116；**60**
堂·安东尼奥·帕斯夸尔亲王 Antonio Pascual, Infante 207
堂·马丁·米格尔·戈伊克谢亚 Goicoechea, Don Martín Miguel 308
堂娜·玛丽亚·何塞法 María Josefa, Doña 207
特里罗 Trillo 151
提香 Titian 73，113，201
天主教会 Catholic Church 12—13，77—79，184
托莱多大教堂 Toledo Cathedral 6，88，172—173，194
托马斯·庚斯博罗 Gainsborough, Thomas 110，318
托马斯·戈雅 Goya, Tomás 153
托马斯·罗兰森 Rowlandson, Thomas 149
托马斯·洛佩斯·恩吉达诺斯 Enguídanos, Tomás López 261
　《5月2日的马德里》*The Second of May in Madrid* 260；**166**

W

威廉·布莱克 Blake, William 178—179，284，311
《尼布甲尼撒》*Nebuchadnezzar* 223—226；**140**

威廉·布兰查德· Blanchard, William 325
威廉·荷加斯 Hogarth, William 127—128, 130, 131, 156, 197, 276, 304
《画家和他的哈巴狗》 *The Painter and his Pug* 127; **81**
《毕士大池》 *The Pool of Bethesda* **197**
《浪子生涯》 *A Rake's Progress* **156**
威廉·希尔顿,《1812年8月22日威灵顿公爵进入马德里》 Hilton, William, *Triumphant Entry of the Duke of Wellington into Madrid* 246; **156**
威廉·达尔林普尔少校 Dalrymple, Major William 42, 46, 60
威廉·纳皮尔少校 Napier, Major William 246, 252
威廉·皮特 Pitt, William 149
威灵顿公爵 Wellington, Duke of 236—237, 238, 244, 246—252; **156—160**
《威灵顿公爵骑马像》 *Equestrian Portrait of the Duke of Wellington* 249; **158**
维克多·雨果 Hugo, Victor 312
维森特·洛佩兹-波塔纳 López y Portaña, Vicente 212
《卡洛斯四世和家人访问巴伦西亚大学的纪念肖像》 *Commemorative Portrait of the Visit of Charles Ⅳ and his Family to Valencia University* 212; **131**
《戈雅肖像》 *Portrait of Goya* 308; **194**
文图拉·罗德里格斯 Rodríguez, Ventura 79
《无可救药》 *No remedy* 173; **110**
《无人自知》 *Nobody knows themselves* **168**

X

西奥多·德·布赖,《美洲》 Bry, Theodor de, *América* 227
西班牙王位继承战争 War of Spanish Succession 5, 11, 147
《西班牙娱乐》 *Spanish Entertainment* 301; **191**
夏尔·波德莱尔 Baudelaire, Charles 320
《夏天或收获》 *Summer or Harvesting* 143; **91**
现代主义 Modernism 322
现代主义运动 'modernista' movement 325
《小巨人》 *Little Giants* 147, 149; **94**
谢罗斯特兄弟 Cherost Brothers 39; **25**
新古典主义艺术 Neoclassical art 18, 21, 22—23, 24, 158
《信件》 *The Letter* 294, 312, 315; **188**
《虚荣的孔雀》 *The Vain Peacock* 249; **160**
《喧嚣》 *Le Charivari* 312

Y

《1808年5月2日》 *The Second of May 1808* 6, 212, 233, 255, 261—263, 311; **164**
《1808年5月3日》 *The Third of May 1808* 212, 233, 255, 262, 263—265, 311, 322; **147, 165**
雅各布·阿米戈尼 Amigoni, Jacopo
《堂·卡洛斯王子在帕拉斯·雅典娜和战神马尔斯的引领下进入意大利》 *The Infante Don Carlos Being Conducted into Italy by Pallas Athena and Mars* 29, 31; **20**
雅克·内克尔 Necker, Jacques 149
雅克-路易·大卫 David, Jacques-Louis 95, 102, 128, 152, 220, 234, 252, 265
《皇帝皇后加冕大典》 *The Coronation of the Emperor and Empress* 197, 206—207, 210; **123**
《拿破仑跨越圣伯纳隘口》 *Bonaparte Cross-ing the St Bernard Pass* 199—

201，248；**125**
《朱丽叶·雷卡米耶肖像》*Madame Récamier* 221；**137**
雅克-热尔曼·苏夫洛 Soufflot, Jacques-Germain 23
亚历山大·德·拉沃尔德 Laborde, Alexandre de 4
亚历山大·斯图尔特 Stewart, Alexander 116
《阳伞》*The Parasol* 50；**33**
耶稣会士 Jesuits 89—92
《野餐》*The Picnic* 53；**36**
《业余斗牛士》*Amateur Bullfight* 61—63；**42**
《夜火》*Fire at Night* 154，194
《一将功成！万骨枯！》*Great deeds! With dead men!* 332；**212**
伊丽莎白-路易丝·维热-勒布伦 Vigée-Lebrun, Elisabeth-Louise 121—124，125
伊丽莎白王后 Isabel, Queen 72
伊西多罗·韦斯 Weiss, Isidoro 299
《异类》*Disparates* 6，282，285，287，291，312；**1**，**182**
意大利笔记本 Italian notebook 32—33，53，67，292；**16—18**，**21—22**
《因为她耳根子软》*Because she was susceptible* 173，319；**111**
《勇敢的摩尔人加祖尔最先用长矛刺中公牛》*The brave Moor, Gazul, is the first to lance bulls* 282；**179**
《与阿列塔医生的自画像》*Self-Portrait with Dr Arrieta* 288—290；**185**
约翰·康斯太勃尔 Constable, John 284
约翰·伊夫林 Evelyn, John 172
约翰·弗莱克斯曼 Flaxman, John 26
约翰·济慈 Keats, John 284—285
约翰·约阿希姆·温克尔曼 Winckelmann, Johann Joachim 22—23
约翰逊博士 Johnson, Dr 116，119
《约会》*The Rendezvous* 63，82；**43**
约瑟芬皇后 Josephine, Empress 206，210
约瑟夫·韦尔内 Vernet, Joseph 159
约瑟夫一世国王 Joseph Ⅰ, King 68，230，234—235，238，246，249，251，273，274
《运水人》*The Water-carrier* 315；**199**

Z
詹巴蒂斯塔·卡斯蒂 Casti, Giambattista 267
詹巴蒂斯塔·蒂耶波洛 Tiepolo, Giambattista 24，76，192—193，300
《世界向西班牙致敬》*The World Pays Homage to Spain* 24；**14**
詹多梅尼科·蒂耶波洛 Tiepolo, Giandomenico 58，276
《江湖骗子》*The Charlatan* 58；**40**
詹姆斯·巴里 Barry, James 133
《人类文化的进步》*The Progress of Human Culture* 95
詹姆斯·吉尔雷 Gillray, James 180
《法国自由，英国奴役》*France Freedom, Britain Slavery* 149；**95**
《战争的灾难》*The Disasters of War* 6，238—245，260，261，263，265，267—268，282，283，292，302，312，332；**151—152**，**154—155**，**173—174**，**213**
《这更为不堪》*This is worse* 244；**154**
《这人亲戚众多，有些还算心智健全》*This man has a lot of relations and some of them are sane* 223；**139**
《着衣的马哈》*The Clothed Maja* 212—220，268—270；**133**
《真理已死》*Truth has died* 268；**174**
《箴言》*Proverbios* 282
朱塞佩·巴雷蒂 Baretti, Giuseppe 38，

133；**84**
《自笞者的行进》*The Procession of the Flagellants* 276，308
《自画像》（约 1771—1775 年）*Self-Portrait* (c.1771-5) 34，97；**2**
《自画像》（约 1797—1800 年）*Self-Portrait* (c.1797-1800) 136；**87**
《自画像》（约 1798—1800 年）*Self-Portrait* (1798-1800) 136；**88**
《自画像》（约1815年）*Self-Portrait* (c.1815) 58
宗教裁判所 Inquisition 13，32，153，161，172，184，238，266，268—270，273—275
《宗教裁判所场景》*Inquisition Scene* 276，308；**178**
《作为殉道者之后的圣母》*The Virgin as Queen of the Martyrs* 82—86，161；**55**

致 谢

我要特别感谢的是赫苏萨·维加（Jesusa Vega），她不仅影响了我对戈雅的观点，还欣然阅读了本书原稿并给出不少宝贵意见。我也曾与数人讨论过戈雅及其所在时代，这让我从中受益匪浅，尤其是与瓦莱里亚诺·博扎尔（Valeriano Bozal）、胡安·卡雷特（Juan Carrete）、约翰·盖奇（John Gage）、奈杰尔·格兰登宁（Nigel Glendenning）、哈维尔·波图斯（Xavier Portús）和艾琳·里贝罗（Aileen Ribeiro）所进行的交谈。1994 年 6 月，朱丽叶·威尔逊·巴洛（Juliet Wilson Bareau）在伦敦皇家学院举办了与“戈雅：真相与幻象，小型画”（Goya: Truth and Fantasy, The Small Paintings）展览相关联的“习作日”活动，为我提供了得以与许多学者交流的宝贵机会，他们也影响了我对戈雅艺术的理解。还必须感谢我的学生们和我在费顿出版社的编辑们，尤其要感谢的是在我编写本书时提供了慷慨研究经费的英国科学院。

Original title: *Goya* © 1998 Phaidon Press Limited
This Edition published by Ginkgo (Beijing) Book Co., Ltd under licence from Phaidon Press Limited, 2 Cooperage Yard, London, E15 2QR, UK
© 2025 Ginkgo (Beijing) Book Co., Ltd.
All rights reserved. No part of this publication may be reproduced, stored in a retrieval system or transmitted, in any form or by any means, electronic, mechanical, photocopying, recording or otherwise, without the prior permission of Phaidon Press.

本书简体中文版版权归属于银杏树下（北京）图书有限责任公司
著作权合同登记号：图字 18-2018-311
未经许可，不得以任何方式复制或者抄袭本书部分或全部内容
版权所有，侵权必究

图书在版编目（CIP）数据

戈雅 /（英）莎拉·西蒙斯著；苗纾译. -- 长沙：湖南美术出版社，2025. 9. -- ISBN 978-7-5746-0794-1

（“艺术与观念”系列）

Ⅰ. K835.515.72

中国国家版本馆 CIP 数据核字第 2025A52K91 号

戈雅
GEYA

出 版 人：黄　啸
著　　者：[英] 莎拉·西蒙斯
译　　者：苗　纾
选题策划：后浪出版公司
出版统筹：吴兴元
编辑统筹：蒋天飞
特约编辑：程文欢
责任编辑：王管坤
营销推广：ONEBOOK
装帧制造：墨白空间
出版发行：湖南美术出版社（长沙市东二环一段 622 号）
　　　　　后浪出版公司
内文制作：李红梅　肖　霄
印　　刷：天津裕同印刷有限公司
开　　本：720 mm × 1000 mm　1/16
字　　数：306 千字
印　　张：21.75
版　　次：2025 年 9 月第 1 版
印　　次：2025 年 9 月第 1 次印刷
定　　价：148.00 元

读者服务：editor@hinabook.com 188-1142-1266
投稿服务：onebook@hinabook.com 133-6631-2326
直销服务：buy@hinabook.com 133-6657-3072
网上订购：https://hinabook.tmall.com/（天猫官方直营店）

后浪出版咨询(北京)有限责任公司　投诉信箱：editor@hinabook.com　fawu@hinabook.com
本书若有印装质量问题，请与本公司联系调换，电话：010-64072833